LAURENT
CHARBONNEAU

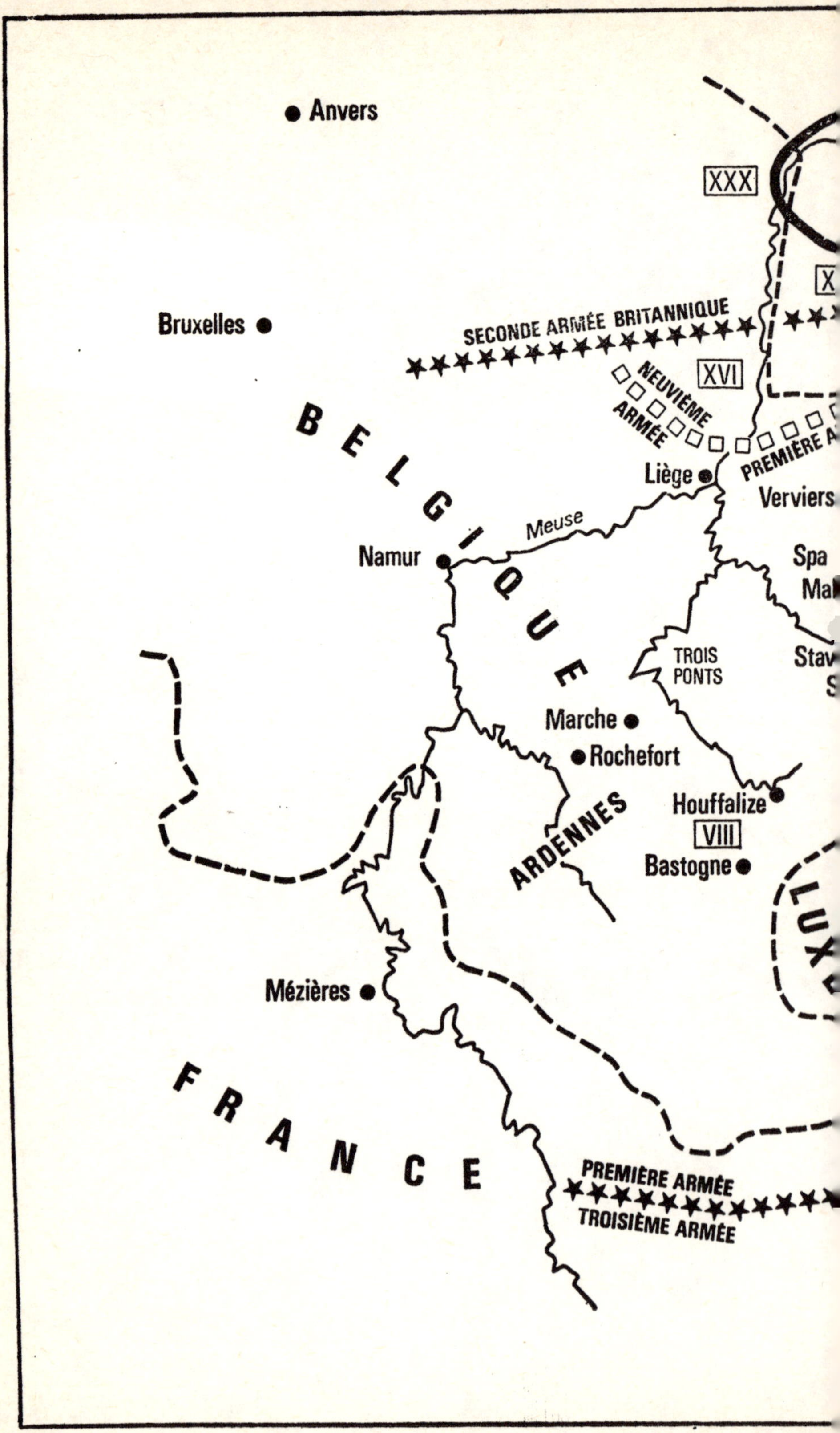

Anvers
Bruxelles
XXX
SECONDE ARMÉE BRITANNIQUE
XVI
NEUVIÈME ARMÉE
PREMIÈRE A
BELGIQUE
Liège
Verviers
Meuse
Namur
Spa
TROIS PONTS
Marche
Rochefort
Houffalize
VIII
Bastogne
ARDENNES
Mézières
FRANCE
PREMIÈRE ARMÉE
TROISIÈME ARMÉE

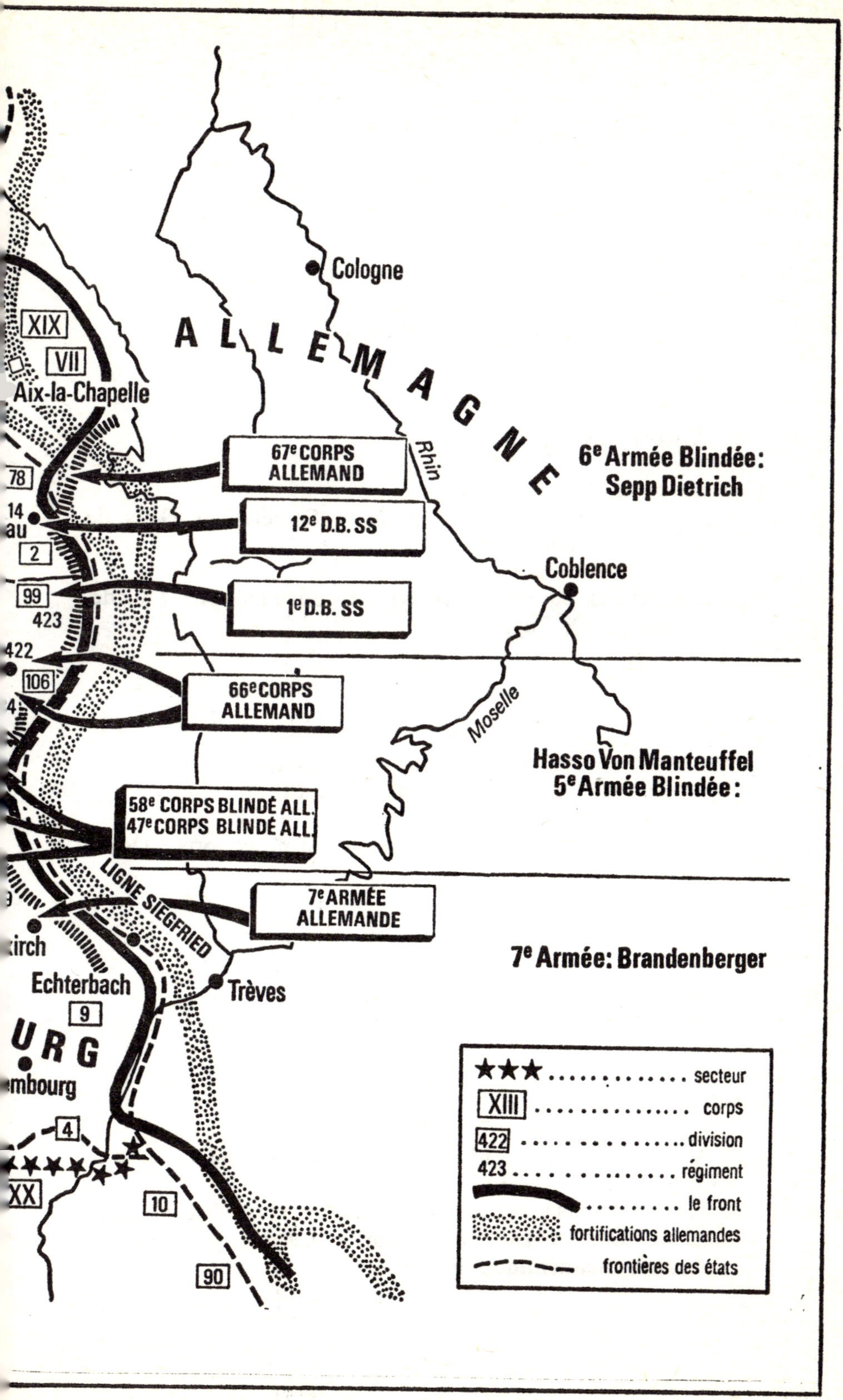

Cologne
ALLEMAGNE
Rhin
6e Armée Blindée:
Sepp Dietrich
Coblence
Moselle
Hasso Von Manteuffel
5e Armée Blindée:
7e Armée: Brandenberger
XIX
VII
Aix-la-Chapelle
78
14
au
2
99
423
422
106
67e CORPS
ALLEMAND
12e D.B. SS
1e D.B. SS
66e CORPS
ALLEMAND
58e CORPS BLINDÉ ALL.
47e CORPS BLINDÉ ALL.
LIGNE SIEGFRIED
7e ARMÉE
ALLEMANDE
irch
Echterbach
9
Trèves
URG
mbourg
4
XX
10
90
secteur
XIII
corps
422
division
423
régiment
le front
fortifications allemandes
frontières des états

Du même auteur :

Romans historiques :

L'AMOUR CRUEL (épuisé), Plon.
LES HÉRITIERS DE L'ENFER (Prix de la Société des Gens de Lettres de France), Fayard.
LE TEMPLE SOUS LA MER, Fayard.
LES CARAVELLES DU SOLEIL (Ouvrage couronné par l'Académie française), Fayard.

Histoire :

HISTOIRE DE LA PEINTURE GOTHIQUE, Rencontre.
LA PEINTURE MÉDIÉVALE POLONAISE, UNESCO.
INTRODUCTION AU GRAAL, 10/18.
L'HISTOIRE DE LA VENDÉE RACONTÉE AUX ENFANTS, Ouest-France.

Traduction :

ARC DE TRIOMPHE d'Eric Maria Remarque, Plon.

A paraître :

LES VENDÉENS (roman historique), Olivier Orban. Tome I, *la Révolution.*
CONTES ET LÉGENDES DE TOUTES LES NORMANDIE, Ouest-France.
GILLES DE RAIS ET LA FIN DU MOYEN AGE (en préparation), Librairie Académique Perrin.

MICHEL HERUBEL

LA BATAILLE DES ARDENNES

Décembre 1944 - Janvier 1945

Collection « Troupes de choc » dirigée par Jeannine BALLAND

PRESSES DE LA CITE

Dans la même collection :

La Légion au combat, Erwan Bergot.
Commando de chasse, Jean Mabire.
Paras de la France Libre, colonel Roger Flamand.
Corsaires en béret vert, René Bail.
Bataillon Bigeard, Erwan Bergot.
Ier Bataillon de choc, Raymond Muelle.
G.M. 100, Jean-Pierre Bernier.
La Légion saute sur Kolwezi, Pierre Sergent.
Les Cadets de la France Libre, Erwan Bergot.
Les Panzers de la Garde Noire, Jean Mabire.
La Bataille des Ardennes, Michel Hérubel.
Les 170 jours de Diên Biên Phu, Erwan Bergot (couronné par l'Académie française).
Normandie-Niémen, Yves Courrière.
La 2e D.B., Erwan Bergot.
Commandos d'Afrique, de l'île d'Elbe au Danube, Patrick de Gmeline. (Prix Raymond Poincaré.)
Panzers en Afrique, Jean-Marie Fitère.
La Guerre des Appelés en Algérie, 1956-1962, Erwan Bergot
Les Bombardiers de la France Libre, François Broche.
Les Paras du matin rouge, Jean Mabire.
Le Corps expéditionnaire français en Italie, Jacques Robichon.
La Bataille des Convois de Mourmansk (1941-1945), J.-J. Antier.
Les Sous-Marins de la France Libre, Maurice Pasquelot. (Prix Raymond Poincaré.)
Bataillon R.A.S. — Algérie —, Jean Pouget.
Paras-Légion. Le 2e B.E.P., Pierre Sergent.
La Coloniale — du Rif au Tchad, 1925-1980 —, Erwan Bergot.
Les Hélicos du Djebel — Algérie, 1955-1962, Marc Flament.
Les Chasseurs de la R.A.F. dans la bataille d'Angleterre, juillet-août 1940, Jean Bourdier.
La Crète, tombeau des paras allemands, Jean Mabire.
Le Commando du 6 juin. N° 4 Commando, Raymond La Sierra.
La Bataille de Malte, Jean-Jacques Antier.
Bataillon de Corée, Erwan Bergot.
La 1re D.F.L., Yves Gras.
Corps Francs 39-40, Patrick de Gmeline.
La Division Brandebourg, Eric Lefèvre.

ISBN 2-258-00485-3

A la mémoire de Jean Weibel et du lieutenant Louis Huetz de Lemps.

Echouer serait perdre la guerre. Il n'est plus possible de revenir en arrière. Si les choses tournent mal, nous entrerons dans une période difficile. Pendant des mois, la totalité de notre industrie n'a travaillé que pour cette opération aux dépens du front de l'Est.

Adolf HITLER
(Allocution prononcée devant ses généraux, le 12 décembre 1944, à la veille de l'offensive des Ardennes.)

L'ennemi nous surprit grandement sur deux points importants. La date de son offensive d'abord. Nous pensions qu'il ne serait pas en mesure de lancer une attaque générale aussi tôt qu'il le fit. Ensuite par la force de son offensive. La 6e Panzers était cette réserve mobile dont nous avions auparavant perdu la trace, une formation fraîche et puissante qui venait à peine de quitter l'Allemagne pour notre front.

Général Dwight D. EISENHOWER
(*Croisade en Europe*)

AVANT-PROPOS

Le maréchal sir Bernard Montgomery, vicomte d'Alamein — que les soldats alliés appelaient plus simplement Monty pendant la guerre — a écrit dans ses *Mémoires* : « La bataille des Ardennes fut certainement l'une des plus compliquées auxquelles il m'ait été donné de participer et dont l'enjeu était considérable. » En quelques mots le vainqueur de Rommel a mis en évidence les deux éléments significatifs qui marquent cette bataille : les complexités stratégiques et tactiques dans les deux camps et l'enjeu qui entraînait à des conséquences incalculables sur les suites de la guerre à l'Ouest et aussi sur le plan politique, particulièrement avec Staline. L'arrivée des panzers de Manteuffel et de Sepp Dietrich à Anvers eût bouleversé la fin de la guerre. Les Allemands détenaient de solides atouts et l'objectif qu'était le grand port belge ne paraissait pas plus téméraire que celui que s'était fixé McArthur en quittant les Philippines, le 10 mars 1942 : y revenir. Quant aux Alliés, leurs chances de repousser sans l'aide de leur aviation clouée au sol par le mauvais temps, les quatre parmi les plus puissantes divisions SS débouchant des Ardennes, étaient minces. Américains et Anglais ne furent soulagés — à moitié — que le 26 décembre 1944, quinze jours après le déclenchement de l'offensive *Wacht am Rhein* [1], quand les blin-

1. Garde au Rhin.

dés de la 4e DB du général Hugh Gaffey libérèrent les parachutistes de la 101e Division aéroportée de McAuliffe encerclés dans Bastogne. L'issue victorieuse de la bataille était moins certaine le 16 décembre et pendant les deux semaines qui suivirent.

L'opération Garde au Rhin eut l'originalité de certains de ses moyens — résumons-les en deux mots : des « commandos géants ». Ils étaient aux ordres de chefs prestigieux : Otto Skorzeny, Joachim Peiper, Friedrich von der Heydte et Otto Remer. Ces quatre hommes à la tête de leurs troupes d'élite étaient responsables de la dislocation du dispositif de la défense américaine et devaient ouvrir la route aux blindés des trois armées, la VIe SS de Sepp Dietrich au nord, la Ve d'Hasso von Manteuffel au centre et la VIIe d'Eric Brandenberger, au sud, commandées par le feldmaréchal Walther Model. Cette puissante masse offensive se jetait ensuite vers la Meuse et, dans un second bond, sur Anvers. Une pareille mise en œuvre des troupes d'élite implique la détermination d'aller loin. Eisenhower, qui fut un grand stratège, ne se méprit pas au matin du 16 décembre 1944 sur les arrière-pensées audacieuses d'Hitler qui jouait habilement son *va-tout* avec les derniers moyens qui lui restaient.

Le Führer et ses officiers d'état-major développèrent, à partir d'une idée usée, le franchissement de l'infranchissable : la forêt des Ardennes — attaque surprise si bien réussie en 1940 — une offensive originale. On lui associa des groupes d'assaut d'élite : les commandos de Skorzeny dont le rôle était de perturber gravement les arrières alliés, les parachutistes de von der Heydte, dont l'objectif était de couper les réserves américaines des troupes engagées au nord, vers Monshau, le fameux *Kampfgruppe* supérieurement armé de l'Obersturmbannführer Peiper, qui avait la lourde responsabilité de conduire les divisions blindées vers la Meuse et enfin la *Brigade d'escorte du Führer* aux ordres du jeune colonel Otto Remer, puissant groupe blindé dont la mission spécifique consistait à frapper dans les premières heures de la bataille en un point jugé vulnérable du système de défense américain.

A ces nouveautés inscrites dans une offensive de grand style comportant plus de 250 000 hommes, s'ajoutaient les ruses pour amener à pied d'œuvre, dans les semaines qui précéderaient l'attaque et sans que les Américains s'en doutassent, tout cet énorme corps de bataille : passage d'avions au-dessus des lignes américaines pour étouffer le grondement des moteurs des chars allemands qui montaient en ligne, projecteurs braqués sur les nuages pour éclairer le champ de bataille, etc. La manière dont les services logistiques de la Wehrmacht rassemblèrent hommes, matériel, carburant et munitions fut un tour de force. Malheureusement, il y eut des erreurs commises pendant l'offensive, la malchance aussi s'en mêla et ce que l'on n'attendait pas : les embouteillages qui frappèrent d'inanité, aux premières heures de l'attaque, le déploiement des grandes unités motorisées. L'audace a des limites. Les Allemands utilisèrent un matériel très moderne et pour la première fois le chasseur à réaction Me 262.

Si les services du SHAEF, à Versailles, ne surent pas analyser les renseignements qui leur parvenaient du front des Ardennes pendant le mois de novembre et sous-estimèrent le degré de combativité de la Werhmacht et des Waffen SS, Hitler surestima la puissance de ses divisions et se trompa en ignorant l'esprit d'initiative du combattant américain et son courage individuel.

Du côté allié les contre-mesures furent spectaculaires. La manœuvre que Patton ordonna à sa IIIe Armée en la faisant pivoter du sud au nord, en deux jours, est un modèle du genre. La tâche du haut commandement allié de se regrouper et de rassembler en plein combat de nouvelles divisions, afin de rejeter les Allemands, a fait de cette contre-offensive, ainsi que l'a souligné Montgomery, « l'une des plus compliquées » et témoigne d'une unité de vues dans la réflexion et la réalisation entre Alliés qui n'est pas l'une des moindres surprises de cette bataille.

M.H.

CHAPITRE I

DU NOUVEAU A L'OUEST

Le 31 juillet 1944, les Américains percent à Avranches, le 4 août, ils s'emparent du Mans, le 16 les Anglais crèvent le front à Falaise. En un mois trois maréchaux se succèdent sur le front allemand de l'Ouest : von Rundstedt, limogé, est remplacé par von Kluge, qui se suicide le 19 août pour ne pas comparaître devant un tribunal où il aurait été accusé d'avoir participé au complot du 20 juillet. Erwin Rommel, grièvement blessé le 17 juillet, près de Livarot, s'empoisonne chez lui, à Herrbingen, le 14 octobre pour les mêmes raisons que von Kluge. Le général Dolmann, chef de la VIIe Armée décimée par les attaques alliées, est tué dans un bombardement. Vingt-trois généraux commandant des groupes d'armées ou de divisions disparaissent dans la bataille, sont fait prisonniers ou destitués. Des unités d'élite de la Wehrmacht et des régiments entiers de la Waffen SS sont anéantis à Mortain, devant Caen et dans la poche de Falaise, presque toujours par l'aviation alliée qui a la maîtrise du ciel, comme la Luftwaffe en 1940. Des colonnes de chars, d'artillerie et de camions arrivent à grand-peine à se déplacer sur les routes grandes et petites sitôt que le jour est levé. Les avions américains sont partout [1].

1. Américains et Anglais alignent 16 500 avions à l'ouest, chiffre comportant les bombardiers lourds et les avions de transport.

La 2e Division de panzers, alertée le 6 juin et venant de ses cantonnements situés sur la Somme, à deux cent soixante kilomètres du front du débarquement, ne peut passer à l'action, et encore incomplètement, que le 20, ayant été continuellement soumise aux attaques de l'aviation adverse. La 6e Division de parachutistes, tenant garnison en Bretagne, met près d'une semaine pour gagner ses positions de combat à Saint-Lô, et y arrive après avoir perdu un quart de ses effectifs sur les routes. Ces deux exemples parmi tant d'autres montrent à quel point les grandes unités blindées allemandes, malgré leur mobilité et leur défense contre avions, furent paralysées pendant toute la bataille de Normandie.

Hitler, qui cherche l'homme capable de conjurer le désastre, décide de nommer, à la tête du front de l'Ouest, le Feldmaréchal Walther Model. C'est l'un des plus jeunes maréchaux allemands. Energique, intraitable, il s'est illustré en Russie, où il a acquis la réputation d'être un spécialiste de la défense et de la contre-attaque rapide. Malgré ses indéniables qualités, beaucoup de soldats de la Wehrmacht ironisent sur son compte et déclarent : « Dans son genre, c'est un “ model ” ! »

Model prend son commandement au moment où les armées allemandes se décomposent à l'ouest. Quand il décide le repli, il n'a pas dix jours devant lui pour pouvoir sauver ce qui reste de la VIIe et de la XVe Armée : les divisions américaines vont trop vite. La ligne de défense, qu'il a assignée aux troupes qui retraitent, est tournée par le sud, à Melun. Les troupes alliées foncent vers l'est. Paris est libéré et la division du général Leclerc, avec un corps américain, y pénètre le 25 août.

Dans le Midi, après un débarquement réussi, la VIIe Armée américaine et la Ire Armée française, commandée par De Lattre de Tassigny, anéantissent la IXe Armée allemande et remontent la vallée du Rhône. Quand la Wehrmacht se retire derrière la Seine, après avoir abandonné à Rouen et dans les environs autant de matériel qu'à Stalingrad, elle a perdu en Normandie 250 000 hommes, morts et blessés, autant de prisonniers, plus de 2 000 chars ont été détruits, ainsi que 2 500 canons et des milliers de véhicules [1].

Model ne songe même plus à arrêter les Alliés sur le front fortifié de la Première Guerre mondiale, qui suit la ligne allant d'Abbeville à Besançon en passant par Amiens, Soissons, Epernay, Châlons, Saint-Dizier, Chaumont et Langres. Il faudrait un

1. L'effectif de quatre divisions d'infanterie défendent les portes de l'Atlantique. Elles capituleront à la fin de la guerre.

mois, au moins, de terrassement pour lui rendre un vague aspect de retranchement efficace. Cette question ne se pose même plus en août 1944. Le commandant en chef des forces allemandes à l'ouest ne possède pas une seule division digne de ce nom. La Wehrmacht, entre la mer du Nord et la frontière suisse, a cessé d'exister.

Model dresse le bilan de ce qui lui reste dans un rapport adressé au Führer le 29 août : « Les onze divisions blindées et d'infanterie motorisée qui ont combattu en Normandie n'ont plus chacune que cinq à six chars en état de marche. Donnez-moi des hommes et du matériel pour que je reforme seulement onze régiments. Des seize divisions d'infanterie, je puis tirer quatre nouvelles unités, mais la plupart ont perdu leurs armes lourdes et les hommes ne sont dotés que de fusils et de carabines. Les artilleries d'accompagnement sont réduites à quelques pièces isolées ; les divisions de chars ont rarement plus d'une batterie. Les hommes sont démoralisés par la constante supériorité aérienne de l'ennemi. La rupture est complète entre les groupes d'armées B et G (celui qui tient le sud de la France). »

Le 4 septembre, enfin, il transmet au Grand Quartier Général des nouvelles moins mauvaises : « Je peux tenir un front courant le long du canal Albert depuis Anvers, le long de la Meuse et de la ligne Siegfried. J'ai besoin au minimum de vingt-cinq divisions d'infanterie fraîches et de cinq ou six panzers, alors que ma puissance de combat actuelle n'excède pas celle de dix divisions d'infanterie et de presque quatre panzers. »

Tout ceci se passe de commentaires. La retraite de France et de Belgique est une catastrophe.

Dans les semaines précédant l'opération *Citadelle,* qui aboutit à l'offensive allemande de Koursk, en Russie, pendant l'été 1943, le Führer, prévoyant et méthodique, avait fait étudier la remise en état du *Westwall — Mur de l'Ouest* — que les Alliés avaient nommé une fois pour toute la ligne Siegfried.

Par ordre d'Hitler le *Mur de l'Ouest* avait été commencé en 1936. Il répondait politiquement à la ligne Maginot, mais il était beaucoup moins puissant et n'avait été conçu que pour soutenir des unités mobiles en « situation défensive ». Malgré ses imperfections et son vieillissement c'était encore une ligne fortifiée solide, que l'on pouvait réaménager et sur laquelle il était possible d'arrêter l'ennemi pendant quelque temps.

Le *Mur de l'Ouest* courait de la frontière hollandaise jusqu'à la Suisse. Par endroits il atteignait mille mètres de profondeur. Dans des secteurs vitaux comme la Sarre, Cologne et Karlsruhe, on dénombrait une quarantaine de casemates au kilomètre carré. Mais c'étaient toujours des fortifications légères qui ne ressemblaient pas aux puissantes défenses de la ligne Maginot.

Malheureusement, en août 1944, le *Mur de l'Ouest* est dans un triste état ; La broussaille envahit les accès des casemates et les embrasures de tir, les portes blindées ont rouillé et, chose plus grave, les installations de tir sont démodées. Celles qui convenaient en 1939 aux canons de 37 et de 76 ne conviennent plus aux 75, aux 88 ou aux nouveaux 105. Des centaines de casemates doivent être modifiées, de nouveaux angles de tir créés, des munitions et du ravitaillement stockés.

Le 5 septembre 1944 Hitler donne l'ordre de rouvrir le dossier et de reconstituer le *Mur de l'Ouest*. Entre-temps von Rundstedt a été rappelé au commandement du front occidental. Une fois de plus ! Le 10 septembre, deux cent mille ouvriers, tous des étrangers, arrivent sur le Mur pour aider l'organisation Todt et les pionniers à remettre les ouvrages en état. Le maréchal von Rundstedt décrète le 15 septembre :

« 1° La *Muraille de l'Ouest* a une importance décisive dans la bataille pour l'Allemagne.

« 2° J'ordonne que la *Muraille de l'Ouest* et chacun de ses ouvrages fortifiés soient tenus jusqu'à la dernière cartouche. »

Mais von Rundstedt, connaissant bien ce qu'il y a de fallacieux pour la troupe dans d'illusoires abris en béton qu'il compare dédaigneusement à des « trous de souris », prend ses précautions. Il prescrit au général von Knobelsdorf, commandant la Ire Armée de la Sarre, que les soldats qui occuperont les casemates ne devront pas s'y enterrer et « attendre l'ennemi ». Aussitôt le général von Knobelsdorf lance l'ordre suivant :

« Les garnisons d'ouvrages permanents doivent sortir, installer des postes d'écoute et des avant-postes, riposter aux tirs d'embrasure... La fâcheuse habitude d'attendre que l'ennemi s'approche à portée de grenade ne doit plus être tolérée d'aucune manière. Lorsque l'adversaire est en marche pour attaquer ou se regrouper, personne ne doit rester dans les abris ; chacun doit se rendre à son poste de combat. »

Hitler a deux raisons d'espérer garder encore intactes quelques mois les « marches » occidentales. La première est militaire : c'est le cuisant échec, le 15 septembre, du parachutage d'Arnhem. Les forces aéroportées anglo-canadiennes y sont anéanties par les 9e et 10e Divisions blindées SS qui venaient d'arriver dans le secteur. La seconde est politique et met en lumière les tergiversations entre Anglo-Saxons sur les options stratégiques à prendre pour finir la guerre, selon un calendrier précis qui convienne à Staline, lequel ne cesse de ruser avec ses alliés occidentaux. Hitler met à profit ce répit pour définir une offensive à l'ouest qui lui permettra, par un nouveau coup de dés, de rétablir la situation. Cette offensive sera lancée dans les Ardennes. L'offensive de la dernière chance

CHAPITRE II

LA FORET DES ARDENNES

16 décembre 1944.

La nuit est glaciale. La température est tombée à — 10° C. Un brouillard dense, lourd, noie les sommets des sapins les plus élevés. De longues vallées sinueuses emplies de neige, aux versants envahis par l'épaisse forêt de l'Eifel, séparent l'Allemagne de la Belgique, le Palatinat de la Wallonie. Au nord, Aix-la-Chapelle, au sud, le Luxembourg et la frontière française.

Brusquement, le 16 décembre 1944, à 5 h 30, le sol de cette région frémit. Un fantastique grondement ébranle la nuit, la forêt s'anime d'un frisson. Les plus lourdes plaques de neige tombent des branches des sapins ; des lueurs verdâtres déchirent l'obscurité et sont aussitôt comme avalées par le brouillard. Sur cent trente-cinq kilomètres, de Monschau, au nord, à Echternach, au sud, située à l'ouest de Trèves, l'offensive décidée par Hitler sur le front ouest débute.

L'artillerie allemande, en batterie à une dizaine de kilomètres derrière les lignes, pilonne des villages et des postes avancés américains en beaucoup d'endroits, il n'y aura pas de préparation d'artillerie pour laisser intact le facteur de la surprise. Derrière la ligne Siegfried à peine remise en état, les canons de 380 et de 280 sur voie ferrée écrasent, à plus de vingt-cinq kilomètres, des nœuds routiers et des points stratégiques, par où peuvent passer les troupes américaines en mouvement pour une éventuelle contre-offensive.

L'ouragan dure moins d'un quart d'heure. A 5 h 45, le front semble retomber dans cette espèce de torpeur qui avait intrigué au cours des semaines précédentes l'état-major américain. Mais c'est pour laisser la place à une féerie : le ciel s'irise de vastes lueurs. La Luftwaffe a allumé des batteries de projecteurs qui, éclairant des nuages bas, réverbèrent la lumière sur le sol. En certains lieux, bien définis par l'état-major allemand, on se croirait en plein jour. Par milliers, des silhouettes blanches sortent de la forêt. Des chars gris-blanc aux canons longs les accompagnent. On perçoit le claquement sec des fusils, puis les rafales des mitrailleuses allemandes Mauser 42, auxquelles répondent les lourdes américaines Browning de 12,7 mm.

L'infanterie allemande est partie à l'attaque. Objectif : déboucher des forêts et atteindre le plus rapidement possible des endroits découverts où pourront se déployer les panzers en direction de la Meuse, de Liège et plus tard... d'Anvers !

Car cette offensive n'est pas une manœuvre de diversion. C'est une attaque longuement méditée par le Führer et son état-major. Elle doit briser les lignes américaines et anglaises et détruire la totalité des armées alliées engagées entre le Luxembourg et la mer du Nord. Les divisions blindées allemandes comptent réitérer la percée de mai 1940 en prenant l'ennemi à revers. Le destin de l'Allemagne se joue dans cette bataille. Anvers sera un nouveau Dunkerque.

Au milieu du front, dans le Schnee Eifel, une des parties les plus boisées des Ardennes, les hommes du 295e régiment de la 18e Division de Volksgrenadiers — VGD [1] — de la Ve Armée blindée surgissent des derniers ouvrages avancés de la ligne-Siegfried et se dispersent comme des fourmis dans la vallée blanche éclairée. Des Panthères et des Tigres les appuient. L'axe de l'attaque est la route qui mène de Prüm à Bleialf, entre Saint-Vith et le Luxembourg, tenue par le 590e escadron d'artillerie de campagne américain, appartenant au 8e Corps d'armée du général Troy Middleton.

Dans la nuit phosphorescente, sur des chars allemands camouflés en blanc, des grenadiers sont entassés. Entre les rafales des armes automatiques et les éclatements d'obus de mortiers s'élève

1. Grenadier du Peuple. Les VGD, Division de Grenadiers du Peuple, étaient des unités nouvellement créées.

le bruit caractéristique du cliquetis de leurs chenilles d'acier sous le chemin de roulement. Des Hanomags blindés de transport d'infanterie patinent sur la petite route verglacée au flanc d'une vallée.

A droite, remontant un versant, un Tigre chargé de grenadiers apparaît à la lisière de la forêt : à douze cents mètres environ devant lui, la route de Bleialf. Il fait partie du 66e Panzer, corps commandé par le général Waltherhucht.

Le Tigre s'arrête, les soldats sautent du char et se déploient en tirailleurs dans la neige poudreuse. De l'autre côté de la route, un Sherman, en appui blindé du 423e Régiment d'infanterie US commandé par le colonel Charles Cavender, déboule d'une pente, hésitant, paraissant maladroit, patinant par instants sur ses chenilles aux maillons caoutchoutés.

Hans Spe, le pointeur du Tigre, colle l'œil au périscope. La tourelle tourne de soixante degrés. L'équipage attend. La lampe rouge allumée à la lettre F indique que tout est paré. La longue aiguille tourne lentement au chronomètre du conducteur, le Feldwebel Schmidt, un vétéran de Russie, croix de fer de première classe, médaille d'Hiver, rappelé pour encadrer les jeunes recrues de l'Eifel.

Les secondes passent lentement. Les dynamos ronronnent. Le radio, le caporal Bruckmann, de Coblence, souffle dans ses doigts engourdis par le froid — l'intérieur du Tigre est une vraie glacière. Brusquement, tous les nombreux chiffres de l'optique du Tigre se mettent à tourner. Le Sherman vient de se trouver dans le champ de tir. Spe appuie sur la pédale de tir et les triangles se joignent au viseur.

Le coup part sèchement. Les ventilateurs chassent l'âcre fumée de la tourelle.

Là-bas, le Sherman s'est arrêté, en hoquetant. Le coup de 88 du Tigre l'a atteint de plein fouet sur le côté droit. Une fumée noire s'échappe des panneaux moteurs, pendant que l'équipage tente de sortir. Les fusils-mitrailleurs allemands crépitent. Le Sherman brûle entièrement ; deux Américains qui tentaient de gagner un fourré sont fauchés par une MG 42.

Schmidt met le moteur en marche. Sous l'impulsion de ses mille chevaux, le Tigre bondit. Schmidt bloque la chenille gauche. Le char tourne et gagne en vrombissant la lisière de la forêt. Spe n'a que le temps de faire pivoter la tourelle vers l'arrière pour éviter d'engager le long tube du canon entre des arbres. Dans un tourbillon de neige, les cinquante-cinq tonnes du Tigre s'arrêtent brutalement derrière un talus. Il est maintenant hors de vue.

Les canons allemands ne cessent maintenant de tonner. L'artillerie américaine répond au hasard. Dans la petite vallée, le char américain continue de brûler silencieusement. Une longue traînée de fumée noire s'en échappe et tournoie par-dessus la campagne enneigée, éclairée par le brouillard phosphorescent.

Les grenadiers allemands ont dépassé le Sherman et ont atteint l'autre versant. Deux sections sont venues leur prêter main-forte, appuyées par six chars MK IV S équipés, sur les côtés, de la nouvelle « jupe » de mailles qui leur assure une protection contre les projectiles à charge creuse des bazookas américains.

Il est 6 heures. La route de Bleialf a été coupée. L'avance allemande continue. Les six MK IV S ont déjà disparu vers la forêt, de l'autre côté de la vallée. Hans Spe, qui vient de détruire son premier Sherman, annonce triomphalement à l'équipage du Tigre :

— *Die Strasse ist frei !* [1]

---

1. La route est libre !

CHAPITRE III

OFFENSIVE « GARDE AU RHIN »

Octobre 1944.

Une chaleur oppressante. Le silence. Une forte odeur de résine de pins qu'exprime la forêt en cette partie de la Prusse-Orientale où est enfoui le quartier général du Führer, le *Wolfsschanze*[1], près de Rastenburg.

Hitler se remet des légères blessures du 20 juillet, quand le colonel comte Félix von Stauffenberg a déposé une serviette en cuir chargée d'un puissant explosif qu'un officier d'état-major a « providentiellement » déplacée et mise derrière le pied de la grande table à cartes. Le pied en chêne massif a arrêté les éclats. Hitler n'a eu que quelques contusions et le tympan gauche crevé. Mais son système nerveux a été fortement ébranlé et il souffre par intermittences de tremblements incontrôlables du bras gauche.

Depuis l'attentat il garde la chambre, restant la plupart du temps alité, ne se levant que pour recevoir des hôtes éminents ou des chefs de guerre valeureux.

Journellement, le chancelier du Reich prend connaissance des rapports de tous les fronts que lui transmet un officier d'état-major. En fait, il a abandonné pour l'instant la conduite des

1. « Le repaire du loup ».

opérations, peu importantes il est vrai en ce mois d'août, au Feldmaréchal Wilhelm Keitel, sorte de ministre de la Guerre, et au Generaloberst Alfred Jodl, chef d'état-major de l'OKH [1], qui ne sont, malgré leur titre et leur fonction, que des exécutants.

Hitler lit beaucoup : il relit, plus précisément, les quelques livres importants qu'il possède dans la chambre de son abri bétonné : Hegel, Nietzsche et particulièrement celui qui est à son chevet depuis plus de vingt ans, *Le monde comme volonté et comme représentation* de Schopenhauer.

Ainsi, le maître de l'Europe se « remagnétise », après quatre années de fatigues, d'usures prématurées à la tête de l'une des plus puissantes forces armées de l'Histoire. Il retrouve lentement ses *forces vitales* et surtout les autres, celles qui sont occultes et lui permettent, après les échecs, de rétablir par son impulsion presque magique les situations les plus compromises : « Nous agissons, en effet, dans les grands moments, dans les pas importants de la vie, moins par une connaissance exacte de ce qu'il convient de faire que par une impulsion intérieure ; on dirait un instinct venant du plus profond de l'être... », a écrit son maître Arthur Schopenhauer [2].

Hitler « repense » la guerre. Les événements sont graves. Non sans raison, il estime qu'après une suite de revers sur la plupart des fronts, il faut sans tarder reprendre l'initiative.

Depuis l'offensive russe de janvier 1944, à la tête de laquelle se trouvent les généraux Joukov, Vatutin, Koniev, Malinovsky et Rokossovsky, pour ne citer que les principaux qui commandent des groupes d'armées, le recul allemand en Russie a tourné en de nombreux endroits à la débandade. Des divisions entières ont disparu ; des dizaines de généraux ont été faits prisonniers, du matériel considérable a été perdu. Malgré la levée de classes nouvelles, la mutation d'ouvriers aux armées et l'enrôlement de volontaires étrangers, surtout dans la Waffen SS, les pertes n'ont jamais été comblées.

Partout la Wehrmacht a perdu l'initiative. En juillet 1944, l'URSS a été entièrement libérée. Ses armées ont même créé une tête de pont sur la rive gauche de la Vistule ; les gisements pétro-

1. L'Oberkommando de la Wehrmacht. La plus haute instance militaire, dont Hitler était le chef suprême. Elle englobait les trois armes : l'armée, *Heer,* la marine, *Kriegsmarine,* et l'aviation, *Luftwaffe.* Hitler était chef suprême des armées depuis 1938.

2. Arthur Schopenhauer. *Aphorismes sur la sagesse,* trad. Contacuzène. Ed. Presses Universitaires.

lifères de Galicie ont été conquis ; le régime du maréchal Antonesco en Roumanie a été balayé. Devant la poussée russe et la défection des Roumains, les forces allemandes stationnées en Grèce et en Bulgarie ont fait retraite à travers les Balkans. Elles se sont heurtés aux puissants maquis du maréchal Tito. La plupart des divisions continuellement harcelées par les titistes se sont regroupées en Croatie et dans le nord de la Hongrie, où elles couvriront, jusqu'aux dernières semaines de la guerre, l'Autriche et l'Illyrie.

Dans les Balkans, malgré les opérations habiles menées contre elles par Tito, les divisions allemandes ont été repliées en bon ordre. En Italie, le Feldmaréchal Kesselring a réussi à établir une solide défense. Il a arrêté la VIIIe Armée britannique du maréchal Alexander, sur l'Arno, entre Pise et la mer Adriatique.

Sous les terribles bombardements qui ont ravagé les villes allemandes, les usines ont continué de tourner ; la production des armements et des munitions s'est accrue même grâce à l'impulsion du ministre Albert Speer, l'ancien architecte d'Hitler qui édifia la nouvelle chancellerie et le stade de Nuremberg.

En attendant les « armes nouvelles », terrifiantes, dont Goebbels annonce l'arrivée prochaine, les troupes allemandes se battent avec un matériel entré en ligne l'année précédente, excepté le Tigre Royal de plus de soixante tonnes, qui a fait son apparition pendant la bataille de Normandie. Ce matériel remplace progressivement l'ancien. Le Tigre, char puissant, panzer lourd, remarquablement armé d'un 88, protégé à l'avant d'un blindage de onze centimètres, dépasse la vitesse de quarante kilomètres heure sur route et pèse cinquante-cinq tonnes. Char moyen, le Panthère pèse quarante-trois tonnes, armé d'un canon de 75, trois mitrailleuses, équipage de cinq hommes, nombre que l'on retrouve dans tous les chars importants ; le principe du Panthère se révèle un excellent équilibre entre protection, vitesse et puissance de feu. Enfin, le Mark IV de vingt-quatre tonnes, armé d'un 75 dont le prototype est sorti en 1938 ; il va constituer jusqu'à la fin de la guerre l'armature principale de toutes les divisions blindées allemandes.

A côté des chars, épaulant à la fois ceux-ci et l'infanterie, existent les canons d'assaut, l'Eléphant, de soixante-huit tonnes — il est si lourd que des engins de ce modèle seront arrêtés pendant l'offensive des Ardennes par la fragilité de certains ponts. Le Jaguar de quarante-six tonnes, le M IV, le Bourdon, ce dernier armé d'un canon de 150 mm, et le Jagdtiger de soixante-seize tonnes.

Peu de nouveautés dans l'artillerie composée de pièces classiques, du célèbre canon de DCA de 88 employé couramment comme antichar, du quadruple de 20 mm de DCA, monté sur le châssis du char Mark IV et des nouveaux lance-roquettes utilisés déjà sur le front de l'Est. Les canons antichars (PAK) [1] sont toujours ceux du calibre de 75 et de 88 en attendant les problématiques nouveaux canons à âme conique que la pénurie de tungstène, indispensable pour les munitions spéciales de ces canons, empêche de construire en série.

Un nouveau pistolet-mitrailleur, le Sturmgewehr, dote les troupes d'élite, en particulier celles de l'Obersturmbannführer Joachim Peiper. A cette liste, loin d'être exhaustive, s'ajoute l'autochenille blindée, transportant douze fantassins, la Sd. Kfz 251 [2], fabriquée par Hanomag. Elle est, depuis le début de la guerre, le transport classique de l'infanterie portée accompagnant les panzers. La Sd. Kfz 251, elle aussi, a subi au fil des ans de nombreuses transformations et beaucoup d'entre elles sont équipées de canons, de lance-roquettes, ou gréées en voitures de commandement. Il y a aussi le panzerfaust, copie du bazooka américain, lance-roquettes portatif antichar.

Dans le ciel l'aviation soutient la Wehrmacht, avec ce qui reste de l'ambitieuse Luftwaffe de Goering. Auprès des modèles déjà existants, comme le Messerschmitt 109, le Focke Wulf 190, avions de chasse, le Junkers 188, le plus récent des bombardiers de piqué, apparaît pour la première fois au monde, l'avion à réaction, le biréacteur de chasse Messerschmitt 262. La Luftwaffe aligne aussi des armes de représailles, les V..., V 1 et, à partir de septembre 1944, les V 2.

Le Führer s'est calé dans son fauteuil. Il a invité, d'un signe léger de la main droite, son ministre des Armements, Albert Speer, à s'asseoir en face de lui. Par l'une des petites fenêtres de la maison en bois du *Wolfsschanze,* celle qui abrite les salles d'opérations du Grand Quartier Général, on aperçoit les pins immobiles qui jouxtent le toit sur lequel ont été implantés de plus petits, rendant le camouflage encore plus complet à la vue des avions.

Les questions d'Hitler, toujours si précises selon son habitude, sont posées sur un ton ferme, détendu. Speer, qui vient d'arriver de Berlin par avion, privilège qu'il est seul à partager

1. Panzer Anti Kanonen.
2. Equivalent à l'half-track américain.

avec le Grand Amiral Doenitz, retrouve auprès de cet homme hors du commun des raisons d'espérer.

Celles-ci pourtant s'amenuisent de jour en jour et, bien que le Dr Goebbels tente d'insuffler une force nouvelle au moral défaillant de la population allemande en allant visiter les villes dont il ne reste plus que des ruines et se mêler aux sinistrés en les haranguant au centre de quartiers dévastés, le temps qui est imparti au IIIe Reich est compté, selon la logique des choses. A moins qu'un miracle... La vie d'Hitler n'en a-t-elle pas été jalonnée et le dernier, qui l'a sauvé le 20 juillet, ne marque-t-il pas un désir de la Providence à ne pas les abandonner, lui et le peuple allemand ?

Soutenu par sa foi inébranlable dans la destinée de la race germanique, le Führer prépare la revanche après tant de défaites depuis 1942. Il y a réfléchi pendant sa convalescence. Il l'a édifiée, précisée, définie. Seuls des chiffres de production d'armes, de matières premières, de carburant lui manquent pour obtenir une vision complète de cette offensive qu'il veut déclencher à l'ouest, en automne. C'est la raison pour laquelle il a fait venir Albert Speer de toute urgence de Berlin.

De son regard, où passent des lueurs aux reflets magnétiques, Hitler fixe les yeux attentifs de Speer.

— Speer, je vous demande de prendre l'engagement de garder le silence sur ce que je vais vous déclarer.

Après un arrêt étudié, il poursuit :

— J'ai décidé de déclencher une offensive à l'ouest. Une offensive puissante qui contribuera à rétablir notre front, à nous rendre l'initiative et à neutraliser les Anglo-Saxons pendant plusieurs mois. La production actuelle des armements et des munitions, nos stocks de carburant, de pièces de rechange, peuvent-ils nous permettre de soutenir une opération de longue durée ?

— Cela me semble difficile.

— Je ne vous demande pas si cela vous semble difficile, mais si c'est possible ou pas ?

Speer réfléchit un long moment puis, désirant éviter sans doute un des fréquents accès de colère d'Hitler, répond par l'affirmative. Le Führer fixe toujours son jeune ministre.

— Combien avons-nous produit de chars Panthères pendant le mois de septembre ?

Speer consulte des notes que son secrétariat tient constamment à jour.

— Six cent quatre-vingt-dix, mon Führer.

— De camions ?

— Cinq mille, environ.

— De canons de campagne ?

— En additionnant les lourds et les légers, nous en avons fabriqué six cent trente.

— Combien de canons antichars ?

— Huit cent soixante-huit.

— De pistolets-mitrailleurs ?

— Soixante mille. Je ne compte pas dans cette quantité les fusils et les mitrailleuses dont le nombre, en particulier celui du Sturmgewehr, a été plus élevé, m'a dit Saur [1], que le mois précédent.

Le Führer reste pensif.

— Avons-nous comblé notre handicap en locomotives et en wagons ?

— Pendant les derniers six mois, nous avons produit autant de wagons et de locomotives que pendant toute l'année 1943.

— Nos réserves de carburant nous permettent-elles d'envisager une offensive de grand style ?

— Une offensive ne dépassant pas une quinzaine de jours, tout au plus.

— Insuffisant ! Il me faut des réserves de carburant et de munitions pour un mois, au moins.

— C'est impossible mon Führer !

— Il faut que vous trouviez les stocks qui nous manquent. J'en ai parlé à Keitel. Selon lui, on peut se les procurer. N'est-ce pas votre rôle d'organiser, de planifier, de découvrir ?

Speer ne bronche pas.

— J'essaierai, répond-il sur un ton qu'il veut convaincant. Nous pourrons peut-être avoir du carburant pour l'armée de terre, mais pour l'aviation, ce sera très difficile. Je vous signale, par exemple, qu'un groupe de chasse stationné à Krefeld, et qui dispose de trente-sept avions opérationnels, ne peut voler malgré le beau temps. Contraint à l'inaction pendant deux jours, il n'a volé le troisième que jusqu'à Aix-la-Chapelle, après avoir reçu vingt tonnes d'essence, et encore n'a-t-il pu engager que vingt avions ! Lorsque j'ai inspecté la base d'instruction de Werneuchen, à l'est de Berlin, le commandant m'a expliqué que chaque élève pilote ne pouvait effectuer qu'une heure de vol d'entraînement par semaine, l'unité ne recevant qu'une partie du carburant dont elle a besoin.

1. Karl Saur, directeur adjoint de Speer, planificateur de la production des armements.

Hitler fait semblant de ne pas avoir entendu et tape avec fermeté le bras du fauteuil :

— Il nous faut ces réserves, ces stocks pour de nombreuses divisions et les trains en quantités suffisantes pour le transporter de n'importe quel point du Reich vers le Rhin, articule-t-il, en fixant Speer. J'ajoute que vous devez organiser une unité composée d'ouvriers allemands du bâtiment qui soit suffisamment motorisée pour pouvoir encore exécuter la construction de ponts de toute espèce, même si le trafic ferroviaire est interrompu. Tenez-vous-en aux formes d'organisation qui ont fait leurs preuves lors de la campagne de France de 1940.

— Nous disposons d'un nombre à peine suffisant de camions pour une telle opération, mon Führer.

— Tout doit céder le pas à cette offensive que je projette dans les Ardennes, tranche Hitler, quelles que soient les conséquences à venir. C'est le grand coup. Il doit réussir !

Le chef de toutes les armées du Reich est-il certain de ce qu'il avance, ou bien s'efforce-t-il de se persuader, comme cela lui arrive parfois au long d'un mystérieux monologue ?

— Si cette offensive échoue, ajoute-t-il, je ne vois pas la possibilité de terminer favorablement cette guerre... Mais nous passerons. Une seule percée sur le front occidental, et vous verrez ! Cela entraînera l'effondrement et la panique des Américains. Nous foncerons au centre et prendrons Anvers. Ce sera la perte de leur port de ravitaillement. L'armée anglaise sera enfermée dans une immense poche. Nous ferons des centaines de milliers de prisonniers. Comme autrefois en Russie [1] !

Ce qu'Hitler ne dit pas à Speer c'est qu'il a pris sa décision de porter la bataille dans les Ardennes après avoir consulté son astrologue Krafft, dont l'influence est grande dans les milieux du IIIe Reich. Les thèmes astrologiques de Krafft ont conseillé au Führer de déclencher l'« ultime bataille » dans le massif des Ardennes, l'objectif étant la mer du Nord.

Une fois encore Hitler veut lancer à l'assaut des « mercenaires du monde occidental », qu'il abhorre, ce qui reste des corps d'élite de l'armée national-socialiste. Il veut vaincre avec les derniers surhommes que le Parti enfante depuis dix ans. L'offensive *Garde au Rhin* sera sa dernière opération « magique ».

La bataille au sud d'Aix-la-Chapelle ce 8 octobre, est particulièrement meurtrière. On se bat pour chaque village, chaque bourg.

1. Extrait du procès-verbal de la conférence du Führer, tenue au Grand Quartier Général, le 12 octobre 1944.

Près de la Roer, dans des prés à moitié inondés, l'infanterie américaine transportée par des camions *Duks* amphibies et renforcée par des chars exerce une forte pression sur les lignes allemandes.

La 5e section de la 8e compagnie de Panzergrenadiers vient de relever à la tombée du jour des fantassins du 20e bataillon de Volksgrenadiers harassés par les attaques américaines. Les hommes prennent position à la lisière d'un bois et s'installent en maugréant dans les tranchées laissées par leurs camarades.

Le sergent-chef Schmauser, qui commande la section renforcée d'un mortier de 80 et d'une MG 42, les houspille. La plupart des soldats qui composent sa section sont des bleus, très jeunes et qui n'ont pas encore « tâté du front ». Certains ont fait leurs classes alors qu'ils étaient encore à l'Hitlerjugend :

— Ils savent peut-être faire la différence entre un panzerfaust et un panzerschreck, dit Schmauser, mais ils sont incapables de creuser un trou en trois minutes pour s'abriter d'un tir de mortier !

Schmauser, lui, est un vétéran. Après une permission de trois jours on l'a affecté au front d'Aix-la-Chapelle, « en catastrophe ». Il vient du front de l'Est et il a reçu sa croix de fer de 1re classe pour avoir ramené sa section avec ses armes dans les lignes après une retraite épique à travers les brigades russes qui déferlaient sur la Pologne.

Le caporal-chef Schmidt, pointeur du mortier, et le sergent Egruber, qui commande les renforts et la MG 42, viennent aussi du front de l'Est.

La nuit est tombée. Tout est en ordre dans la position. Avant de prendre quelques heures de repos, Schmauser a passé l'inspection. Les sentinelles sont à leur poste, l'une d'elles, « en sonnette », dans un trou près d'un fourré qui borde la plaine. A gauche, la 9e compagnie, à droite la 15e, épaulée par quatre canons automoteurs Jaguar, armés d'un redoutable canon de 88 — celui qui équipe les chars lourds Tigres et Tigres Royaux.

Le sergent-chef retourne à la tranchée et comme une taupe s'enfonce dans une cagna protégée par des rondins auxquels a été mêlée de la terre. Sur l'ensemble a été étendu un filet de camouflage piqueté de feuilles mortes. Schmauser s'introduit dans le sac de couchage et s'endort bientôt après s'être dit : « Mieux vaut être ici qu'à l'est ! »

Aux premières lueurs de l'aube, le ciel s'embrase. La plaine devient rose et une ferme, à droite, dans le *no man's land,* se teinte de violet. Puis, brutalement, les obus américains passent au-dessus du bois en ronflant. Quelques secondes plus tard les explosions, sur les arrières proches allemands, font trembler le sol.

— Alarme ! crie Egruber qui sort d'un abri en enfilant son pantalon.

Schmauser le rejoint.

— Attaque de l'infanterie américaine ?

— Oui, sergent, le soldat Kauffmann a déjà décelé, à la jumelle, près de la ferme, quatre Shermans. Ça grouille autour !

— On va leur donner une leçon !

Un quart d'heure plus tard, le tir de l'artillerie américaine cesse.

— Pour sûr, déclare Schmidt, sentencieusement, que les cow-boys vont rappliquer maintenant, mais ils prennent leur temps, eux, c'est pas comme les Ivans qui ont toujours un commissaire du NKVD au cul !

Il n'a pas terminé cette historique réflexion quand, dans une série de hurlements, des rockets américaines s'abattent sur le bois.

— Merde ! crie Schmidt, je ne savais pas que les cow-boys avaient aussi des fusées comme les Ivans avec leurs orgues de Staline !

Il faut se terrer en vitesse. Derrière la section des flammes s'élèvent du bois. Les rockets pleuvent comme le feu du ciel sur la ville de Gomorrhe. Enfin, après une dizaine de salves, le tir cesse. Aussitôt, les hommes reprennent leurs postes, les jeunes recrues encore tout abasourdies de ce fulgurant baptême du feu.

Au tonnerre de l'artillerie et des rockets a succédé sans transition un silence qui paraît irréel. Comme par enchantement la campagne s'est pétrifiée ; plus aucun bruit ne s'élève des arbres effeuillés, encore frémissants, qui se dressent de la terre pâle. Mais, au loin, entre la ferme et un boqueteau, des masses vertes, couvertes de branchages, d'où surgissent des canons courts, se sont ébranlées. On entend le bruit des moteurs et le cliquetis des chenilles. Derrière se déploie en tirailleurs l'infanterie américaine.

— Douze Shermans droit sur nous ! lance Schmauser les yeux rivés au périscope.

Ils sont appuyés par quatre TD [1].

A trente mètres, sur sa droite, émergeant à peine du trou remarquablement camouflé, le caporal-chef Schmidt fixe à la jumelle les Américains qui avancent dans la plaine. On entend

1. Tank-destroyer : char rapide de 26 tonnes armé d'un canon de 75 mm en tourelle ouverte M6. Il détuisait tous les chars allemands à moins de 900 mètres.

maintenant très distinctement le ronflement sourd des moteurs et le bruit des chenilles malgré les maillons de caoutchouc si particuliers aux bandages des chars américains. A côté de Schmidt se dresse le tube du mortier, presque verticalement. Le pointeur a l'œil rivé à la mire. Les deux pourvoyeurs, des jeunes qui essaient de cacher la peur qui les étreint, alignent les obus de 80 mm qu'il faudra jeter tout à l'heure dans le tube à une cadence précipitée.

De retour dans son abri, le sergent-chef Schmauser reçoit un appel téléphonique du colonel. L'ordre est de tenir la position coûte que coûte : « Le bois doit rester entre nos mains. Aucune défaillance n'est permise ! » ajoute le colonel avant de raccrocher sèchement.

— Nous avions tous compris, grogne Schmauser, qui s'empare de son PM 38 après avoir libéré le cran de sûreté.

Il rajuste son casque et en quelques enjambées regagne son poste où il retrouve Egruber.

L'infanterie américaine est maintenant déployée dans la plaine. Deux compagnies, environ, soutenues par les douze Shermans et les quatre TD. Schmauser a donné l'ordre de tirer quand l'ennemi remontera la pente de la plaine, à trois cents mètres. Les jeunes recrues s'énervent : si on les laissait faire ils attaqueraient déjà. Le mortier et les mitrailleuses tireront à la distance de trois cents mètres, les panzerfaust, contre les chars, à moins de cent mètres.

Schmidt attend l'ordre du sergent Egruber. Les yeux rivés à ses jumelles il estime la distance :

— Quatre cents mètres, pas plus ! On dirait qu'ils vont à l'exercice. Les Ivans se grouillent, eux, surtout les tirailleurs sibériens... Trois cent cinquante mètres... Merde, quand même, tenir ce foutu bois ! Ils en ont de bonnes à l'état-major. Trois cents mètres... Le vieux veut peut-être nous faire faire du corps à corps à la baïonnette, pourquoi pas avec nos pelles, comme en Russie !

Au même instant, Schmauser lance l'ordre d'ouvrir le feu. Schmidt se retourne vers le pointeur :

— Hausse quatre, distance trois cents mètres ! rugit-il.

Les bombes semblent être vomies par le mortier qui frémit sur son socle.

Les Shermans répondent en tirant sur le bois avec des obus explosifs. Un des jeunes, qui a pris peur et n'a pas attendu l'ordre de tirer avec son panzerfaust à moins de cent mètres, vient de lancer une fusée à charge creuse sur l'un des chars américains.

Malheureusement, de trop loin ! Le tir est imprécis. La fusée ricoche sur le haut de la tourelle d'un Sherman et s'élance vers le ciel.

Les MG 42 allemandes envoient de longues rafales. Des soldats américains tombent et forment des petits tas sur les labours. Leurs camarades courent se mettre à l'abri derrière les chars qui continuent d'avancer comme de gros jouets mécaniques.

Les MG 42 ne cessent de tirer, malgré les explosions des obus de 75 des Shermans ; celles-ci se rapprochent de plus en plus dangereusement des MG. A demi sortis de la tourelle de leur TD, les tankistes américains cherchent à la jumelle l'emplacement des deux mitrailleuses allemandes et celui du mortier. Schmidt dirige toujours le tir meurtrier de son tube et les bombes, en éclatant, projettent leurs éclats rasants qui obligent les fantassins américains à monter sur l'arrière des Shermans, où se trouve le moteur qui leur brûle les reins.

Un coup de 75, de plein fouet, balaye la MG de gauche et ses servants. Victoire de courte durée ! Cette fois-ci, la charge creuse d'un panzerfaust tirée à soixante-dix mètres atteint le Sherman le plus avancé. Le coup l'a frappé sur le côté droit, près du moteur. Le char s'arrête brutalement. La chenille se détache. Il prend feu pendant que les canonniers américains sautent de la tourelle. Les trois autres ne peuvent sortir du cercueil incandescent.

Les Shermans reculent pour se mettre hors de portée des panzerfausts. Attendant des ordres, les Américains semblent vouloir arrêter leur attaque. Visiblement, leur préparation d'artillerie a été hâtive, mal conçue.

Schmidt en profite pour cesser le tir. Le tube de son mortier est brûlant. L'accalmie ne l'empêche pas de faire distribuer à ses servants des mines T, au cas où l'ennemi reviendrait à l'attaque.

Mais les Américains reculent. Quatre Shermans et un TD se mettent à l'abri derrière un hangar en ruine.

Schmauser ordonne d'arrêter le tir de la seule MG 42 qui lui reste. Il n'a pas de chars ; le peu d'hommes qu'il possède ne lui permet pas d'envisager la moindre attaque. Encore heureux que sa section, les hommes d'Egruber et Schmidt, s'en sorte de cette manière ! On entend des cris dans les tranchées :

— Infirmiers ! Infirmiers !

Du côté américain, malgré la puissance de feu, la situation n'est pas plus brillante et Schmauser, au périscope, distingue nettement les croix rouges peintes sur le casque des infirmiers américains qui courent dans la plaine, le dos courbé, avec la boîte sanitaire.

Il fait grand jour. Ce que redoute maintenant le sergent-chef c'est l'aviation, le « nettoyage » au napalm de leur position par les chasseurs-bombardiers Thunderbolts. Tous les soldats allemands les craignent autant qu'une attaque de voltigeurs sibériens armés de leur longue baïonnette, ou de leur inusable mitraillette Chpaguine.

A dix heures, deux Thunderbolts viennent repérer la position des Allemands. Ils volent très bas et l'on aperçoit la tête du pilote sous le cockpit. La section de Schmauser a le temps de se terrer au fond des abris, dont les précédents occupants ont justement affiné les aménagements en vue de se défendre contre les attaques aériennes. Après que les avions ont décrit une orbe large et fait une légère ressource, ils virent, reviennent et piquent sur le bois.

En quelques minutes, une partie de celui-ci prend feu, mais les containers ne sont pas tombés sur les abris. Quelques instants plus tard, Schmidt et les servants de la seconde MG survivante peuvent la remettre en batterie. Il était temps ! Les Américains attaquent.

Le combat se déroule dans les tranchées et un furieux corps à corps s'ensuit. Les mitraillettes crépitent. Des hommes tombent. Le vétéran Schmidt réussit à placer une mine T sous l'un des Sherman qui explose. Schmauser croit que c'est la fin de sa section ; acculée au bois en flammes elle ne peut résister encore longtemps. C'est à ce moment que le miracle se produit. Coup sur coup un Sherman et un TD sautent. Un flottement dans les rangs américains, puis ils refluent.

Les quatre Jaguars, épaulés par deux Panthères, viennent d'entrer en action, sur la droite, accompagnant les grenadiers de la 15e compagnie. Déjà les deux Panthères se dirigent vers les ruines de la ferme, pendant que les Jaguars détruisent à nouveau deux autres chars US qui ouvraient la retraite des Yankees.

Ce qui reste de la ferme est repris. Pour la sixième fois elle retombe aux mains des Allemands.

Partout, sur le front de la Roer et d'Aix-la-Chapelle les combats sont acharnés. Les Allemands ne peuvent plus laisser un pouce de terrain aux Américains sans découvrir la vallée du Rhin dans laquelle une brèche serait désastreuse. Ceux-ci veulent à tout prix exercer une pression sur le front allemand en Rhénanie et dans le Palatinat pour fixer les réserves allemandes. Il faut quatre semaines aux Américains pour franchir les douze kilomètres qui les séparent de la Roer. Le village d'Hürtgen est enlevé dix-huit fois aux Américains et celui de Vossenack, vingt-huit fois. Ce succès défensif allemand est remporté en grande partie grâce à l'habileté et à la ténacité de Manteuffel, qui a su admirablement utiliser les terrains inondés pour donner à sa Ve Armée blindée le maximum d'efficacité dans ses tirs défensifs.

CHAPITRE IV

SKORZENY

23 octobre 1944.

Pendant que le lent trimoteur Junkers 52 de transport entre en configuration pour atterrir sur la piste proche du *Wolfsschanze,* le QG qu'occupait toujours Hitler, en Prusse-Orientale, bien que les Russes s'en fussent dangereusement rapprochés, le *Sturmbannführer* Otto Skorzeny regarde par un hublot les forêts parsemées de lacs, si particuliers à la Prusse-Orientale. Ils lui rappellent Friedenthal.

C'est à Friedenthal, à vingt kilomètres au nord de la capitale du Reich, près d'Orianenburg, qu'il a trouvé, au printemps de 1943, un petit château datant de l'époque de Frédéric le Grand, situé au centre d'un immense parc retourné à l'état sauvage. Les vastes prairies aux environs de la propriété convenaient parfaitement à ses projets. Il pouvait, en effet, y entreprendre l'aménagement de terrains d'exercice, de tirs, de sauts et les constructions de baraquements pour abriter les cours et les hangars nécessaires aux équipements des commandos qu'il devait mettre sur pied selon les instructions d'Hitler lui-même. L'installation, encore rudimentaire, qui s'intitulait Sanderverband ZBF Friedenthal, était commandée par un officier hollandais des Waffen SS.

Skorzeny avait été requis pour réorganiser rapidement l'unité, ce qu'il en restait, à « disposition spéciale » : sabotages et attaques par surprise sur les arrières de l'ennemi ; la *ZBV 800,* qui prendra par la suite le nom de division *Brandenbourg* et la ZBV *Friedenthal,* qui deviendra l'un des éléments principaux des commandos.

Entouré des Obersturmführers Werner Hunke et Karl Radl, Skorzeny avait créé durant l'année 1944 des groupes de combattants très bien entraînés. Il s'était inspiré des commandos britanniques et avait étudié particulièrement la formation, l'entraînement et l'armement du *Special Air Service* du célèbre colonel David Sterling [1].

Skorzeny se souvient des semaines pendant lesquelles il a entraîné ses hommes, puis les opérations dont le Führer l'a chargé : la libération de Mussolini de sa prison du Gran Sasso, le dimanche 12 septembre 1943 et l'opération toute récente, appelée *Panzerfaust,* grâce à laquelle, le 15 octobre 1944, le plan de capitulation du Régent Horthy de Hongrie avait pu être déjoué.

L'avion atterrit. Le dernier des trois moteurs tourne encore. La porte de la carlingue est ouverte. Un capitaine gravit lestement l'échelle qui vient d'y être apposée. La silhouette — un mètre quatre-vingt-seize — de Skorzeny se découpe dans le cadre de la porte.

— Le Sturmbannführer Otto Skorzeny ?

— Moi-même.

— J'ai ordre de vous emmener immédiatement au quartier général.

Par une route cimentée qui traverse une épaisse forêt de pins, la grosse Mercedes grise roule à vive allure vers le *Wolfsschanze.*

Après avoir franchi les trois ceintures de sécurité, la voiture s'arrête devant ce que l'on nomme « la Maison de Thé ». Skorzeny pénètre dans l'aile droite réservée aux hôtes de marque.

Une heure plus tard, le Führer, qui a fait savoir au général Jodl qu'il désirait voir Skorzeny seul, reçoit ce dernier dans le *bunker* du *Wolfsschanze.*

— Désormais, dit Hitler, en s'adressant à Skorzeny, vous êtes Obersturmbannführer des Waffen SS et je vous confère la croix allemande en or pour avoir réussi l'opération *Panzerfaust* et empêché le gouvernement hongrois de demander un armistice aux Russes [2].

---

1. Jean Bourdier, *les Commandos du désert,* coll. « *Troupes de choc* ». Ed. Presses de la Cité.

2. Il s'agissait d'interdire au gouvernement de l'amiral Horthy, régent de Hongrie, de signer une paix séparée avec les Russes et d'emmener en Allemagne le régent et ses proches collaborateurs. En juillet 1944, Skorzeny

— Mon Führer, les soldats qui étaient sous mes ordres ont eu une part aussi grande...

— Ne me remerciez pas ! Toutes les récompenses que vous pouvez solliciter pour vos soldats sont accordées à l'avance. Voyez cela, tout à l'heure, avec Günche, mon aide de camp.

Les deux hommes sont assis dans une petite pièce du *bunker* où l'on respire mal ; les murs épais, qui soutiennent un plafond de sept mètres d'épaisseur, suintent l'humidité — l'abri a été achevé seulement quinze jours plus tôt.

— Skorzeny, connaissez-vous les Ardennes belges ?

— Je les ai traversées une fois, mon Führer.

Hitler reste silencieux. Il fixe l'Obersturmbannführer. Celui-ci s'apprête à se lever et à claquer des talons...

— Restez assis. Bientôt nous allons reprendre l'initiative à l'ouest.

Otto Skorzeny a un imperceptible haut-le-corps, ses yeux sombres lancent comme un éclair.

— Trois armées aux ordres du Feldmaréchal Model, reprend Hitler, vont se jeter à l'assaut des Anglo-Américains entre Aix-la-Chapelle et la frontière française. Ce que je vous confie est ultra-secret, ai-je besoin de vous le dire ?

— Je suis à vos ordres, mon Führer.

— C'est peut-être la mission la plus importante dont je vous charge. Vous devrez, avec vos troupes spéciales, vous emparer d'un ou de plusieurs ponts sur la Meuse, entre Liège et Namur. Vos hommes devront franchir les lignes ennemies en uniformes anglais ou américains. Je viens d'apprendre que les Américains ont employé ce stratagème devant Aix-la-Chapelle il y a quelques semaines, en septembre. En outre, quelques-uns de vos commandos jetteront la perturbation et sèmeront la confusion jusque dans les états-majors ennemis. Je sais que le temps dont vous disposez est bien court pour monter une telle opération, mais je sais aussi que vous ferez de votre mieux. Pour toutes les questions de détail, vous vous accorderez avec le général Jodl. Ah ! autre chose : je ne veux vous savoir à aucun moment sur la ligne de feu. Au cours de l'offensive votre présence près du front sera nécessaire. Mais que vous soyez blessé ou prisonnier à ce moment-là serait désastreux.

— Mais, mon Führer, il faut que je sois présent au combat, avec mes hommes...

— Vous devez rester à l'arrière, vous m'entendez Skorzeny,

---

réussit à s'emparer de Horthy alors que les troupes russes étaient aux portes de Budapest.

et ne vous exposer au feu sous aucun prétexte. Je vous l'ordonne.

Hitler regarde longtemps l'officier supérieur et ajoute :

— J'ai entièrement confiance en vous, mon cher Skorzeny.

C'est ainsi qu'Otto Skorzeny est chargé de réaliser l'une des opérations qui doit compléter l'offensive des Ardennes « Garde au Rhin ». Son nom : *Griffon,* du nom de cet animal fabuleux qui procède à la fois de l'aigle et du lion.

Deux missions bien définies sont confiées à Otto Skorzeny : la brigade blindée 150 doit profiter de la trouée qui sera faite par la VIe Armée blindée de Sepp Dietrich, se placer en fer de lance et s'emparer des ponts de Huy, Amay et Engis sur la Meuse, entre Namur et Liège. Ces ponts devront être conservés intacts pour permettre aux blindés de traverser le fleuve et de foncer sur Anvers. Jusqu'à la Meuse, officiers et soldats de la brigade porteront l'uniforme américain ; arrivés à la Meuse, ils combattront sous l'uniforme allemand.

De petites équipes également revêtues de l'uniforme américain auront l'ordre de s'infiltrer derrière les lignes ennemies, d'obtenir des renseignements, couper les lignes téléphoniques, répandre de faux ordres et entretenir la confusion chez l'adversaire. Ces équipes ne pourront utiliser leurs armes qu'en cas d'absolue nécessité, à condition d'être revêtues à ce moment-là du seul uniforme allemand.

Les stratagèmes et autres pièges ne sont pas interdits entre belligérants. Le général en chef doit se garder contre la ruse autant que contre la force. Si le stratagème consiste à s'approcher de l'ennemi en usurpant son uniforme, il est de règle absolue qu'il n'est licite qu'avant le combat. Au moment d'en venir aux mains, chaque belligérant doit avoir loyalement arboré ses couleurs et manifesté sa vraie nationalité.

En plein accord avec le général Jodl la brigade 150 [1] comprendra un effectif total de trois mille hommes. Tous des volontaires.

---

1. C'était son nom de code. La Brigade 150 se composait à la fois d'unités motorisées qui combattaient en premières lignes et de commandos de sabotages qui devaient opérer derrière les lignes alliées.

Chapitre V

WALTHER MODEL

25 octobre.

Jean Cozic était propriétaire d'une petite ferme — comme il y en a encore beaucoup en Bretagne — entre Saint-Pol-de-Léon et Roscoff, dans le Finistère. Il en avait hérité de son père peu de temps avant la guerre. Mobilisé en septembre 1939, il avait était fait prisonnier huit mois après la « drôle de guerre », par une section de reconnaissance de la division blindée de Rommel, devant Abbeville.

Dès 1941, l'agriculture allemande commençait à manquer cruellement de main-d'œuvre. Les Allemands firent appel aux prisonniers de guerre étrangers qui travaillaient la terre dans leurs pays respectifs ; ceux-ci remplacèrent rapidement leurs homologues d'outre-Rhin qu'en envoya au front sans tarder.

Jean Cozic troqua une paillasse dans un *stalag* lugubre de Silésie où il moisissait contre une vaste chambre blanchie à la chaux dans une agréable ferme d'une quinzaine d'hectares en Rhénanie, non loin de la frontière du Luxembourg. Parfois, quand le vent portait vers le sud-est, on entendait le canon du côté des Ardennes belges.

Depuis trois ans, notre Breton « tient » la ferme, comme on dit. Un jeune sergent belge, Hubert, qui a réussi à se faire passer pour agriculteur malgré des mains d'étudiant, et un Italien de l'armée Badoglio — il a refusé, comme beaucoup de ses camarades, de continuer la guerre aux côtés des Allemands — l'aident. Une vieille dame, réfugiée de Coblence, où elle a perdu tous ses biens après un raid de l'aviation américaine, habite dans une aile de la ferme.

Après que le fermier a été porté disparu pendant la bataille de Kharkov, en 1943, le fringant prisonnier belge poussa ses avantages auprès de la jeune fermière rhénane... qui finit par lui céder.

Les habitants de cette « ferme modèle » auraient pu attendre la fin de la guerre dans une relative tranquillité si, un soir d'octobre 1944, Hubert, avant de gagner comme à son habitude la chambre de sa « patronne », n'était venu trouver Jean.

— As-tu entendu, tout à l'heure, ce roulement du côté de la gare ?

— Impossible qu'il y ait quelque chose là-bas, la gare est désaffectée depuis longtemps. Le seul trafic passe par la petite route qui va vers Neuerburg, répond notre Celte, qui connaît maintenant aussi bien cette partie sud de la Rhénanie que son Léon natal.

— Non, je t'assure, il y avait un bruit de tous les diables ! Je l'entendais bien. J'étais à ce moment-là près de l'étable qui est à la lisière du bois : la gare est derrière, en contrebas. Ce roulement venait même de la gare de marchandises. Par ma foi, il s'est passé là quelque chose !

— Allons, couchons-nous. On verra demain.

L'aube est fraîche. L'air « piquant ». La ferme s'anime. Les deux hommes, après avoir fait une rapide toilette, se rejoignent dans la cour. Ils se rendent à l'étable soigner les animaux. Les volets sont encore hermétiquement clos afin qu'aucune lumière ne filtre, mais on devine que la fermière dans la salle commune prépare la soupe. Alentour, la lueur incertaine du jour découvre par endroits la compagne silencieuse, les pentes de la vallée où passe la voie ferrée — deux rails rouillés — parallèlement à la charmante Eng, dont les eaux transparentes reflètent quelques arbres dépouillés de leurs feuilles qui se dressent sur ses rives.

— Si on y allait ? dit Hubert.

— Où ? répondit Jean.

— A la gare.

— Les bruits que tu as entendus te tracassent toujours ?

— Oui. Je me demande ce qu'on a pu y faire, là-bas, hier soir ?

Hubert parvient à entraîner son compagnon. Ils traversent le petit bois et atteignent le sommet d'une vaste prairie.

Le jour se lève. Par lambeaux, le brouillard se déchire sur le clocher bulbeux de l'église et le faîte des plus hauts toits. Nos deux amis découvrent maintenant le village presque entièrement ; par instants, entre deux effilochements du brouillard, apparaît le miroir glacé de l'Eng.

— La gare se trouve sur la droite, on voit le toit déjà, déclare Hubert confiant. Viens !

— J'espère que nous trouverons au moins quelque chose d'intéressant dans ta fichue gare ! rétorque Jean. Je ne tiens pas à remonter ce pré pour des berniques !

Les deux prisonniers le dévalent dans la direction de la gare, en courant.

— Ça réchauffe ! lance Hubert.

— Sûr, mais...

Jean n'a pas le temps d'achever sa réponse. Un fantassin allemand surgit de derrière un fourré, son fusil braqué sur eux. Il les interpelle :

— *Kriegsgefaugenen* [1] ?

— Oui, balbutie Hubert, qui ne s'attendait pas à ce genre de découverte.

— *Kommen sie, schnell ! Kommen sie ! Schnell ! Schnell* [2].

L'Allemand se place derrière eux, mettant le canon de son Mauser dans les reins d'Hubert, que précède Jean ; la petite troupe achève la descente du pré.

Jean en avançant : « Mais que vient faire ce Fritz ici avec sa pétoire ? se dit-il en maugréant, la tête baissée. Il ne me connaît donc pas ! Voici plus de deux ans que j'habite le coin ! » Il redresse la tête et s'arrête, brusquement devant le tableau qu'il découvre.

— Schnell ! Schnell ! crie l'Allemand.

Jean et Hubert hâtent le pas, le regard rivé sur la petite gare.

Elle apparaît tout entière. Mais dans quel décor ! Et au milieu de quel embouteillage de camions, de voitures de commandement, de side-cars et de motos ! Les grands rideaux métalliques de la gare de marchandises ont été abattus (le bruit, ce « roulement », sans doute, qu'Hubert avait entendu le soir précédent, quand ils avaient été démontés). La gare de marchandises abrite maintenant un ensemble de télécommunication de campagne. Des soldats, juchés sur le toit, affalent un épais filet de camouflage que d'autres tirent, en face, le long du quai de la gare de voyageurs.

Partout des soldats s'affairent, les uns déroulant des fils télé-

1. Prisonniers de guerre.
2. Venez, vite ! Venez ! Vite ! Vite !

phoniques qu'ils raccordent au standard rudimentaire de la gare ; d'autres dressant des tentes en contrebas du remblai, des estafettes d'état-major entrant et sortant des maisons où les chambres ont été réquisitionnées dans la nuit — une escouade de la Flak hisse même un canon léger de 20 mm sur le château d'eau dont la cuve n'existe plus. Craint-on déjà des avions américains ?

Après avoir failli être renversés par des engins camouflés qui roulaient en trombe, envahissant dans un fantastique grondement le pauvre village que les lois inexorables de la guerre réveillent prématurément, Jean et Hubert sont poussés devant un officier. Il arpente, en fumant, le trottoir de la gare, devant sa voiture, au volant de laquelle patiente le conducteur. Le soldat, qui conduit les deux prisonniers, rectifie la tenue et, d'une voix gutturale, fait son rapport. L'officier, un commandant, jette un coup d'œil négligent sur les deux hommes :

— Prisonniers de guerre ? dit-il en appuyant sur les mots, sans doute pour éviter de trahir un accent trop prononcé.

— Depuis plus de deux ans nous habitons ici, répond Jean. Vous pouvez vous renseigner...

— Vous avez de la chance de vivre ici, coupe l'officier sèchement, car, moi, je viens de l'est, du front russe, où l'Allemagne défend l'Europe. Vous comprenez ?

Jean et Hubert ont envie de répondre qu'ils auraient préféré ne pas avoir été obligés de croiser le fer, il y a quatre ans, pour se défendre de la ruée des panzers qui déferlaient vers l'ouest cette fois-là, mais le commandant reprend son air distrait et poursuit :

— Je ne doute pas, en effet, à voir vos visages tranquilles d'hommes bien nourris que vous habitez depuis longtemps cet heureux pays !

— On préférerait retrouver le nôtre ! réplique Cozic.

Le commandant hausse les épaules et, après s'être tourné vers la sentinelle pour lui donner des ordres à voix basse, remonte dans sa voiture camouflée de branchages, comme un pommier d'automne, qui disparaît au coin de la rue principale.

Hubert s'adresse à la sentinelle, en allemand, pour lui demander s'ils peuvent retourner à leur ferme. Le soldat se contente de leur répondre par un signe négatif de la tête.

— Nous allons rester ici jusqu'à quand ? demande Jean, au bord de la colère.

— Ja... ici ! Vous deux, attendez ! dit l'Allemand, en faisant jouer le levier de la culasse du Mauser.

Furieux, les deux hommes s'asseyent sur le trottoir et attendent en fumant.

— Ce remue-ménage ressemble à l'installation d'un état-major... dit Cozic, l'état-major d'une division au moins !

— Mais que peut venir faire un pareil état-major avec troupes de protection et canons de DCA dans notre petit coin perdu ? questionne son ami.

Jean lui tend une cigarette et ajoute d'un ton désabusé :

— Parce qu'il n'y a plus, aujourd'hui, de petits coins perdus !

Une demi-heure passe. Les deux hommes égrènent des souvenirs. La sentinelle a reposé la crosse du fusil sur le sol et envie ses deux prisonniers qui fument. A ce moment, du village déjà en effervescence, des ordres rauques s'élèvent. Mécaniquement, la sentinelle reprend son fusil. Des hommes courent ; certains remettent à la hâte leur casque ; d'autres regagnent leur véhicule. Hubert lance une bouffée de cigarette en direction de la place :

— Que se passe-t-il ?

— C'est peut-être les Américains qui arrivent ! dit le Breton, sarcastique, en ajustant un jet de salive qui passe près des bottes de l'Allemand.

Un grondement de moteurs se fait entendre sur la route, celle que l'on emprunte pour aller à Neuerburg. Bientôt des motocyclistes casqués, engoncés dans leurs lourds imperméables verdâtres, la mitraillette en travers de la poitrine, débouchent sur la petite place de la gare ; ils précèdent une auto blindée légère portant une longue antenne radio. Derrière suivent des voitures de commandement ; parmi elles, une longue limousine noire, arborant sur chaque aile avant un rigide pavillon pourpre et doré, marqué de la croix gammée noire.

Le convoi s'arrête sur la place. A l'autre extrémité de celle-ci apparaît la voiture du commandant. Elle stoppe dans un brutal crissement de freins. Le commandant en surgit comme un diable de sa boîte et se précipite vers la limousine noire ; déjà, une ordonnance a ouvert la portière.

Un petit homme sec, monocle vissé à l'œil, parements rouge et or de général d'armée à son manteau de cuir vert, en descend, une badine à pommeau à la main — insigne distinctif des Feld-maréchaux allemands. Des officiers l'entourent. Il pose des questions, brièvement ; les officiers répondent, en saluant, après avoir claqué des talons. Le général s'adresse au commandant. Celui-ci, au garde-à-vous, lui précise la configuration des lieux, les installations de l'état-major dans le village, qu'il accompagne de gestes dans plusieurs directions. De sa badine, le général désigne les deux prisonniers et s'avance vers eux, suivi des officiers et du commandant. Ce dernier donne quelques explications au sujet du Français et du Belge. D'un coup de crosse de fusil à l'épaule, la sentinelle fait lever les deux hommes. Le général semble les fixer quelques secondes, d'un seul œil, celui qui est abrité du monocle, porte distraitement la main à la croix de fer de chevalier avec feuilles de chêne et épées qui pend à son col rouge et or, et pivote sur les talons après avoir agité sa badine d'une façon qui veut dire : « Relâchez-les. Ils sont inexistants ! » Le commandant jette un ordre à la sentinelle. Il s'adresse ensuite à Jean et à Hubert :

— Vous avez beaucoup de chance ! Vous venez d'être libérés par le Feldmaréchal Model.

CHAPITRE VI

HEINRICH HIMMLER

2 novembre 1944.

Les premières froidures apparaissent. Bien qu'on soit encore en automne, la terre est couverte, la nuit, d'une épaisse couche de givre. Au matin, les campagnes sont blanches. Les permissionnaires, qui reviennent du front de l'Est, disent même que la neige commence de tomber dans les Carpates — car le front de l'Est ne se situe plus en Russie depuis la grande offensive soviétique du début de l'année 1944.

Au moment où le Führer prépare avec son état-major l'offensive à l'ouest, à travers l'Eifel et le Luxembourg, le front de l'Est se trouve aux « marches » de l'Allemagne. Il se développe du nord au sud sur une ligne qui va de la mer Baltique, entre Königsberg et Memel, en Prusse-Orientale. Les Allemands y ont vigoureusement contre-attaqué et la division blindée de Manteuffel que Jodl a rappelée de Roumanie a repris l'important nœud routier de Vilkavikis. Pour quelque temps la ligne de combat, au nord de la Mazurie, est stabilisée.

Le front passe ensuite par Bialystok où en 1941 plusieurs armées soviétiques avaient été anéanties, Varsovie, sauvée de justesse par l'intervention déterminante de trois divisions blindées SS, arrivées seulement le 29 juillet, deux en provenance du front méridional et l'autre d'Italie. Au sud de la capitale polonaise, le front remonte le cours de la Vistule, — les Russes y ont déjà créé une dangereuse tête de pont, à Baranow. Il traverse les Carpates, gagne la Hongrie à l'ouest de Budapest, où Otto Skorzeny, avec ses *Jadgverbände*, a empêché, le 12 septembre, le Régent Horthy de demander un armistice à Staline en l'enlevant dans son palais du Burgberg, qui domine de ses tours baroques le Danube. Enfin, après avoir parcouru les reliefs accidentés de la Croatie, Tito est déjà maître de plus des trois quarts de la Yougoslavie — le front atteint la mer Adriatique, au sud de Trieste.

Quand la voiture de Skorzeny stoppe à la hauteur du train spécial d'Himmler, arrêté sur une voie unique qui s'enfonce dans un bois, celle-ci dérape légèrement sur une mare gelée. L'Hauptsturmführer Adrien von Foelkersam se cramponne, puis, se tournant vers son chef, lui dit en manière de plaisanterie :

— Ce sera un fichu hiver !

— Ce n'est pas l'hiver qui me tracasse, répond Skorzeny, mais ce que me veut le Reichsführer pour me faire venir dans un pays pareil !

— Je ne savais pas qu'il habitait un train ?

— Depuis que les Russes lui ont occupé son quartier général, en Prusse-Orientale : il se trouvait à une quarantaine de kilomètres au nord de celui du Führer.

Après être passés par plusieurs services de contrôle, les deux hommes sont introduits par un jeune officier SS, dans un wagon contigu au bureau d'Himmler. Quelques instants plus tard, un autre officier aussi jeune et imberbe que le précédent en sort, claquant des talons en saluant le bras levé l'*Obersturmführer* Otto Skorzeny et l'invite, seul, à entrer dans le cabinet de travail du chef suprême de la SS.

Himmler se lève, salue, passe devant son bureau pour serrer la main de Skorzeny qui se tient au garde-à-vous. Il lui fait ensuite signe de s'asseoir, pendant qu'une ordonnance apporte sur un plateau des liqueurs réservées aux invités — Himmler ne boit pas d'alcool et ne fume pas. Le soldat pose le plateau sur une table basse sous une fenêtre du wagon qui jette une lumière crue sur le Reichsführer et Skorzeny.

Le contraste entre les deux hommes est saisissant. Heinrich Himmler, plutôt petit, le cheveu rare, tassé, le teint cireux, portant des lunettes qui abritent des yeux à demi cachés sous de grosses paupières mongoliques. En face, un colosse brun, le regard ardent, la bouche bien dessinée, franche, possédant une voix un peu chantante aux inflexions nonchalantes, si particulières aux Viennois et que Skorzeny a le privilège, si l'on peut dire, de partager avec Hitler.

De l'index, Himmler repousse ses lunettes qui glissent imperceptiblement sur le nez. Après quelques phrases brèves de bienvenue et de félicitation pour la dernière opération que Skorzeny a exécutée à Budapest, en « ramenant » vers l'Allemagne le Régent Horthy, Himmler commence sur un ton monotone, un peu cassé, une sorte d'interrogatoire :

— Pensez-vous être en mesure d'accomplir la tâche que le Führer vous a commandée d'opérer derrière les lignes américaines pendant l'offensive que nous allons déclencher prochainement à l'ouest ?

— Je l'espère, Reichsführer, bien que nous ayons peu de temps pour pouvoir préparer un pareil raid.

— Combien de semaines vous aurait-il fallu ?

— Au moins six.

— Aurez-vous les trois mille hommes sachant parler anglais que vous désirez ?

— J'en doute.

— Pourquoi la plupart des raids des commandos anglais sont-ils des réussites comme à Bruneval en Normandie, où l'un de nos plus récents radars a été détruit, et en Norvège, quand notre production d'eau lourde a été anéantie ?

— Parce que les Anglais, Reichsführer, ont commencé beaucoup plus tôt que nous à former des commandos.

— Depuis combien de temps êtes-vous à la tête de nos unités spéciales ?

— Un peu plus d'un an.

— Vous devinez sans peine que je ne peux vous accorder de supplément d'effectifs ?

— Je m'en doutais, Reichsführer.

Un faible et bref sourire passe sur les lèvres minces d'Himmler qui poursuit :

— Quant au matériel, vous devez vous adresser à la Wehrmacht.

— J'ai déjà envoyé à Berlin un état de mes demandes pour tout ce qui concerne l'habillement et le matériel américains. On m'a promis des chars Shermans que nos ateliers remettraient en état, des jeeps et des half-tracks. J'espère que ce matériel ne s'enlisera pas dans les bureaux des états-majors !

— Je regrette, Obersturmbannführer, de ne pouvoir vous être d'aucune aide, mais vous avez toute ma confiance. Je suis certain que pour le Führer et la SS vous saurez vaincre. *Heil Hitler !*

Himmler se lève, remonte de l'index ses lunettes, serre longuement la main de Skorzeny, le fixant intensément de ses yeux bridés et ajoute :

— Cette offensive à l'ouest doit absolument réussir. Nous nous retournerons ensuite contre les Russes, comme l'a dit notre Führer, et nous liquiderons en quelques mois l'effroyable menace qui pèse sur l'Europe. Nous autres de la Waffen SS ne devons sous aucun prétexte le décevoir, ajoute le Reichsführer, et ne rien ménager, même sa vie, pour le triomphe de notre idéal national-socialiste !

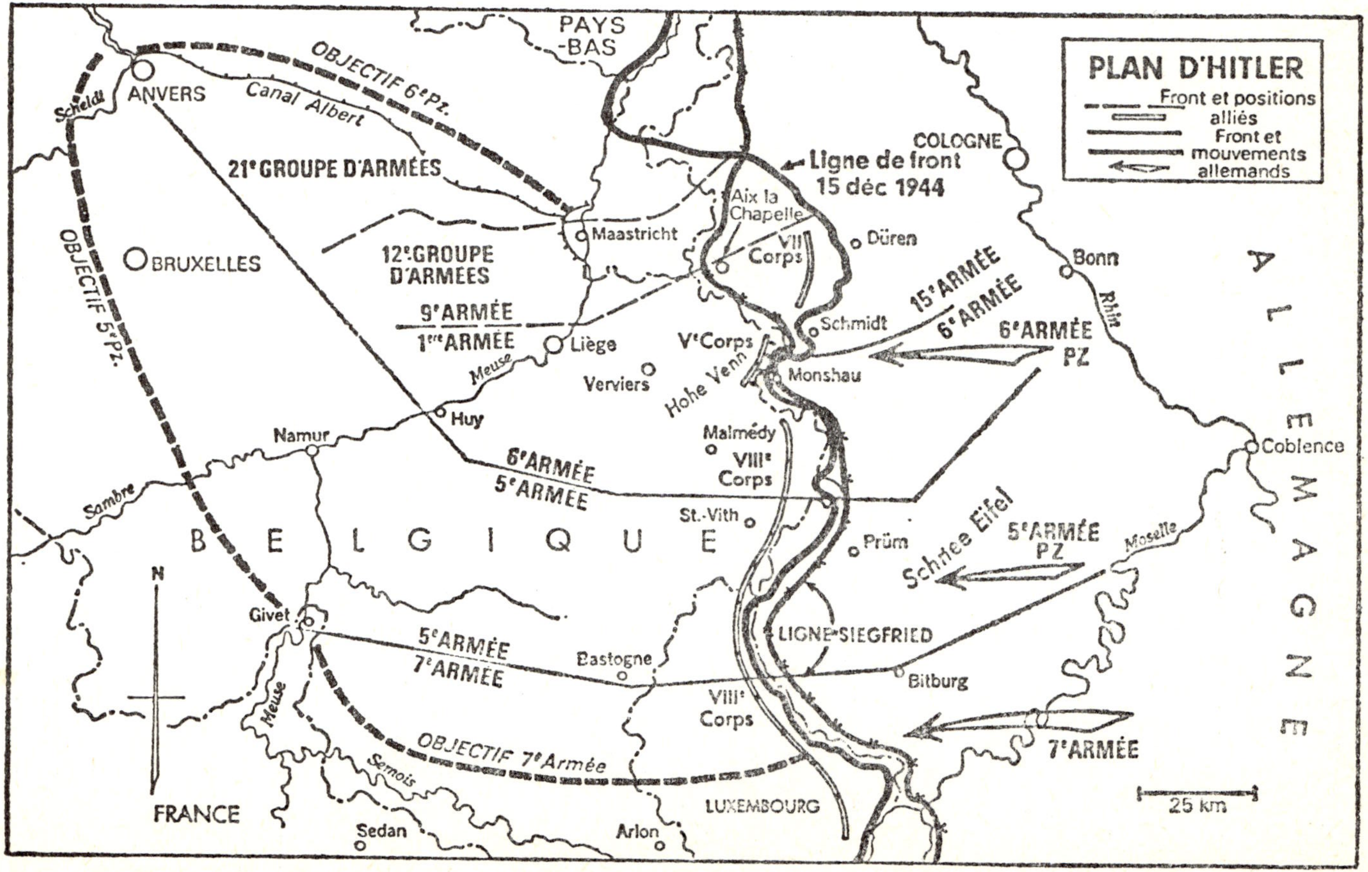
PLAN D'HITLER
Front et positions alliés
Front et mouvements allemands
COLOGNE
Ligne de front 15 déc 1944
PAYS -BAS
ALLEMAGNE
OBJECTIF 6e Pz.
ANVERS
Scheldt
Canal Albert
21e GROUPE D'ARMÉES
Maastricht
Aix la Chapelle
VII Corps
Düren
Bonn
Rhin
BRUXELLES
12e GROUPE D'ARMÉES
9e ARMÉE
1re ARMÉE
Liège
15e ARMÉE
6e ARMÉE
Schmidt
6e ARMÉE PZ
V e Corps
Verviers
Hohe Venn
Monshau
Meuse
Huy
Namur
Malmédy
VIIIe Corps
Coblence
6e ARMÉE
5e ARMÉE
Sambre
St.-Vith
BELGIQUE
Prüm
Schnee Eifel
5e ARMÉE PZ
Moselle
OBJECTIF 5e Pz.
N
Givet
LIGNE SIEGFRIED
5e ARMÉE
7e ARMÉE
Bastogne
Bitburg
VIIIe Corps
7e ARMÉE
OBJECTIF 7e Armée
Semois
25 km
FRANCE
LUXEMBOURG
Sedan
Arlon

Chapitre VII

« LA PETITE SOLUTION »

3 novembre.

Le Generaloberst Alfred Jodl se rend au quartier général du Feldmaréchal Model, près de Crefeld, en Rhénanie. Hitler a envoyé le chef de l'OKW lui-même, en grand secret, pour informer les Feldmaréchaux von Rundstedt et Model, ainsi que le général d'armée Hasso von Manteuffel, commandant la Ve armée blindée, des directives décidées pour l'offensive « Garde au Rhin ».

Rapidement, après les présentations d'usage des officiers de l'état-major, les quatre généraux se retirent dans une pièce du château, siège du quartier général de Model. Le Generaloberst Jodl développe aussitôt les grandes lignes de l'offensive :

— L'usure des forces ennemies, au cours des batailles offensives qui ont eu lieu jusqu'ici, est considérable. L'adversaire a engagé le gros de ses réserves et la situation de son ravitaillement est difficile. Les lignes de communication se sont allongées depuis les côtes de la Manche jusqu'au front des Ardennes. Or, celui-ci est faiblement garni et l'adversaire, si tant est qu'il s'attend à une offensive allemande, ne pense pas qu'elle sera déclenchée dans cette région. Donc une attaque, bénéficiant de l'effet de surprise et exécutée par un temps défavorable à l'aviation ennemie, ce qui est l'atout majeur de notre projet, a les plus grandes chances de nous permettre une percée rapide. Nos unités blindées, après une avance qui doit être rapide, occuperont des têtes de pont sur la Meuse, entre Liège et Namur, et atteindront ensuite Anvers, en passant à l'est de Bruxelles.

Face à Jodl, assis dans leurs fauteuils, à côté de la cheminée où brûlent de grosses bûches, von Rundstedt, Model et Manteuffel attendent, silencieux, la suite de l'exposé.

— On peut supposer, continue Jodl, qu'après avoir traversé la Meuse l'offensive des unités blindées coupera la Iʳᵉ Armée américaine du général Hodges de ses arrières probablement concentrés dans la vallée de la Meuse. Aussitôt la région de Bruxelles et Anvers atteinte, le 21ᵉ Groupe d'armées britanniques de Montgomery se verra également menacé d'être coupé de ses arrières et en sera effectivement et définitivement coupé après la prise d'Anvers. L'adversaire n'a pas encore réussi à exploiter pleinement ce grand port dont il a pourtant un besoin vital. Si on lui en laissait le temps, il pourrait alors nous étouffer sous la masse de troupes et de matériel qu'il serait en mesure d'y débarquer. Le blocage du port d'Anvers atteint, les conditions seront créées pour reprendre efficacement le combat contre les forces de la Iʳᵉ Armée américaine coupées de leurs arrières, et contre le 21ᵉ Groupe d'armées britanniques. Vingt-cinq à trente divisions alliées seront ainsi neutralisées. De plus, le succès de l'offensive devra fatalement entraîner la prise ou la destruction d'une quantité énorme de matériel de toutes sortes, stockés dans cette région, en particulier pour l'offensive que les Alliés ont l'intention de déclencher à la mi-décembre, par-delà la ligne Siegfried, en direction du Rhin.

« L'assaut sur l'ensemble du secteur d'attaque sera exploité par les divisions se trouvant sur place. L'attaque devra assurer un effondrement assez rapide des positions ennemies pour que les unités blindées puissent être aussitôt engagées. Profitant de l'effet de choc chez l'adversaire, elles se mettront immédiatement en marche vers l'ouest.

« Pour les divisions blindées, le problème est de ne pas se laisser arrêter dans leur marche sur la Meuse. Elles contourneront les villages et les positions qui se défendront et ne pourront pas être réduites immédiatement. Elles ne se laisseront pas arrêter sous prétexte que leurs flancs seront à découvert. Bastogne pourtant devra, sur ordre formel du Führer, être prise.

Le Generaloberst Jodl s'arrête. Le vieux maréchal von Rundstedt demande sur un ton qui peut paraître distant :

— Est-ce que le Führer est décidé à s'en tenir à ce plan seulement ?

— Celui-là et pas un autre, monsieur le Feldmaréchal, répond Jodl.

— Quels sont alors les dispositifs prévus et la répartition des forces ?

— La VIe Armée blindée SS, aux ordres du SS Obergruppenführer Sepp Dietrich, poursuit le chef d'état-major de l'OKH, foncera sur les passages de la Meuse de part et d'autre de Liège. Elle construira, le long de la Vesdre, affluent de la Meuse et des fortifications à l'est de Liège, une défense assez solide pour la laisser libre d'atteindre par la suite le canal Albert, entre Maestricht et Anvers, et enfin, la région située au nord d'Anvers. A cette fin, neuf divisions, dont quatre divisions blindées entièrement réorganisées et dotées d'un matériel neuf, seront mises à sa disposition.

« La Ve Armée blindée, aux ordres du général von Manteuffel, devra franchir la Meuse entre Amay, à l'ouest de Liège, et Namur et empêchera sur la ligne Anvers-Bruxelles-Dinant l'action des réserves ennemies venant de l'Ouest contre le flanc et les arrières de la VIe Armée blindée SS. Elle recevra sept divisions, dont quatre divisions blindées. Le fer de lance en sera constitué par la Panzer Lehr commandée par Fritz Bayerlein[1].

« La VIIe Armée blindée, aux ordres du général d'artillerie Brandenberger, sera chargée de couvrir les flancs sud et sud-ouest des deux armées d'assaut. Son objectif : atteindre d'abord la Meuse et la Semois, affluent de la Meuse, puis faire liaison avec le front de la Moselle, dans la région de Luxembourg. Elle essayera, en dressant des barrages, de gagner du temps en vue d'établir un front défensif sur les arrières. Sept divisions sont affectées à cette Armée. Une puissante artillerie les soutient. Six ou sept autres divisions, dont la plupart blindées ou motorisées, seront gardées en réserve. »

Le Generaloberst Jodl précise que l'OKW a l'intention de lancer, au moment même de l'offensive des Ardennes, une attaque secondaire entre Sittard et Geilenkirchen, « à partir de la tête de pont que le Groupe d'armées 2 tient à l'ouest de la Roer. Cette attaque doit appuyer l'offensive principale, lorsque l'adversaire commencera à jeter des forces plus importantes contre le barrage de

1. *Division blindée d'Instruction* qui s'était déjà illustrée en Russie et en Normandie. La *Panzer Lehr Division* reçoit pour des stages des jeunes officiers des différentes armes : infanterie, chars, artillerie, pionniers, etc. Ceux-ci forment ensuite les cadres d'autres divisions en formation ou en réorganisation. La PLD, comme on la désignait en Allemagne — DBI en France — était dotée la première parmi toutes les autres divisions des armes les plus récentes ; elle servait à les tester dans les combats.

flanc que la VIe Armée blindée SS aura dressé. Le 12e Corps blindé SS est désigné pour mener cette attaque secondaire [1] ».

Ce plan surprend les trois généraux par son ampleur, ses objectifs, son audace de conception et ses délais. Le général von Manteuffel, le plus jeune et le moins gradé des trois, est invité à exprimer le premier son avis :

— La Ve Armée blindée, dit-il, réussira sans doute à progresser jusqu'à la Meuse si les promesses faites par l'OKW concernant l'importance des unités, leur armement, leur équipement, leur motorisation et leur approvisionnement en munitions sont tenues. La date de l'attaque ne peut pourtant être envisagée avant le 10 décembre au plus tôt. En outre, je doute fortement que puissent être remplies toutes les conditions nécessaires pour conduire une pareille offensive par temps d'hiver sur un trajet de deux cents kilomètres et que l'on soit en mesure de couvrir le flanc ouest jusqu'à l'anéantissement des vingt-cinq à trente divisions ennemies encerclées.

Au contraire du Führer, qui n'interdisait pas les réactions, fussent-elles intempestives, de certains de ses capitaines, Jodl est surpris par la franchise presque outrecuidante du jeune commandant de la Ve Armée blindée :

— Je n'entends pas, réplique sèchement le chef de l'OKH, discuter plus avant là-dessus au cours de cette simple conférence qui est une information, mais aussi un ordre du Führer dont je suis porteur.

— L'hypothèse du Haut Commandement, rétorque Model, selon laquelle la Meuse serait atteinte dès le soir du second jour de l'offensive ne peut être réalisée. Considérant les difficultés énormes du terrain et l'état des véhicules disponibles et en mettant tout au mieux, on n'atteindrait cet objectif que le quatrième jour.

Model se penche respectueusement vers le Feldmaréchal von Rundstedt qui fait un signe d'assentiment de la tête.

— Or, entre-temps, reprend Walther Model, il sera sans doute possible à l'adversaire d'engager sur la Meuse des forces suffisantes pour défendre ce secteur.

Un silence s'établit. Pesant. Pathétique. Cette opération « Garde au Rhin » est la dernière que l'Allemagne peut, et dans quelles conditions, monter. L'objectif : changer le destin. Un plan prométhéen ! Un coup de dés avec les dieux. L'audace folle du grand joueur, celle qui a animé tour à tour Alexandre le Grand

---

1. D'après le rapport d'Hasso von Manteuffel : *Die Schlacht den Ardennen,* 1944-1945.

à Issus, Napoléon conjurant le sort de l'Empire pendant les Cent-Jours, Frédéric II, au bord de l'abîme, apprenant la mort de la grande Catherine. Tout peut s'écrouler, tout peut réussir. Il suffit de regarder la direction de l'Etoile. Adolf Hitler croit toujours à la sienne. N'est-il pas passé déjà, depuis son adolescence misérable à Vienne, par des traverses aussi terribles ? « Garde au Rhin » sauvera l'Allemagne. Il en est sûr. Ses maréchaux, beaucoup moins.

Le silence est rompu par la voix calme, lente du Feldmaréchal Gerd von Rundstedt :

— Je crois être, monsieur le Generaloberst Jodl, l'interprète du Feldmaréchal Model et du général d'armée von Manteuffel pour vous déclarer que l'offensive envisagée par le Führer doit plutôt se borner, pour le moment, à repousser l'adversaire là où il a percé, tant à l'intérieur des défenses de la ligne Siegfried que sur le saillant d'Aix-la-Chapelle et à colmater les brèches. A la rigueur — la main droite décharnée du vieux maréchal, où brille une chevalière en or, s'ouvre à demi dans un mouvement qui trahit une ultime concession — à la rigueur, répète-t-il lentement, on peut tenter de rejeter les Alliés de la Roer sur la Meuse et de prendre Liège. Pas plus.

— Une telle opération, répond Jodl sur un ton grave, presque émouvant, ne ferait que retarder le jour du règlement final et ne serait pas susceptible d'amener les puissances occidentales à envisager de négocier.

Après avoir laissé tomber ces paroles dont le sens ne souffre aucune équivoque, le général Jodl se lève. Il replie une carte déployée sur la table, celle des Ardennes où les axes de l'offensive ont été portés au crayon rouge par son aide de camp. Il conclut avant de saluer ses hôtes :

— Les décisions dont je viens de vous faire part sont irrévocables, de même que la date de l'offensive, fixée au 25 novembre par le Commandement suprême [1].

La conférence terminée, après le départ de Jodl et de von Rundstedt, Model retient Manteuffel à dîner ainsi que le chef d'état-major du Feldmaréchal, le général Hans Krebs, afin d'analyser d'une manière plus approfondie le plan du Führer et d'élaborer un autre plan d'attaque. Il doit servir de base à la contre-proposition qu'il compte transmettre avec son accord et celui de Rundstedt.

Le chef de la Vᵉ Armée blindée, Hasso von Manteuffel, le donne sur-le-champ. Une heure plus tard Rundstedt, au téléphone, fait

1. *Ibid.*

connaître, lui aussi, son acquiescement à ce plan que l'on dénomme *Herbstnebel* (Brouillard d'automne), ou encore « la petite solution », par opposition à celle d'Hitler et de l'OKW, « la grande solution ».

Si les objectifs du plan de « la petite solution » manquent totalement d'intuitions politiques et de cette audace qui marquent toujours les grandes décisions historiques, ils proposent au Führer une offensive dont les buts sont raisonnables et les moyens d'exécution réalistes, compte tenu du capital en hommes, en matériel, en carburant et en ravitaillement qui reste à l'Allemagne en cet automne 1944.

Selon « la petite solution », les deux armées blindées, la Ve de Manteuffel et la VIe SS de Dietrich, ne franchissent pas en priorité la Meuse. Elles établissent seulement des têtes de pont — en prévision peut-être d'une offensive ultérieure — et « glissent » le long de la rive vers le nord-ouest et le nord. Ainsi, l'aile gauche de la Ve Armée blindée se trouve couverte par le fleuve. Si les circonstances se montraient favorables on pourrait envisager une attaque du front allié en deçà de la Meuse, vers le nord. Pendant que la VIIe Armée de Brandeberger couvrirait le sud du saillant, la Ve et la VIe Armées pourraient, après les regroupements nécessaires, essayer de marcher sur Anvers.

Les différentes étapes sont une nécessité impérieuse. Gerd von Rundstedt et son chef d'état-major, le général Wesphel, Walther Model et Hans Krebs, ainsi qu'Hasso von Manteuffel décident, par tous les moyens qui sont à leur disposition, de faire revenir le Führer de son projet : « la grande solution ».

CHAPITRE VIII

OBJECTIF : ANVERS

11 décembre 1944.

Il pleut. Une pluie glaciale. Les nuages semblent dévaler des collines accidentées recouvertes de forêts de la Hesse. La nuit est tombée. Une soixantaine de généraux et d'officiers supérieurs se présentent à des SS, le pistolet-mitrailleur en bandoulière, auxquels ils remettent leurs armes et leurs porte-documents avant d'être invités à prendre place dans des cars comme de simples soldats. C'est l'une des nombreuses mesures de sécurité après l'attentat du 20 juillet.

Hitler a convoqué ses généraux, mais il se méfie. C'est par des détours compliqués que les cars aux vitres masquées, après avoir quitté le château de Ziegenberg, pénètrent sur l'aire camouflée qui précède l'entrée du bunker [1].

Il a été construit en 1939 dans une forêt, près de Giessen, en Hesse, à une centaine de kilomètres au nord de Francfort. C'est là que le Führer a dirigé la victorieuse campagne en 1940, qui a abouti à la défaite de la France, des Belges et des Hollandais.

Les généraux quittent les cars et se dirigent entre deux haies

1. « Après une route d'une demi-heure dont j'avais l'impression qu'elle tournait en rond, l'autocar s'arrêta devant le quartier général du Führer », rapporte le général Bayerlein, commandant la DBI.

de SS vers une porte blindée encastrée dans une puissante architecture militaire. Le bunker est vaste et profond. Au-dessus des cinq mètres de béton l'organisation Todt[1] a remblayé des centaines de mètres cubes de terre : une petite colline !

Les généraux descendent des escaliers, passent par de petits tunnels faiblement éclairés où suinte l'humidité, malgré la ventilation délivrée par des aérateurs ouvrant dans les murs épais, et qui retransmettent le faible ronronnement des lointains moteurs électriques.

Dans une longue salle basse, plutôt étroite, ils sont réunis devant leur siège respectif. Au fond, une porte s'ouvre. Le Führer apparaît. Derrière lui, le Feldmaréchal Keitel, le Generaloberst Jodl, deux officiers d'état-major et, discrètement, une jeune femme habillée du strict tailleur gris des auxiliaires féminines de la Wehrmacht, la sténographe.

Hitler salue ses généraux. Au premier rang les Feldmaréchaux von Rundstedt et Model, l'Obergruppenführer Sepp Dietrich, les généraux d'armées Hasso von Manteuffel et Eric Brandenberger.

Avant de commencer son allocution, le Führer rend hommage à la vaillance et à la brillante conduite des généraux von Elverfeldt, commandant la 9e Division blindée et von Waldenburg, la 116e. Il leur remet la croix de chevalier de la Croix de Fer que l'aide de camp leur fixe autour du cou. Hitler, après leur avoir adressé quelques mots chaleureux, leur demande sans transition ce qu'ils pensent de l'offensive « Garde au Rhin ».

Le général von Elverfeldt ose se faire l'interprète de ses pairs.

— Mein Führer, je me permets franchement de vous traduire l'appréhension que me cause l'éloignement des objectifs fixés. Une offensive qui serait limitée dans ses desseins me paraîtrait plus réalisable...

— Impossible, coupe brutalement le Führer, je connais cette solution de compromis. Je n'en veux pas. Il n'est plus question de revenir sur ce sujet. J'ai pris la décision de fixer l'objectif à Anvers, en accord avec mon état-major.

Hitler s'assied. Sur un signe du maréchal Keitel les généraux prennent place. Le Führer chausse ses lunettes — depuis un an sa vue a baissé ; il porte des lunettes aux puissantes lentilles et consulte en plus les cartes en s'aidant d'une loupe. Son aide de camp lui présente un texte.

Il apparaît alors qu'une solennité envahit cette grotte de

1. Equivalent du génie. Créée par Todt, elle rassembla des centaines de milliers de travailleurs allemands et étrangers. L'organisation Todt construisit la ligne Siegfried, le mur de l'Atlantique, les abris pour sous-marins, les bunkers antiaériens, les usines souterraines, les rampes de V1, etc.

béton enfouie dans les profondeurs de la terre. Tous ces généraux et colonels, dont beaucoup n'ont jamais vu le Führer, ressentent l'intense gravité presque dramatique de cette conférence, qui précède la dernière grande offensive de la guerre. Si elle échoue, le sort de l'Allemagne est définitivement scellé.

Hitler, de sa main droite, ramène sous la table son bras gauche qui est maintenant inerte à la suite de l'attentat du 20 juillet. Il peut alors, de la main gauche, parvenir à déplacer les feuillets de son allocution.

Hitler commence de lire son texte :

— Messieurs, un combat tel que la lutte où nous nous trouvons aujourd'hui et qui est mené avec un pareil acharnement sans bornes a, cela va de soi, un autre but que par exemple les conflits du XVIIe ou du XVIIIe siècle, où il s'agissait peut-être de petits héritages ou de discussions entre dynasties princières. Peuples et nations ne se lancent pas, des années durant, dans une guerre décisive pour la vie ou la mort si l'on ne peut trouver, derrière un tel combat, des raisons plus profondes. Il est incontestable qu'en Europe centrale, la notion allemande, du point de vue numérique et du point de vue de la valeur, avait sans nul doute acquis le droit de prétendre à la direction du continent européen [1]...

Le discours dure plus de trois quarts d'heure avant qu'Hitler ne dévoile enfin les arcanes de l'offensive « Garde au Rhin » qui va être lancée.

Celle-ci est développée pendant une heure. Par deux fois, le Führer se penche — difficilement — pour indiquer sur la carte les points principaux et réfuter à l'avance des critiques que personne maintenant n'ose plus formuler. Enfin, il met fin à son monologue, se lève, salue vaguement de la main gauche ses généraux, debout au garde-à-vous, et regagne la porte blindée ouverte sur l'étroit couloir faiblement éclairé qui mène à ses appartements souterrains.

---

1. *Hitler parle à ses généraux*. Comptes rendus des 11 et 12 décembre 1944. Préface de Benoist-Méchin. Ed. Albin Michel.

grenadiers de la Waffen SS, à l'aube du 16 décembre 1944, progressent le long d'une route des Ardennes
épassent un half-track en flammes. *(Imperial War Museum.)*

La cigarette aux lèvres, des Waffen SS attaquent sur l'axe Wahlerscheid-Rocherath. Celui de droite est armé d'une carabine américaine M1. *(Imperial War Museum.)*

Waffen SS armé du fusil d'assaut Sturmgewe *(Imperial War Museum.)*

Le SS Obersturmbannführer Joachim Peiper est penché sur une carte dépliée sur le capot d'une voiture amphibi Il vient d'arriver au carrefour de la N23 qui mène à Ligneuville. *(Imperial War Museum.)*

ne colonne de prisonniers américains croise un *Tigre Royal* du 501e bataillon de chars lourds SS. Le *Tigre Royal* sait 68 tonnes et était armé d'un canon de 88 mm de 71 calibre. *(Imperial War Museum.)*

rmé d'un pistolet P-38, ce soldat de la Luftwaffe et les prisonniers qu'il escorte semblent craindre une attaque rienne. *(Imperial War Museum.)*

Au premier plan, le roi George VI converse avec Eisenhower. Derrière, Omar Bradley, commandant le 12e Groupe d'Armées U.S., et Hodges, commandant la 1re Armée U.S. *(Imperial War Museum.)*

A droite, le maréchal Bernard Montgomery, rev l'une de ses nombreuses et originales tenues. *(In War Museum.)*

Le maréchal Walther Model, partisan inconditionnel d'Hitler ; il commandait le Groupe d'Armées B. Von Rundstedt lui délégua tous ses pouvoirs. *(Bundesarchiv.)*

Le maréchal Gerd von Rundstedt venait d'avoir soi dix ans quand le Führer le plaça à la tête des arr l'Ouest. *(Bundesarchiv.)*

ɛux *Panther* viennent d'être détruits. Le canon de celui qui est situé au premier plan a été emporté par un coup rect. Le *Panther* était un char moyen de 43 tonnes. Il était armé d'un canon de 75 mm et de 3 mitrailleuses. Ce ıar révéla un bel équilibre entre protection, vitesse et puissance de feu. *(U.S. Signal Corps.)*

e char PZ IV, type J, a littéralement explosé sous le coup d'une roquette tirée par un avion américain pendant bataille de Bastogne. Le PZ IV, char moyen de 25 tonnes, était armé d'un canon de 75 mm de 48 calibre. Il fut onstruit dès 1938 et continuellement amélioré. *(Imperial War Museum.)*

Ces soldats américains vi
nent de s'emparer de de
chars allemands de DCA.
premier a été incendié et
quadruple de 20 mm a
désynchronisé. Ce char cor
avions, construit à partir
châssis du PZ IV, était ar
d'un quadruple de 20 mm
d'un 37 mm. 550 chars
deux modèles furent constru
(U.S. Air Force.)

Le *Jagdtiger* – châssis
moteur du *Tigre Royal* – é
un formidable canon d'ass
de 76 tonnes, armé d'un car
de 128 mm et dont le blind
frontal atteignait 250 r
d'épaisseur. Il ne fut constr
qu'à 48 exemplaires. Pend
la Bataille des Ardennes,
poids excessif l'empêcha
passer sur de nombreux po
(Imperial War Museum.)

Le *Jagdpanther* était un ca
d'assaut dont le châssis e
moteur appartenaient au c
Panther. Il pesait 46 tonr
l'équipage, comme pour
plupart des chars, se com
sait de 5 hommes. Il é
armé d'un canon de 88
de 71 calibre et d'une mitr
leuse. Ce fut une arme red
table pendant la Bataille
Ardennes. 382 exemplai
furent construits. *(Impe
War Museum.)*

e chasseur P-47D *Thunderbolt.* Celui-ci appartient au major Glenn T. Eagleston, du 353e Fighter Squadron, u 354e Fighter Group. Quand le temps redevint clair, les P-47 eurent la maîtrise du ciel des Ardennes. Ils contriuèrent d'une façon décisive à arrêter les Panzers en les détruisant avec leurs roquettes. *(Imperial War Museum.)*

Jn char Sherman M4 gagnant la ligne de feu près d'Odeigne. Le char moyen américain Sherman constitua 'essentiel des unités blindées alliées. Il pesait 33 tonnes. Armé d'un canon de 75 mm court et de deux mitrailleuses, était surclassé par ses rivaux allemands. *(Imperial War Museum.)*

Un tank-destroyer M10 passe devant une église détruite pendant la contre-offensive américaine sur le saillant de Saint-Vith. Cet excellent char, construit à partir du châssis du Sherman, avait un canon de 76,2 mm, qui pouvait percer 100 mm de blindage à 900 mètres. Malheureusement, sa tourelle ouverte le rendait vulnérable aux balles et aux jets de grenades. *(Imperial War Museum.)*

Char léger M3A3 *Stuart,* armé d'un canon de 37 mm et de deux mitrailleuses. Sa seule qualité, la rapidité – 90 km sur route – ne le rendait utile que pour les reconnaissances. On notera, sur l'avant de la Jeep, le coupe-fil d'acier. Les Allemands le tendaient en travers des routes, à hauteur d'hommes, pour décapiter les occupants des Jeeps. *(Imperial War Museum.)*

Six impacts de 88 mm sur le flanc d'un Sherman. Le blindage latéral d'un char, moins épais que le frontal, est toujours très vulnérable. Le conducteur doit toujours éviter de présenter le flanc de son blindé pendant la bataille, s'il le peut... *(Imperial War Museum.)*

ns Otto Remer, responsable de la garnison qui proté- ıit le quartier des ministères, à Berlin, avait contribué aire échouer le putsch des généraux, le 20 juillet 44. *(Bundesarchiv.)*

Otto Skorzeny fut chargé de l'opération *Griffon*. Celle consistait, outre la mise en œuvre de la 150e brigade blind à faire passer derrière les lignes alliées neuf équipes saboteurs ayant revêtu l'uniforme américain. *(Bundesarch*

sso von Manteuffel, commandant la Ve Armée Panzer. 'objectif chimérique d'Anvers, il préférait celui de la use. Comme tous les chefs de la Wehrmacht, il finit s'incliner devant la volonté d'Hitler. *(Bundesarchiv.)*

Friedrich von der Heydte commandait l'Ecole des parach tistes à Alten. Le grand quartier général le fit rappeler a qu'il constituât un *Kampfgruppe* qui devait être largué da le massif de l'Elsenborn. *(Bundesarchiv.)*

A Langlir, au nord-est d'Houffalize, un GI au milieu de véhicules américains détruits par un tir d'artillerie. *(Imperial War Museum.)*

Sur la route reliant Stavelot à Francorchamps, des GI's du 526e bataillon cuirassé déblaient la chaussée des jerrycans d'un dépôt d'essence incendié. *(Imperial War Museum.)*

Le caporal M.R. Rewertz, du Minnesota, à gauche, et le soldat J.J. Mullis, de Minneapolis, à droite, se reposent après avoir réussi à regagner les lignes américaines. Leur bataillon avait été encerclé le 16 décembre. *(Imperial War Museum.)*

Brusquement, le 23 décembre, le ciel s'éclaircit. Aussitôt, 240 Dakotas s'envolèrent vers Bastogne et parachutèrent 180 tonnes de ravitaillement. Le pont aérien permit de sauver la 101e aéroportée. *(Imperial War Museum.)*

Un Dakota s'est posé en catastrophe non loin de Bastogne. Certains, moins heureux, s'écrasèrent dans les lignes allemandes. *(Imperial War Museum.)*

▲
Un Sherman M4 remonte la Grand'rue de Bastogne pendant que la cité est prise sous le feu de l'artillerie allemande. *(Imperial War Museum.)*

Ci-contre, en haut. Deux M gardent deux jeunes prisonni de la 12e division blindée "Hitlerjugend". Ces derniers démentent pas le nom de l division. *(Imperial War Museu*

Ci-contre, en bas. Deux parac tistes de la 80e division aéropor viennent de faire prisonnier jeune Waffen SS. *(Imperial Museum.)*

Le général de brigade McAuliffe, commandant la 101e division aéroportée, à droite, vient d'être décoré pour son héroïque résistance à Bastogne. A gauche, le général Patton, commandant la IIIe Armée dont les troupes ont libéré la ville. *(Imperial War Museum.)*
◄

Cadavres de prisonniers américains exécutés par les SS et retrouvés dans le secteur de Saint-Vith. *(Imperial War Museum.)*

En haut, à droite. Le SS Unterscharführer Manfred Pernass, fait prisonnier sous l'uniforme américain avec de autres SS, le 17 décembre, est lié au poteau d'exécution.

En bas, à gauche. Le médecin capitaine John Eiser, pour faciliter le tir du peloton d'exécution, accroche cercle de papier blanc sur la poitrine de Manfred Pernass. *(Imperial War Museum.)*

En bas, à droite. Le corps du SS Unterscharführer Manfred Pernass après l'exécution. *(Imperial War Museu*

Deux membres de la 150e Panzer Brigade, commandée r Skorzeny, ont été faits prisonniers. Ils s'étaient infiltrés ns les lignes américaines sous l'uniforme U.S. *(Imperial ar Museum.)*

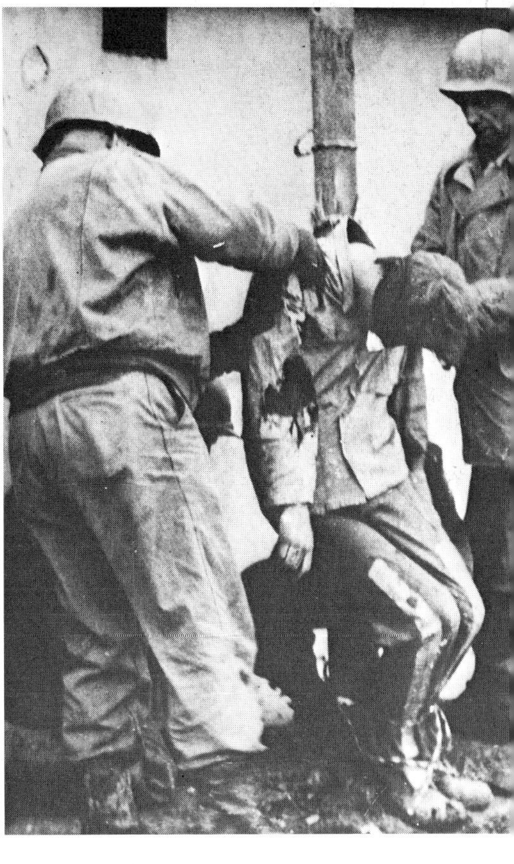

Le 23 décembre 1944, à 9 h 30, sont passés par les armes, à Henri-Chapelle, les Waffen SS Wilhelm Schmidt, 18 ans, Gunther Billing, 21 ans, et Manfred Pernass, 23 ans. On distingue encore, aujourd'hui, l'impact des projectiles sur la casemate devant laquelle on avait dressé les trois poteaux. Quinze autres membres de la 150e Panzer Brigade seront exécutés à Henri-Chapelle et à Huy. *(Imperial War Museum.)*

CHAPITRE IX

L'OFFENSIVE SE PREPARE

13 décembre.

Toutes les nuits, depuis des semaines, de longs trains de wagons de marchandises, souvent tractés par deux locomotives à cause du poids exorbitant des chars lourds et des canons à longue portée qu'ils transportent, convergent vers le Rhin. Après les panzers ce sont les munitions et l'essence. Des wagons citernes pleins à ras bords arrivent même du Tyrol où ils étaient groupés, camouflés sur des voies de garage, échappant aux reconnaissances de l'aviation alliée.

Le vieux Fichtel, aiguilleur de la Reichbahn, n'en croit pas ses yeux ! Le voici qui ne se repose plus que deux heures par nuit, lui qui dormait tout son saoul depuis 1943, année où il avait été affecté à la gare de triage de Coblence après avoir été à la tête d'une équipe changer l'écartement des voies en Russie pendant deux ans. A son âge — il a soixante-deux ans — deux heures de sommeil par nuit, c'est peu.

Il n'a plus l'allant de la jeunesse comme son aide, Brieg, vingt-trois ans, déjà six fois blessé, et à qui il manque une jambe. Pour cette perte il a été décoré de la plaque en argent des mutilés de guerre et la Croix de Fer de 1re classe. Devenu héros du Reich, il a été muté à la Reichbahn. La sélection qui régit toutes les armées du monde l'a choisi selon les capacités qui lui restaient : la guerre en eût-elle fait un manchot que l'armée l'aurait placé dans une guérite pour surveiller les voies.

Dire que cette nuit-là Fichtel bougonne après le IIIe Reich et la Reichbahn ne donnerait qu'un faible aperçu de la facilité avec laquelle il voue la guerre et le Führer aux enfers ! Il ne décolère pas de dormir peu, de faire le travail de dix, d'être bombardé presque tous les jours à la fin de l'après-midi par des chasseurs américains et d'avoir comme aide un Brieg, qui croit toujours à la victoire de l'Allemagne. Car le vieux Fichtel, ancien social-démocrate, a suivi jadis Ebert, après l'autre guerre, et a été un farouche partisan de l'éphémère République de Weimar. Maintenant que fait-il ? Il participe à la prolongation de la guerre, à la tentative de « renouveler le destin » en changeant ses aiguilles et en lançant des trains bourrés de canons, de munitions et d'essence vers des forêts de Rhénanie où la Werhmacht les camouflera en attendant l'heure H. Il enrage de voir une nouvelle offensive se préparer alors que l'Allemagne est à bout et que ses villes sont en ruine. Mais il sait qu'il doit se taire. Brieg est là. Il se souvient de vieux compagnons qui avaient leur franc-parler. Où sont-ils aujourd'hui ? Beaucoup ont été arrêtés sur dénonciation et sont morts dans les camps ; d'autres ont été envoyés à Torgau, au centre des bataillons disciplinaires. Cette dernière destination est peut-être pire encore, car le malheureux est placé entre le pistolet du Feldwebel braqué dans son dos et le fusil à lunette de l'Asiate qui l'ajuste. Il ne lui reste aucune chance de salut.

Les trains passent. Toutes les heures. Même direction : l'ouest. Il en vient de par toute l'Allemagne, d'Italie, d'Autriche, de Pologne, des Pays-Bas, du Danemark et même de Norvège. Fichtel, qui a l'habitude depuis des années de diriger les rames de wagons, a évalué, de son poste vitré, l'enjeu de la bataille : « Elle sera grande, pense-t-il, la guerre ne sera pas terminée encore pour ce Noël-ci ! »

Les trains qui défilent la nuit devant le poste d'aiguillage de la gare de triage de Coblence, où Fichtel et Brieg les garent avant de les redistribuer quelques heures plus tard, vers d'autres directions secrètes, ne sont pas les seuls que le Haut Commandement fait diriger vers l'Eifel. D'autres traversent au même moment le fleuve à Cologne, à Bonn, sur les autres grands ponts franchissant le Rhin.

Tout ce rassemblement de troupes, de matériel, de carburant, de ravitaillement et de munitions, tous ces chars neufs, ces centaines de camions, ces lance-fusées, ces divisions, rameutés des quatre coins de l'Europe en si peu de temps sous les bombardements et dans des conditions de route souvent déplorables, sont dus à la direction de la Reichbahn, et aussi à ce maître du planning qu'est Albert Speer, au Feldmaréchal Keitel qui, à sa manière, a su « assimiler » les ordres du Führer.

Keitel est l'homme de logique qu'il faut pour cette tâche de haut fonctionnaire des armées. A la fin de novembre, il peut porter les stocks de fuel à deux millions et demi de litres et à quinze millions de litres ceux d'essence. Les chars en possèdent assez pour être opérationnels sur une distance tout-terrain de cent cinquante kilomètres. Plus de quinze mille tonnes de munitions couvrent huit jours de tir — une réserve de huit jours, en plus, étant en voie de constitution.

L'offensive commence avec vingt divisions, mais le Generaloberst Jodl peut annoncer au Führer qu'on les complète dès maintenant avec soixante-dix-sept mille hommes. Cinq nouvelles divisions doivent venir renforcer les effectifs dans quelques semaines.

De son côté, la Luftwaffe ne reste pas inactive. L'originalité de conception de l'opération « Garde au Rhin », dans laquelle entre en ligne de compte le lancement sur les arrières alliés des commandos de Skorzeny et celui de la colonne de Peiper, est complétée par l'arrivée en ligne des nouveaux avions à réaction Messerchmitt 262. L'OKW compte beaucoup sur ces appareils pour reprendre localement aux Alliés une grande partie de la maîtrise du ciel. Hitler espère que cet avion, faisant partie des « armes nouvelles » renforcera le moral de la troupe. Le général de la Luftwaffe Kreipe annonce que quatre-vingts de ces appareils seront prêts aux premières heures. D'autres doivent être mis en ligne ultérieurement dès que le temps le permettra. Le concours de la Luftwaffe s'annonce avec la mise en œuvre de plus de trois cent cinquante avions, dont au minimum quatre-vingts de transports JU 52 qui largueront les parachutistes du colonel von der Heydte.

En même temps, 1 502 trains transporteront l'infanterie, 500, du matériel et des centaines d'autres représentant 150 000 tonnes relevant de l'intendance seront concentrés dans le massif de l'Eifel.

Ce fantastique transfert se déroule dans un laps de temps très réduit. Hommes, chars et munitions sont acheminés à tous les échelons de l'arrière du front. Près de la ligne de feu, les premières troupes d'assaut peuvent même être installées sans que le service de renseignements allié en soit informé.

Pour tromper l'ennemi sur les rassemblements qu'effectue la VIe Armée blindée SS, Model, sur les instructions de l'OKW, ordonne la préparation d'une XXVe Armée fictive au nord-ouest de Cologne. Les services de renseignements allemands font croire aux Américains que la VIe Armée blindée SS se regroupe dans la plaine de Cologne. Les troupes anglo-américaines, rassemblées autour de leurs feux, passent les nuits glaciales de novembre à épier dans le secteur de la Ruhr le moindre mouvement de ces rassemblements habilement montés, sans se douter que les Allemands vont jeter, beaucoup plus au sud, trois armées à travers la forêt des Ardennes.

Le Feldmaréchal Keitel fait transmettre un ordre de « camouflage », qui relève de l'esprit même de « Garde au Rhin », et trompe les Alliés : « Nous nous attendons, y est-il annoncé fallacieusement, à une grande offensive dirigée contre la ligne Cologne-Bonn. Il nous faut, pour contre-attaquer de flanc, deux groupements tactiques, l'un au nord-ouest de Cologne, l'autre dans l'Eifel. Dissimulez autant que possible ce dernier, mais exagérez l'importance du premier. Cela doit expliquer le déploiement de la Luftwaffe [1]. »

Afin que les dangers de fuite soient écartés le mieux possible, les officiers des trois armées ne sont renseignés sur l'offensive qui se prépare que très progressivement. Comme ils sont habitués depuis longtemps à une guerre défensive et qu'il est impensable qu'on leur fasse faire, avec leurs hommes, des exercices d'attaque derrière les lignes qui évidemment donneraient l'éveil aux Alliés, le Haut Commandement les entraîne sur des cartes à des exercices d'offensive dont les objectifs n'ont aucun rapport avec ceux qui leur seront donnés le jour J.

Il faut réapprendre aux troupes à combattre pendant la nuit, à accompagner les chars dans leur progression, à avancer avec un soutien d'artillerie. On doit former de nouveaux conducteurs de chars, de canons d'assaut. Beaucoup, parmi les anciens qui avaient perdu leurs engins à la bataille, ont été versés dans l'infanterie. Il faut les initier rapidement — trop rapidement ! — à piloter les chars tout récents. On familiarise officiers et soldats avec le contrôle des circulations, bien que d'une manière peut-être trop superficielle. Ce qui sera, aux premières heures de l'offensive,

1. L'historien militaire américain Robert E. Merriam écrit : « Des nouvelles de mouvements de troupes filtrèrent à travers les lignes, et l'on crut entendre des bruits de moteurs. Mais notre présomption et la ruse de la « Wacht am Rhein » nous firent négliger ces précieux indices. L'attaque de l'adversaire allait nous prendre au dépourvu. Les Allemands avaient réussi à s'assurer de haute main la condition préalable au succès de leur offensive : l'effet de surprise. » *The battle of the Bulge,* Ballantine Books, ed. New York 1947.

une lacune très grave créant des embouteillages monstres gênant considérablement le déploiement des panzers.

Dans le soin que l'OKW et l'état-major de Model portent au camouflage de l'offensive, Hasso von Manteuffel n'est pas le dernier à y regarder de près. Il n'hésite pas à revêtir un uniforme de colonel et à se rendre par surprise aux premières lignes. Ce qu'il y apprend lui donne à réfléchir.

Dans le secteur où sa Ve Armée doit percer, le front est très calme. Les Américains ne restent en état d'alerte à la tombée du jour qu'une heure à peine, après quoi ils vont se coucher. Les patrouilles allemandes peuvent ainsi pénétrer assez loin, la nuit, dans le dispositif de défense américain.

En toute logique, Manteuffel pense que ce serait commettre une grossière erreur que de réveiller l'ennemi par un tir d'artillerie avant l'attaque. Il réussit à faire partager son point de vue par Hitler. Des tirs de barrage ont quand même lieu, mais dans des endroits bien définis.

Il eût été possible de donner plus de liberté à Manteuffel. Model le désirait, bien que les deux hommes n'eussent jamais entretenu, quand ils commandaient en Russie, des rapports toujours cordiaux. Le Feldmaréchal les rappelle au commandant de la Ve Armée blindée, quand celui-ci se présente à lui pour se placer sous ses ordres :

— Vous rappelez-vous la conversation que nous avons eue sur le front russe en 1942 ? demande Walther Model, tout à trac.

— Très certainement.

— Eh bien, c'est du passé. Nous avons désormais la même besogne et nous serons bons amis.

CHAPITRE X

PREPARATION DE L'OPERATION « GRIFFON »

Décembre 1944.

Skorzeny retire de son tiroir un papier froissé. Il le tend par-dessus son bureau à son chef d'état-major.

— Tenez, Adrien, lisez. J'ai gardé secrète, selon le règlement, cette ineptie pendant plus d'un mois. Vous pouvez en prendre connaissance. C'est un monument de bêtises !

Adrien von Foelkersam lit la dépêche : « OKW/WFST/Op (H) West la n° 0012759/44 — Secret — Opération — 25.10.1944. Toutes les unités du front ouest signaleront avant le X... octobre les officiers, sous-officiers et soldats volontaires pour une mission spéciale sur le théâtre des opérations de l'Ouest. Ces volontaires devront être en bonne santé, entraînés au combat corps à corps et surtout parler couramment l'anglais. Ils devront être dirigés sur Friedenthal afin d'être mis à la disposition de l'Obersturmbannführer Skorzeny. »

Foelkersam, éberlué, remet la feuille à son chef. Skorzeny la froisse et la jette dans la corbeille à papiers.

— Hein ! Nous sommes comblés ! J'ai appris depuis peu de temps par notre service de renseignements que les Américains sont au courant de *Griffon*. Il fallait s'y attendre [1]. Quand j'ai reçu

1. L'état-major allié n'en tira sur le moment aucune conclusion particulière, mais, plus tard, l'ordre de l'OKW l'alerta et il prit le danger au sérieux.

la dépêche j'ai cru à un sabotage caractérisé. J'ai pensé décommander l'opération.

— Pourquoi ne l'avez-vous pas fait ? demande Foelkersam.

— J'ai écrit un rapport...

— Un rapport ?

Skorzeny a un rire bref :

— Soyez assuré, mon cher Adrien, que je ne l'ai pas fait transmettre par le téléscripteur ! Je voulais simplement que le Führer fût averti. Ou bien il décommandait l'opération, ou il en prenait la responsabilité et tirait alors lui-même les conséquences en cas d'échec de *Griffon*. Mon rapport a été confisqué par Fegelein [1], qui m'a déclaré que « ce fâcheux incident ne pouvait être porté à la connaissance du Führer ».

— Peut-être que si vous aviez essayé du côté de Keitel ou de Jodl...

— J'ai téléphoné au Generaloberst Jodl. Il a été consterné, mais m'a ordonné de continuer, ajoutant qu'il était trop tard pour étudier un plan de remplacement et qu'il était impensable qu'on abandonnât l'opération *Griffon* : elle devait être exécutée comme convenu par la Brigade 150 que j'avais sous mes ordres.

— Il y a encore beaucoup à faire !

— Que voulez-vous dire ?

— D'abord les hommes. Vous savez comme moi qu'il nous manque encore plusieurs semaines pour parfaire leur entraînement.

— Combien en avons-nous sachant parler couramment l'anglais avec l'accent américain ?

— Dix.

— Assez correctement ?

— Quarante.

— Capables de se faire comprendre ?

— Cent cinquante.

— Le reste ?

— Environ quatre cents pouvant à grand-peine aligner quelques mots.

— Il est donc impossible avec cet échantillon-là de constituer

1. Le Brigadenführer Fegelein représentait Himmler et la Waffen SS au Grand Quartier Général. Il épousa la sœur d'Eva Braun en mars 1945. Un mois plus tard, dans la nuit du 26 avril, il déserta son poste. Arrêté dans un faubourg de Berlin, alors qu'il s'apprêtait à fuir (il portait une valise remplie d'importantes sommes d'argent en devises étrangères), il fut passé par les armes quatre jours plus tard dans l'une des cours de la Chancellerie.

« une brigade de langue anglaise ». Nous sommes dans l'obligation de restreindre nos projets.

L'OKW admet les mesures de Skorzeny. Il est décidé que la 150ᵉ Brigade ne combattra sous l'uniforme américain que dans le cas d'une défaite caractérisée de l'ennemi. Les meilleurs anglophones constitueront des commandos placés sous les ordres du capitaine Stielau et chargés, après que la Brigade aura percé et se sera répandue sur les arrières américains, de jeter la confusion sur les routes et d'accomplir des actes de sabotage.

Pour cette opération de rupture Skorzeny réussit à obtenir cinq cents hommes supplémentaires. Avec ses deux bataillons de *Jagdverbände* et ses six cents volontaires, il possède une brigade homogène et combative.

L'entraînement est dirigé par l'Obersturbannführer Hardieck au champ de manœuvres de Grafenwoehr et dans les derniers jours à Wahn, près de Cologne. Il est intensif mais, malheureusement, comme pour beaucoup d'autres préparations de cette vaste offensive, le temps manque.

Le matériel aussi. Un dixième seulement des Shermans, des jeeps et des half-tracks que réclame Skorzeny a pu lui être alloué. Il est loin des assurances de Jodl qui prévoyait deux compagnies blindées de reconnaissance montées sur half-tracks et scout-cars, des fusiliers voltigeurs, une vingtaine de camions GMC, une trentaine de jeeps, etc. L'intendance leur fait parvenir deux Shermans et quelques jeeps ! Skorzeny s'arrange avec les moyens du bord : des chars allemands et des camions seront maquillés aux couleurs américaines.

Il est impossible à Skorzeny de rattraper la bévue criminelle du Haut Commandement, mais il essaie de préserver le secret de l'opération *Griffon* le mieux qu'il peut. Ainsi, Sepp Dietrich n'en a été averti qu'à la fin novembre et le commandant du Iᵉʳ Corps de panzers SS seulement trois jours avant le jour J. La plupart des officiers supérieurs n'en connaîtront l'existence que pendant la bataille.

Le chef de la 150ᵉ Brigade laisse même propager de faux bruits qui doivent « intoxiquer » les services de renseignements alliés.

La tentative de s'emparer du général Eisenhower à son quartier général de Versailles trouve son origine dans une simple conversation que Skorzeny se garde d'étouffer — ou plus exactement fait semblant de cacher.

Au cours d'une inspection au début de décembre 1944, le capitaine Stielau demande à voir son chef. Il est reçu sans tarder par Skorzeny qui a en grande estime son capitaine pour ses qualités de courage.

— Je sais, dit-il à Skorzeny, quelle est en réalité notre mission : nous devons aller à Paris et ensuite enlever le général Eisenhower !

Otto Skorzeny comprend bien vite le parti qu'on peut tirer d'une pareille confusion. Il va immédiatement jusqu'à la porte du bureau qu'il ouvre brusquement, comme pour s'assurer que personne ne se trouve dans le couloir, puis la referme doucement et revient dans la pièce :

— Mon cher, fait-il, parlez plus bas. Vous avez mis dans le mille ! Mais surtout, soyez discret. Ici, nous avons interdit toute correspondance avec l'extérieur. Cependant le lieutenant-colonel Hardieck m'a dit qu'un de nos hommes a réussi à envoyer une lettre à sa fiancée. Vous voyez le danger que nous courons !

— Je le sais, mon colonel. Vous pouvez compter sur ma totale discrétion. Mais permettez-moi de vous signaler que je connais Paris et ses environs comme ma poche et qu'en l'occurrence je pourrais vous être vraiment utile...

— Je n'en doute pas. Mais avez-vous pensé à tous les risques que comporte semblable expédition ?

— Certes, mon colonel. Je ne pense qu'à cela. A mon avis, c'est tout à fait réalisable.

Il lui expose son plan en détail. Tel qu'il est conçu, les chances de réussite peuvent être d'environ une sur mille. Skorzeny lui laisse toutes ses illusions.

— Mon cher, dit-il, croyez que je ne manquerai pas, le moment venu, de faire appel à vous.

Or, Stielau avait parlé d'Eisenhower et de Paris bien avant de faire ses confidences à l'Obersturbannführer. Skorzeny est certain qu'après l'entretien il sera d'une discrétion exemplaire, répondant à ceux qui l'interrogent : « Vous comprenez, je ne peux rien dire. Cependant, le colonel m'a promis de me prendre avec lui. Nous allons dans cette affaire jouer un rôle des plus importants, etc. » Le tout avec un air entendu qui ne pouvait tromper personne.

Le reste de la brigade 150 est articulé en trois groupes de combat, X, Y et Z, commandés respectivement par le capitaine Scherff, le commandant Radl et le lieutenant-colonel Hardieck. Chacun des trois groupes doit prendre et tenir l'un des trois ponts sur la Meuse. Evidemment, ces groupes ne peuvent atteindre leurs objectifs que si, au cours de la nuit qui suivra la première journée d'offensive, la 150e Brigade peut se trouver à portée raisonnable du fleuve.

Dans une ultime conférence avec le Feldmaréchal Model et son chef d'état-major, le général Krebs, Skorzeny attire l'attention de ses chefs sur les deux pipe-lines que le génie américain a audacieusement déroulés sur le fond de la Manche ; le premier aboutit au Havre, le second à Boulogne. De ces deux endroits, les Américains leur font traverser les terres françaises et belges en direction du front.

Il est convenu qu'on les ajoutera à la liste des objectifs à détruire. La réussite de *Griffon* les rendrait inutilisables pendant un certain laps de temps :

— Ce qui pourra nous permettre, ajoute Skorzeny, de combattre alors dans des conditions moins inégales, car le manque de carburant se fait chez nous durement sentir.

C'est le capitaine Radl qui accompagne Skorzeny au dernier rapport de situation devant le Führer, à la veille de la conférence qu'Hitler doit faire devant ses généraux réunis. Radl n'a jamais été présenté au Führer et reste comme pétrifié, au garde-à-vous, quand celui-ci s'apprête à lui serrer la main. Skorzeny fait son rapport sur les derniers préparatifs de l'opération *Griffon.* Hitler répond :

— Je suis certain que vous ferez pour le mieux. Je sais aussi que vous avez pour habitude d'être à la tête de vos hommes. En l'occurrence, je vous interdis de la manière la plus formelle de franchir nos lignes et de participer personnellement à l'opération. Je viens de rendre le chef de la VIe Armée blindée des Waffen SS responsable de l'exécution de cet ordre. Vous ne quitterez pas son PC, et c'est par radio que vous dirigerez *Griffon.* En aucun cas je ne veux que vous risquiez d'être fait prisonnier. J'ai encore besoin de vous ! Je vous le répète pour la dernière fois.

CHAPITRE XI

VON DER HEYDTE

Décembre 1944.

Le général des parachutistes Kurt Student — celui-là même qui avait réussi à prendre pied avec ses « diables verts », au printemps 1941, sur l'île de la Crète — convoque le colonel von der Heydte.

Le baron Friedrich August von der Heydte est le commandant de l'école des parachutistes, à Alten. C'est un homme jeune et de carrure athlétique. Rejeton d'une vieille famille allemande, mais qui a reçu une éducation très anglo-saxonne, il est connu pour son humour et son esprit frondeur — traits de caractère considérés presque comme des crimes dans le régime national-socialiste — et pour son hostilité à l'Etat hitlérien. Mais c'est un aristocrate et, à l'image de ses pairs qu'ils soient allemands, français ou anglais, il aime le risque et le panache.

Student offre une cigarette au jeune colonel et annonce de sa voix traînante — qui est un sujet d'amusement dans les popotes et même au Grand Etat-Major [1] :

1. Hitler disait de Student : « Il me rappelle mon Fehrs, mon nouveau valet de chambre, originaire de Holstein. Quand je lui dis quelque chose, il réfléchit longuement, il lui faut des minutes. C'est un bélier tout à fait obtus, qui fait admirablement ce qu'il a à faire, mais qui est terriblement lent. » (Conférence du 27 janvier 1945).

— Le Führer a ordonné une opération aéroportée de grande envergure... Elle précédera une puissante offensive... Je vous ai choisi, mon cher, pour accomplir cette mission.

— Où doit se dérouler cette offensive ?

— Je ne le sais pas encore... peut-être sur le front oriental ? peut-être sur l'occidental ?

— Connaît-on l'effectif que je dois commander ?

— Oui... Environ mille hommes... Chaque régiment du 2e Corps de parachutistes cédera ses meilleurs éléments pour le constituer... Il faut former un nouveau *Kampfgruppe*.

— Pourquoi ne pas prendre, mon général, tout le 6e Régiment de parachutistes que j'ai déjà commandé en Hollande et qui a fait ses preuves ?

— Impossible, Heydte... le déplacement d'un régiment au complet pourrait compromettre le maintien du secret.

— Nos parachutistes n'ont pas sauté depuis longtemps.

— Je sais.

— Depuis la Crète. Cela fait trois ans. Certains même depuis la Hollande, en 1940.

— Je sais.

— La moitié n'a jamais sauté avec des armes. Très peu ont exécuté des sauts de nuit et sur des terrains accidentés, des marais ou des forêts.

— Je sais... Il faudra que vous accomplissiez un tour de force... Tout ce que nous demande d'ailleurs le Führer, aujourd'hui, relève du tour de force.

Student sourit et chasse de l'ongle du pouce le mégot resté dans son fume-cigarette.

— Allons, colonel, je vous connais... Vous le ferez ce tour de force. Je compte sur vous.

Le lendemain, von der Heydte rassemble plusieurs compagnies de parachutistes. Il est consterné. Non seulement le corps d'élite de la Luftwaffe ne possède plus l'entraînement nécessaire pour une opération parachutée d'une certaine envergure, mais il trouve le moral des hommes déplorable. Que reste-t-il du magnifique corps des parachutistes qui s'empara de la Crète ? Presque rien.

Après avoir sélectionné le *Kampfgruppe,* harangué la troupe, s'être occupé avec son état-major de préparer l'attaque, ordonné de rassembler les avions de transport, des JU 52, il se rend, le 12 décembre, à l'aube, au QG de Model.

Celui-ci écoute l'exposé détaillé de von der Heydte, puis lui pose cette question, sans ménagement, selon son habitude :

— Pensez-vous qu'une opération parachutée ait une chance sur dix de réussir ?

— Nous avons quelques chances, Feldmaréchal, répond von der Heydte, non sans une certaine audace.

Model reste pensif avant de répondre.

— Bien. Il faut alors la tenter. Je vous annonce que la grande offensive « Garde au Rhin » que le Führer a décidée aura lieu dans les Ardennes. Elle non plus n'a pas plus d'une chance sur dix de réussir. C'est notre ultime possibilité de terminer la guerre favorablement. Si nous échouons, c'est la défaite certaine pour l'Allemagne. Vous avez compris ? demande Model — il réajuste machinalement son monocle.

— Oui, répond von der Heydte, en esquissant un claquement des talons.

— Je vous affecte à la VIe Armée blindée. Rendez-vous sans délai au QG de l'Oberstgruppenführer pour vous mettre à sa disposition.

Le colonel saute dans sa voiture de commandement que son chauffeur conduit sans ménagement au QG de Dietrich, chef de la VIe Armée blindée.

En présence de Sepp Dietrich, le chef d'état-major, le Brigadenführer Fritz Kraemer définit à von Heydte la mission de son Kampfgruppe :

— Le premier jour, la VIe Armée panzers s'emparera de Liège, ou des ponts sur la Meuse au sud de cette ville. A l'aube de ce premier jour, votre Kampfgruppe au complet sautera dans la région des monts de Baraque-Michel, à onze kilomètres au nord de Malmédy, et se saisira du carrefour routier de Baraque-Michel où devra passer l'avant-garde de l'armée, probablement des éléments de la 12e Division panzers SS *Hitler Jugend,* qui fait partie du 1er Corps blindé SS commandé par le Gruppenführer Hermann Priess. Si des raisons techniques l'en empêchent, le *Kampfgruppe* sautera à l'aube du second jour sur la rivière Amblève, ou la région d'Amay pour s'y emparer des ponts.

— D'accord, dit von der Heydte, mais la plupart de nos parachutistes n'ont pas l'entraînement suffisant pour une pareille opération.

Seep Dietrich intervient brutalement :

— Je ne suis pas responsable des défaillances de la Luftwaffe !

— Peut-être, répond poliment von der Heydte, mais je dois ajouter, Oberstgruppenführer, que je manque, au point de vue tactique, de renseignements sur l'emplacement des réserves américaines.

— Je ne suis pas prophète. Vous saurez avant moi ce que les Américains emploieront contre vous !

Malgré ce dialogue stérile, von der Heydte obtient de Dietrich des précisions sur les limites de son aire d'atterrissage derrière les lignes américaines, et sur les contacts qui lui seront assurés entre ses parachutistes, les hommes de la colonne Peiper et ceux de Skorzeny. A sa demande, Sepp Dietrich accorde qu'un observateur de la 12e Division panzers SS saute à ses côtés. Malheureusement, le jeune baron a l'imprudence de réclamer des pigeons pour parer à une défaillance de la radio. L'Oberstgruppenführer explose :

— Des pigeons ! Je n'en ai pas besoin pour conduire mes chars. Vous vous en passerez bien pour votre Kampfgruppe !

En dépit de tous ses efforts, le colonel von der Heydte, pendant les jours suivants, ne peut remédier aux carences dues à l'entraînement insuffisant et à tout ce qui fait matériellement défaut à ses paras, en particulier le matériel radio. L'intendance l'assure du minimum : les avions, les munitions et le carburant. Il parvient même à se procurer trois cents mannequins. Ceux-ci devront être lâchés plus au nord, au-dessus de Spa, d'Eupen, d'Elsenborn et de Stavelot pour tromper les Alliés.

A la différence de Friedrich von der Heydte, Joachim Peiper [1] ne possède pas le blason et l'arbre généalogique qui lui permettraient de faire remonter sa famille jusqu'à Frédéric Barberousse. Mais il est issu d'une vieille famille d'officiers, ce qui, en Allemagne, équivaut souvent à un titre.

Peiper est un beau garçon aux yeux bleus, au visage photogénique. Ses qualités de camaraderie en font un chef aimé de ses hommes. Des capitaines de cette envergure sont plutôt rares. C'est donc lui qu'Hitler a choisi pour commander le Kampfgruppe de la VIe Armée, le « fer de lance » qui boutera les Américains.

Le Kampfgruppe de Joachim Peiper représente cinq mille hommes environ, composé de troupes aguerries, venant en majorité du front de l'Est, servant un matériel neuf aux performances souvent améliorées. Ce corps d'élite s'articule en plusieurs groupes. Le 501e bataillon de Chars lourds, détaché du 1er *Panzerkorps SS,* équipé entièrement de chars Tigre Royal de soixante tonnes et armés de l'efficace canon de 88, le 1er Bataillon du Régiment de Panzers de la *Leibstandarte Adolf Hitler* constitué par des Tigres et des Panthères, le 3e Bataillon du 2e Régiment de

1. L'ancien Standartenführer (colonel) Joachim Peiper devait trouver une mort mystérieuse dans l'incendie de sa maison, à Travers (Yonne), en juillet 1976.

Panzergrenadiers, le 2e Bataillon, composé de canons d'assaut Jagdtiger et Jaguar, le Régiment d'artillerie divisionnaire, d'un détachement de reconnaissance renforcé par des lance-fusées montés sur autochenilles, le 68e Bataillon de la FLAK de la Luftwaffe, comme protection antiaérienne avancée, des sections de pionniers et de transmissions. Cet ensemble blindé, puissamment armé, très mobile, remarquablement entraîné, commandé par un chef de grande valeur, constitue une force de rupture redoutable.

Skorzeny, von der Heydte et Peiper, trois hommes de l'avant-garde des trois armées allemandes qui doivent, dès la première journée, faire sauter le dispositif américain, le neutraliser et ensuite maintenir et élargir les brèches afin que le gros des panzers s'y engouffre.

Rarement, sur les plans politique, stratégique, tactique, et dans les circonstances extrêmement difficiles où elle fut préparée et ensuite déclenchée, une offensive n'a réuni un tel faisceau d'imagination, d'intenses efforts, de sacrifices et d'audace dans la conception et la réalisation.

Chapitre XII

LE FRONT OUEST

La saignée en Lorraine.

Le général Balck est l'un des meilleurs tacticiens parmi les grands chefs de la Wehrmacht. Comme le Feldmaréchal Morel, le général d'armée Hermann Balck a été rappelé de Russie pour contenir la poussée des troupes alliées qui avaient démantelé le front à l'ouest. Balck a reçu des mains mêmes du Führer les brillants à sa croix de chevalier de la Croix de Fer, pour avoir sauvé de l'encerclement russe son armée en Pologne.

Hitler lui demande de repousser les attaques de la IIIe Armée de Patton, devant Metz. Il s'y emploie au mieux, sachant utiliser avec efficacité les pluies torrentielles qui tombent sur la Lorraine en ce mois d'octobre.

Pourtant les effectifs de Balck sont dérisoires. Face à la IIIe Armée US, forte de plus de deux cent cinquante mille hommes, l'Allemand ne peut compter que sur sa Ire Armée dont les effectifs ne comprennent que quatre-vingt-six mille hommes, répartis en sept divisions — chacune comportant douze mille fantassins, environ, alors que la division US atteint et dépasse parfois vingt mille soldats. Du côté blindés la situation n'est pas plus brillante, quelques dizaines de chars à l'échelon tactique : la seule division blindée, la 2e panzers, n'aligne plus que soixante-neuf chars et canons d'assaut.

Le 8 novembre, Patton déclenche l'attaque. Après une offensive aérienne de grand style, treize cents quadrimoteurs, forteresses volantes et Liberators, arrosent les arrières allemands, le 12ᵉ Corps US du général Eddy avance de la région de Nancy vers le nord-est. Le lendemain, le 20ᵉ Corps aux ordres du général Walker se dirige vers Metz.

Rapidement Balck, par des retraites habilement menées suivies de contre-attaques de flancs, disloque l'offensive du 12ᵉ Corps dont les chars, l'artillerie tractée — les canons de 155 « long Toms », les obusiers de 105 — et les camions s'enlisent dans les bourbiers. La grande attaque de Patton échoue. Cependant les Allemands, dont l'infériorité numérique est flagrante — un char allemand contre neuf chars US pour les blindés seulement —, ne sont pas en mesure d'empêcher l'encerclement de la ville de Metz. Elle tombe le 22 novembre.

Les Allemands marquent un point important. En résistant à la puissante offensive américaine, le général Balck, avec les moyens dérisoires dont il dispose — et l'aide des pluies diluviennes —, a soulagé le front d'Aix-la-Chapelle. L'espoir du général Bradley, que le Feldmaréchal von Rundstedt retirerait des réserves allemandes du secteur des Iʳᵉ et IXᵉ Armées pour les faire rejoindre le groupe d'armées G, est déçu. Sur le front de la Roer, les Allemands, après une héroïque résistance, s'apprêtent à ouvrir les barrages de la rivière et rendre impraticables les deux rives : l'inondation doit balayer les troupes américaines qui tenteraient de prendre pied.

La Iʳᵉ et la IXᵉ Armées US s'arrêtent devant la Roer. Les deux échecs américains, au nord sur la Roer et au sud en Lorraine, permettent au Feldmaréchal Model de parachever son dispositif d'attaque. Il est certain que si seulement l'une des deux offensives américaines avait réussi les conséquences sur le front ouest en auraient été incalculables. Tout le dispositif de défense allemand s'effondrait. La bataille des Ardennes n'aurait pas eu lieu et la guerre aurait été abrégée de plusieurs mois.

Malgré cette victoire défensive, la situation militaire allemande est devenue critique dans la partie inférieure du front de l'Ouest. Le Groupe d'armées G, qui couvre la Lorraine et l'Alsace jusqu'à la Suisse, a dû contenir une forte pression alliée depuis le mois d'août. Il n'a jamais reçu de renforts depuis cette date et son ravitaillement a été sacrifié au Groupe d'armées de Model.

Cette configuration du front ouest permet à la Iʳᵉ Armée

française de déclencher une offensive qui doit lui donner la possibilité de recouvrir les provinces perdues de l'Alsace et de la Lorraine. Après de furieux combats elle franchit, le 19 novembre, la trouée de Belfort. L'avance est rapide. Le lendemain ses blindés s'emparent de Mulhouse. Plus au nord, et suivant à peu près le même horaire, la VIIe Armée américaine attaque. Le XVe Corps US du général Haislip force le passage de Saverne. La 2e Division blindée française sous les ordres du général Leclerc reprend Strasbourg.

Devant cette double offensive alliée, l'OKW a une réaction peu réaliste, comme cela lui arrive fréquemment. Le soir du 22 novembre, par le truchement du Groupe d'armées G, elle fait parvenir ses directives.

Le lieutenant-général Bayerlein, commandant la *Panzer Lehr Division*[1], depuis peu reformée et entièrement rééquipée en matériel très moderne, reçoit l'ordre de passer à l'attaque sur le front de Saverne. L'ordre est ainsi libellé : « La Division blindée d'Instruction culbutera l'ennemi en contre-attaquant. Le sort de l'Alsace entière dépend de vous. En avant ! L'attaque commence pour votre division à l'aube du 29 novembre. »

Comme le général d'armée Balck, le lieutenant-général Fritz Bayerlein n'est pas le premier venu. Il a été le chef d'état-major du spécialiste des blindés, le général Guderian, qui commanda longtemps un groupe d'armées blindées en Russie et, plus tard, le chef d'état-major de Rommel en Afrique. Il allie donc à la technique savante du maniement des grandes unités de chars une connaissance approfondie du terrain, celle des besoins de la troupe et la logistique, toutes choses qu'ignore trop souvent l'OKH. Rapidement il analyse la situation et comprend ce qui peut être accompli et ce qui ne doit pas être fait, c'est-à-dire « culbuter l'ennemi en contre-attaquant ». Il déclare en haussant les épaules :

— Les Américains vont me prendre pour un fou si je me précipite dans ce piège. Mais un ordre est un ordre. Je m'y tiens. J'ai une chance si je peux prendre d'abord Rauviller et Schalbach.

Les Américains ne s'attendent pas à cette contre-offensive. Quand, le 25 novembre, à Rauviller, la Panzer Lehr passe à l'attaque, l'adversaire complètement surpris bat en retraite en abandonnant une grande partie de son matériel. Le 130e bataillon de pionniers allemands s'empare de Rauviller et fait prisonnier un

1. La *Panzer Lehr,* déjà sous le commandement de Fritz Bayerlein, avait été aux trois quarts anéantie pendant la bataille de Normandie par les forteresses volantes américaines, entre Argentan et la mer. Sa reconstitution avait demandé beaucoup de temps.

régiment américain. Malheureusement, Bayerlein ne dispose pas de réserves pour exploiter ce succès. Il ne peut repousser une contre-attaque américaine contre Bärendorf.

Les 901e et 902e Régiments de Panzergrenadiers subissent un échec dans leur attaque concentrée sur Schalbach. Schalbach reste aux mains des Américains. La contre-attaque de Bayerlein a vécu. Il s'agit maintenant de sauver la PDI de la destruction totale.

Le 30 novembre, le Feldmaréchal von Rundstedt ordonne à Bayerlein de se retirer de la zone des combats pour se mettre en réserve. La retraite est difficile. Le beau temps est revenu et l'aviation américaine bombarde sans répit les colonnes allemandes en retraite. Bayerlein réussit à ramener une partie importante de sa division. Les chars qui lui restent sont remis à la 2e Division blindée. La Panzer Lehr est envoyée au repos à l'arrière et réorganisée en vue de l'attaque des Ardennes. Elle a été une fois de plus étrillée. Sa reconstitution en hommes et en matériel va poser de gros problèmes à Bayerlein.

Malgré l'échec de la Panzer Lehr, les Américains sont impressionnés par le mordant dont font encore preuve les troupes allemandes en cette cinquième année de la guerre dans les batailles de la Roer et de Lorraine. Le 20 novembre Eisenhower déclare :

— A l'ouest, personne ne peut noter l'indice d'un proche effondrement allemand.

Dans un rapport qu'il envoie le 4 décembre au chef d'état-major de l'armée américaine, le général Marshall, à Washington, il précise la situation des Allemands à l'ouest : « Aidé par le mauvais temps, la crue des cours d'eau et le sol détrempé, l'ennemi est en mesure de maintenir pendant longtemps un solide front défensif. »

Les intempéries soulagent en effet les Allemands. Il est temps. Toutes les divisions blindées, celles de la VIe Armée SS de Sepp Dietrich et celles de la Ve Armée de Manteuffel ont beaucoup souffert pendant les durs combats d'octobre et de novembre. Chacune compte à grand-peine les quatorze mille hommes réglementaires, chiffre minimum admis depuis deux ans pour une division. Quant au matériel, la situation est grave. Malgré l'effort pour la « guerre totale » imposé par le Dr Goebbels et l'étonnante planification de la production élaborée par le ministre des Armements et des Munitions Albert Speer — qui peut se targuer, en cette fin de l'année 1944, où les bombardements massifs des Alliés sont de plus en plus dévastateurs, de doubler la plupart des productions d'armes — l'alimentation du front en matériel neuf est des moins satisfaisantes. Le fer de lance d'une division blindée se compose en général de cent quatre-vingts chars et de quatre-vingt-dix canons d'assaut. En novembre, les divisions panzers allemandes sont loin d'aligner chacune un pareil nombre. Vers le milieu novembre la puissante 2e Division panzers aligne 58 Panthères et 27 Marks IV, soit 85 chars au lieu de 180. 48 canons d'assaut (Sturmpanzers et Jagdpanthères) pour les quatre-vingt dix réglementaires.

La situation de la Panzer Lehr, au retour du front de Lorraine, est catastrophique. L'artillerie n'existe plus. Les services du génie ont perdu les trois quarts de leurs effectifs. Le parc à camions a été décimé. Les puissants chasseurs de chars Eléphant — conçus par le créateur de la Volkswagen, l'ingénieur Porsche — ont été détruits dans la retraite par leur équipage, la plupart des ponts ne résistant pas à leur poids. Côté chars, le tableau est aussi noir : 25 Panthères et 27 Marks IV peuvent être encore dénombrés parmi le matériel utilisable.

C'est dans ces conditions presque incroyables que l'une des plus grandes offensives de la guerre est préparée et imposée par la seule volonté d'un seul homme.

CHAPITRE XIII

EISENHOWER

16 décembre 1944.

Tôt le matin, trois femmes de ménage s'activent dans la glaciale chapelle royale du château de Versailles. Elles nettoient les alentours du maître-autel et la grande allée de la nef. L'ordonnance du général Eisenhower, Mickey McKeough, doit épouser, à 8 heures, Pearlie Margrave, caporal WAC [1]. Comme si l'honneur de se marier dans la chapelle des rois de France ne suffisait pas au jeune couple, le chef suprême des forces alliées en Europe, le général Dwight David Eisenhower, doit assister à leur mariage.

Malgré cet intermède touchant qui vient rompre un moment la discipline quotidienne du SHAEF [2], un chroniqueur, voulant ménager ses effets, sans pour autant braver les difficultés, aurait écrit que « c'était une journée qui, finalement, s'annonçait comme les autres ».

Aucune journée n'est semblable à une autre — encore moins à la guerre. Et celle-ci est capitale. Elle déclenche une crise chez les Alliés, bien que certains historiens l'aient minimisée et que Montgomery, pour des raisons d'amour-propre, ait souvent traité

1. Women Auxiliary Corps — Corps auxiliaire féminin.
2. Supreme Headquarters Allied Expeditionary Forces, qui se trouvait à Versailles.

la bataille des Ardennes avec une certaine condescendance — après tout c'était, selon lui, l'affaire des Américains.

De retour du mariage, Eisenhower grimpe lestement l'escalier pour gagner son bureau. Il veut régler certaines affaires urgentes et préciser ce qu'il aurait à dire au général Omar Bradley, commandant du 12e Groupe d'armées, celui qui couvrait les Ardennes et le Luxembourg.

Il a convoqué Brad [1] pour étudier avec lui comment il est possible de faire activer le ravitaillement et remédier à l'insuffisance des réserves d'infanterie.

Quelques jours plus tôt, Eisenhower s'est adressé au chef d'état-major général des forces américaines à Washington, son ami le général Marshall, pour lui demander d'urgence une ou deux divisions supplémentaires. Mais il faut compter avec le front du Pacifique qui absorbe beaucoup d'hommes et de matériel. Des maigres réserves à l'entraînement aux Etats-Unis, Marshall ne peut distraire qu'une dizaine de régiments qu'il va envoyer sans tarder.

Le général Omar Bradley se trouve depuis quelques minutes dans le vaste bureau de son chef quand un officier d'état-major entre. C'est le colonel du 2e Bureau. Il vient d'être averti par téléphone « de légères pénétrations ennemies dans le secteur des Ardennes tenu par le 8e Corps du général Middleton ».

Eisenhower se dirige vers une grande carte de l'Europe fixée au mur, suivi de Bradley et de l'officier. Ike indique de l'index la région des Ardennes où les Allemands ont attaqué :

— L'ennemi est aux prises, dit-il, avec le 8e Corps et l'aile droite du 5e Corps [2].

— Pensez-vous que ce soit une attaque d'envergure ? demande Bradley.

— Il y a cinq axes par où l'ennemi semble avoir percé. La rupture à Losheim paraît être la plus menaçante.

— C'est peut-être une opération de diversion ?

— Non. Il ne s'agit pas d'une attaque locale.

1. Surnom du général Bradley.

2. Le 8e Corps du général Troy Middleton couvrait le front de Malmédy jusqu'au Luxembourg ; le 5e Corps du général Gerow était en position entre Malmédy et Aix-la-Chapelle, défendue par le 7e Corps aux ordres du général Collins. Le 8e Corps relevait du général Patton, commandant la IIIe Armée, qui se trouvait au sud ; le 5e Corps du général Gerow dépendait de la 1re Armée, du général Hodges. Les deux armées faisaient partie du 12e Groupe d'armées commandé par Bradley.

— Une feinte : les Allemands détournent notre attention et attaquent ailleurs ?

— J'ai la conviction, reprend Eisenhower, que c'est dans les Ardennes qu'Hitler va tenter sa dernière chance. Sur d'autres secteurs du front, en effet, lorsque notre supériorité n'enlève pas aux Allemands tout espoir de succès dans l'attaque, il ne se trouve aucun objectif important qu'ils puissent raisonnablement atteindre. En outre, nous savons que depuis quelque temps les effectifs allemands dans les Ardennes ont été progressivement renforcés. C'est dans cette région même que les Allemands ont lancé leur grande offensive de 1940, qui devait amener le retrait des troupes anglaises du continent et la mise hors de combat de la France. Cette première offensive a été dirigée par le même homme que nous affrontons maintenant, von Rundstedt. Peut-être espère-t-il renouveler son succès de plus de quatre ans auparavant ? Nous avons toujours pensé qu'avant de reconnaître leur défaite complète à l'ouest les Allemands tenteraient une contre-offensive désespérée. Il me semble qu'ils recommenceront ce genre d'attaque.

Convaincus que l'attaque principale allemande se dessine au centre du 12e Groupe d'armées, Eisenhower et Bradley décident de prélever sur les deux flancs, au nord, la 7e Division blindée du général Robert W. Hasbrouck, au sud, la 10e Division blindée aux ordres du général William H. Morris Jr. et de les diriger immédiatement vers les régions menacées. Cette mesure d'urgence s'inspire du souci de consolider le front du 8e Corps de Middleton sur ses cent vingt kilomètres.

— L'heure critique est arrivée, Brad, annonce calmement Eisenhower. Avertissez tous les chefs d'armées et de corps de votre groupe de se tenir prêts à fournir des unités de soutien dans cette bataille, que nous gagnerons.

Bradley téléphone aussitôt ses ordres à Patton, qui, toujours dynamique et plein d'optimisme, n'est pas convaincu de l'attaque générale des Allemands, mais obtempère à l'ordre sans appel de son chef de mettre la 10e Division blindée en route. Le général Simpson, commandant la IXe Armée, froid et discipliné, ne fait aucun commentaire : la 7e Division blindée d'Hasbrouck se dirige aussitôt vers Saint-Vith.

Excepté Eisenhower, toujours prudent, quelques généraux comme Bradley et des chefs du Renseignement, au premier rang duquel figure Strong, la plupart des officiers supérieurs alliés et la troupe se laissent aller à un certain optimisme. Les statistiques des états-majors sont précises. Elles démontrent que la production militaire allemande mutilée quotidiennement par les bombardements, la désorganisation des voies de communication du rail, auxquelles s'ajoutent deux millions de soldats de la Wehrmacht tués, prisonniers, blessés ou disparus, seulement sur le front de l'Ouest depuis le 6 juin 1944, tout cela a concouru à mettre l'Allemagne à genoux. La fin ne saurait tarder. C'est une question de temps. Certains même pensent toujours que les nazis capituleront avant Noël, et cette euphorie est partagée par beaucoup de soldats sur le front. La Wehrmacht ne peut se relever des pertes qu'elle a subies — une centaine de milliers d'hommes sur le front du 12e Groupe d'armées US, selon une autre statistique. A la veille de l'attaque allemande, les bureaux de renseignements du SHAEF analysent la situation des Allemands sur la partie sud du front de l'Ouest, le *West Wall*, de la façon suivante :

« Jamais, depuis septembre, l'ennemi ne s'est trouvé devant un dilemme aussi grave. Il semble douteux qu'il puisse tenir dans le secteur d'Aix-la-Chapelle sans engager la VIe Armée blindée et aussi se maintenir sur le West Wall, au sud, sans faire intervenir des renforts, dont des chars. Il lui faudrait diviser la VIe Armée blindée et s'exposer ainsi à être battu au nord et au sud, mais s'il la garde groupée, il offrira aux IIIe et VIIe Armées américaines une bonne chance d'atteindre le Rhin dans la région de Mayence avant la fin de l'année. Finalement, résoudre le problème en opérant des prélèvements à l'est l'exposerait à y subir un désastre. » Ce jugement ne péchait pas par excès de prudence.

Aucun état-major, qu'il soit américain ou anglais, ne prévoit d'attaque allemande. L'idée prévaut que l'ennemi est à bout et que si une réaction survenait de sa part, elle n'étonnerait pas et serait facilement matée.

Le 16 décembre, dans la matinée, la situation des divisions US dans les Ardennes est pour le moins « imprévue ». Mais qu'a donc fait le G 2, le service des renseignements américains depuis deux mois ? Que sait-il exactement de la position et du nombre de divisions de la Wehrmacht dans le Palatinat et en Rhénanie ? S'est-il trompé ? A-t-il été abusé ?

En fait, le G 2 a accompli son travail normalement ; une besogne de routine sans erreur, consciencieuse. La faute survient au moment du dépouillement des renseignements. Leur analyse est influencée par une euphorie découlant de statistiques, elles-mêmes mal interprétées, selon lesquelles les Allemands perdent dix mille hommes par jour. En apportant une correction avec l'arrivée de leurs dernières réserves, mathématiquement la Wehrmacht n'existe plus à une date déterminée par de savants calculs.

C'est faire bon marché du courage et de l'énergie que peut encore déployer le soldat allemand [1].

Dans cette atmosphère optimiste, certains chefs émettent des doutes quant à la prochaine déconfiture allemande. Parmi ceux-ci, le général Kenneth Strong, responsable du G 2, au SHAEF. Ses réflexions s'opposent aux courants officiels. Selon lui, l'OKW mijote quelque chose derrière la ligne Siegfried. Ses appréhensions se trouvent confirmées, à la mi-septembre, quand il apprend que la plus grande partie de la Vᵉ Armée d'Hasso von Manteuffel a été retirée du front des Ardennes. Cette nouvelle vient d'un déserteur. D'autres renseignements, par la suite, la justifient. Le général Strong peut affirmer que le Grand Etat-Major allemand a retiré la Vᵉ Armée afin de la réorganiser et pour la première fois il peut mentionner l'existence de la VIᵉ Armée blindée SS. D'autre part, ses services signalent une intense activité de la logistique sur les routes et dans les gares de triage des villes et localités de Rhénanie et du Palatinat.

A la fin novembre, le général Strong estime avec raison que les Allemands reforment complètement leurs divisions durement étrillées depuis deux mois — selon le plan de bataille judicieux d'Eisenhower qui ne veut laisser aucun répit aux Allemands — et qu'ils constituent des réserves opérationnelles, celles-ci leur faisant cruellement défaut. Leurs observations s'arrêtent là.

Pourquoi les Allemands créent-ils ces réserves ? Dans un but défensif, pour parer à une attaque américaine en direction du Rhin ? Mais partant de quel endroit du front et dans quelle direction ?

A ces incertitudes s'en ajoute une autre, importante. Le SHAEF est avisé que la VIᵉ Armée blindée SS, armée et entraînée en Wetsphalie, a franchi le Rhin entre Cologne et Bonn. De quel côté la dirige-t-on ?

Le mauvais temps empêche les reconnaissances aériennes. La plupart des survols tactiques aériens quotidiens ne peuvent avoir lieu, ce qui gêne beaucoup les Américains.

Si le général Hodges, commandant de la Iʳᵉ Armée US, situe mal encore, fin novembre, l'emplacement de la 6ᵉ Panzers SS, le général Patton est mieux renseigné sur les troupes ennemies

1. Il faut croire que cette erreur — due encore aux statistiques — n'a pas servi aux Américains. En grande partie leur défaite au Viêt-nam relève de la même erreur : une confiance exagérée dans les analyses abstraites, lesquelles, pour le comble, étaient « digérées » et confirmées par les ordinateurs.

devant lesquelles il ne lui est pas interdit de penser qu'il se trouvera un jour confronté, partiellement celles qui, directement ou indirectement, relèvent de cette VIe Armée, dont on a appris récemment qu'elle est commandée par le SS Obergruppenführer Sepp Dietrich. Des rapports signalent même que son quartier général peut se trouver au voisinage de Cologne, peut-être plus au sud... En définitive, l'existence de la VIe Armée est démontrée, mais il est impossible de la localiser.

Quelques jours seulement avant le déclenchement de l'offensive allemande, on déclare au SHAEF, au sujet de l'armée de Sepp Dietrich : « On ne possède que de vagues rumeurs sur la VIe Armée blindée SS. » Il y a fort à parier que de nombreux officiers alliés, en poste à Versailles, doivent la prendre pour un fantôme.

Grâce au service de renseignements de la IIIe Armée, plus perspicace, George Patton, toujours plein d'allant, suppose que la VIe Armée blindée contrôle un puissant corps de panzers comprenant la 9e Division de panzers SS *Hohenstaufen* et la 10e Freundsberg. A celles-là s'ajoutent la 1re, la 2e et la 12e Panzers SS. Dans cet ordre de bataille on relève la présence de la Panzer Lehr de Bayerlein et de certaines divisions d'infanterie, qui auraient été entièrement rééquipées d'armes récentes. Des rapports signalent, en outre, que l'ennemi a reçu un nombre important de chars du type Panthère et des modèles très récents, équipés de canons légers contre avions. Il y a aussi, selon ces renseignements, des *Nebelwerfers* — lance-fusées — et certains canons d'assaut puissants, que les Américains connaissent déjà pour les avoir affrontés en Alsace, les *Elephants*.

Une interprétation incorrecte des renseignements, le mauvais temps et l'optimisme qui règne dans les états-majors et en première ligne, sont les causes principales de la surprise que provoque « Garde au Rhin ».

CHAPITRE XIV

LA PERCEE DE PEIPER

Le 16 décembre.

Enfin, mais avec un mois de retard, toute la machine de guerre allemande à l'ouest est en marche.

La percée stratégique, dans la partie du front contrôlée par la VIe Armée de Sepp Dietrich, repose sur cinq mille hommes, ceux du Standartenführer Joachim Peiper. Il lui revient la lourde responsabilité d'ouvrir à tout prix les lignes américaines dans le plus bref délai et de se rendre maître des routes de la Meuse pour la VIe Armée. Dans cette brèche s'engouffreront l'aile droite de la Ve Armée et l'aile gauche de la VIe SS.

Peiper, à la tête de son Kampfgruppe, rompt le front américain à Losheim. A 19 h 30, le 16 décembre, il a déjà dépassé le village ardennais, son premier objectif.

Afin d'aller plus vite, il ne se gêne pas de faire arrêter les convois allemands trop lents qui entravent sa progression — Hitler et l'OKW ne lui ont-ils pas donné carte blanche pour foncer vers la Meuse, coûte que coûte ? Il ordonne donc impitoyablement de pousser tout un convoi d'artillerie hippomobile de la 12e VGD dans le fossé pour faire passer ses chars. L'exceptionnelle largeur des Tigres ou des Jagdpanthères ne facilite pas non plus la tâche, quand on songe à l'étroitesse des routes, dans la forêt des Ardennes, ou en aplomb des vallées très resserrées.

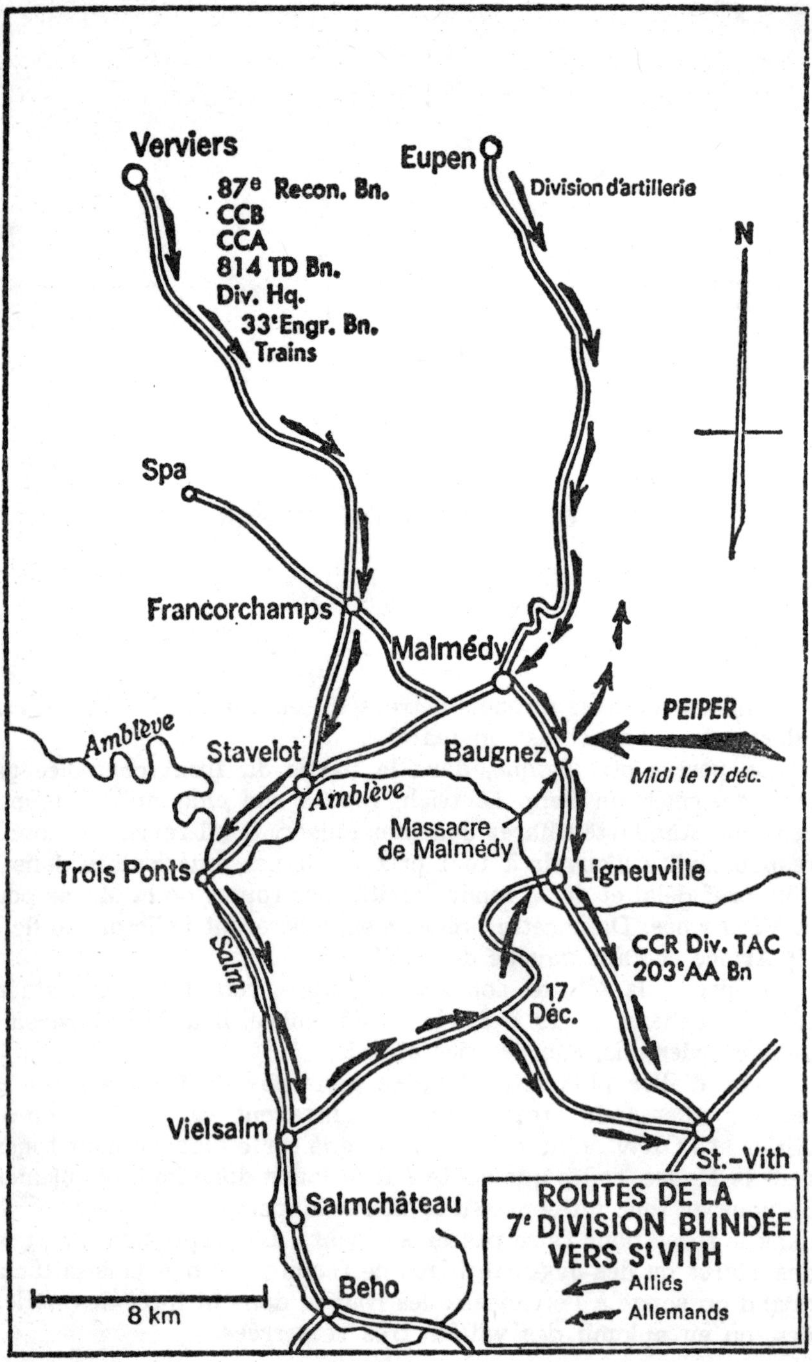
Verviers
87e Recon. Bn.
CCB
CCA
814 TD Bn.
Div. Hq.
33e Engr. Bn.
Trains
Eupen
Division d'artillerie
N
Spa
Francorchamps
Malmédy
PEIPER
Midi le 17 déc.
Amblève
Stavelot
Baugnez
Amblève
Massacre
de Malmédy
Trois Ponts
Ligneuville
Salm
CCR Div. TAC
203eAA Bn
17
Déc.
Vielsalm
St.-Vith
Salmchâteau
Beho
8 km
ROUTES DE LA
7e DIVISION BLINDÉE
VERS St VITH
Alliés
Allemands

Si Peiper peut se permettre de renverser chevaux et matériel pour passer plus vite, il n'en va pas de même dans les autres secteurs du front. Aux premières lueurs de l'aube la pagaïe sur les routes qui mènent au front est à son comble. Les embouteillages s'allongent sur des kilomètres et durant des heures — des heures très précieuses au début d'une offensive ! Les officiers généraux suppléent à la Feldgendarmerie pour essayer de mettre un peu d'ordre dans cette cohue.

Heureusement le temps est bouché, ce qui interdit à l'aviation alliée de faire un massacre le long de ces petites routes encombrées de véhicules immobilisés, comme figés sous la neige et dans un froid polaire. On entend des jurons, des ordres : « *Vorwärts ! Vorwärts !* » — En avant ! Mais en avant vers quoi ? Toute la puissante machine de guerre allemande est bloquée, grippée, engluée dans la boue. Il faudra attendre dans certaines parties du front la fin de la journée — c'est-à-dire dix ou douze heures de retard — pour dégager les routes qui traversent les forêts de l'Eifel. Quel temps perdu ! Que de chances gaspillées ! Quelle confusion dans ce qui aurait dû être la surprise si essentielle au début d'une offensive, surtout celle-là, si fragile dans sa conception et dont le facteur décisif est la rapidité [1].

Peiper fait prendre à son corps blindé la route de Lanzerath. Il n'a pas le choix : au nord les ponts ont sauté. Il s'engage provisoirement vers le sud-ouest. Son groupe de reconnaissance lui annonce bientôt que la route est coupée par un champ de mines. Logiquement les blindés devraient s'arrêter et le génie intervenir. Peiper passe outre. Sans hésiter, il engage ses chars dans le champ de mines, en perd cinq, mais le chemin est dégagé. Tous les autres chars et véhicules passent sans encombre.

A l'aube du 17 décembre, la colonne de Peiper, soutenue par deux compagnies du 9e Régiment de parachutistes, atteint Honsfeld. Utilisant deux Shermans, dont son avant-garde vient de s'emparer, il réussit à tromper l'ennemi et occupe le village, en cours d'évacuation. Il fait de nombreux prisonniers et récupère une cinquantaine d'half-tracks, de camions et quinze canons antichars. Dans leur retraite, les Américains n'ont pas eu le temps de mettre le feu à leur dépôt d'essence. Peiper s'en empare. C'est l'aubaine : il se trouvait justement à court de carburant !

---

1. La Panzer Lehr perdra deux jours à cause des embouteillages, avant de gagner la route de Bastogne, son objectif. Retard irrémédiable. Elle ne pourra franchir l'Our que le 18 décembre, à 11 heures du matin. D'autres unités motorisées de la VIIe Armée de Bandenberger atteindront les premières lignes avec trente-six heures de retard, des unités blindées se trouvent mêlées inextricablement avec des convois — souvent hippomobiles — de ravitaillement.

Dans la matinée, Peiper repart à l'attaque — lui au moins est dégagé des embouteillages depuis longtemps ! L'effort doit être mené sans désemparer, comme il en a reçu les ordres. Ceux-ci sont impératifs : atteindre les ponts de la Meuse avant le second jour. Ce sont les objectifs fondamentaux de l'offensive. Il faut y être sans délai.

Peiper divise sa troupe en deux corps pour prendre Ligneuville en tenaille. Par des prisonniers US, il a appris qu'un état-major américain s'y trouve.

Venant de Malmédy, le groupement de réserve de la 7e Division blindée américaine commandée par le général Hasbrouck descend vers le sud. La route est libre quand le convoi atteint le carrefour de Baugnez, à cinq kilomètres de Malmédy. Aux environs du carrefour se trouvent quelques fermes. Près de celui-ci, un café, tenu par Mme Adèle Bodarwé. C'est dimanche. Tous les habitants assistent à la messe. Un fermier, Henri Lejoly, après avoir nourri ses bêtes s'est rendu au café.

Venant de l'est et se dirigeant vers la Meuse le Kampfgruppe de Joachim Peiper avance. Il va emprunter aussi la route de Malmédy en la rejoignant à Baugnez, dont il n'est plus éloigné que d'une douzaine de kilomètres.

A midi 10, les premiers éléments du convoi américain atteignent le carrefour. Ils rencontrent deux MP en jeep, du 518e détachement, qui ont été spécialement dépêchés pour leur indiquer la route. Après trois quarts d'heure le dernier véhicule du convoi a disparu dans la direction de Ligneuville. Quatre heures plus tard doit passer toute l'artillerie lourde de la 7e Division blindée. Les MP jugent qu'ils ont le temps de retourner à Malmédy. Le carrefour de Baugnez est redevenu désert. Seuls dans le café Mme Bodarwé et Lejoly, séparés par le bar en bois verni, bavardent.

Cette partie des Ardennes avait appartenu à l'Allemagne avant 1914. Etant de langue française, la Belgique l'avait récupérée en 1918. Réannexée en 1940. Le mari de Mme Bodarwé avait été mobilisé dans les rangs de la Wehrmacht. Malgré son nom, Henri Lejoly se considérait comme Allemand.

Vers une heure, arrive de Malmédy une petite colonne américaine composée de jeeps et de camions. C'est un groupe de réglage d'artillerie qui ne possède aucune protection. Les hommes sont faiblement armés. La MP n'a pas été prévenue de l'arrivée inopinée de la colonne et personne ne se trouve au carrefour pour la guider.

La première jeep s'arrête à la hauteur du café. Un des soldats demande à Mme Bodarwé la route de Vielsam. Elle la lui indique.

Il se tourne ensuite vers Henri Lejoly et le questionne pour savoir s'il y a des Allemands dans le secteur. Lejoly a un signe de tête si bref et si peu explicite que l'Américain sort sans avoir obtenu l'éclaircissement demandé. La colonne repart vers le sud.

Quelques minutes plus tard, apparaissent sur la route de Malmédy, venant des petits villages de Thirimont, trois Tigres royaux, suivis de plusieurs Hanomags blindés, transportant des Panzergrenadiers SS. C'est un élément de reconnaissance du Kampfgruppe. Peiper n'est pas mécontent de lui : sa percée a réussi. Jusqu'ici, ses hommes n'ont pas rencontré de résistance organisée. Des soldats US et un lieutenant-colonel, tombés entre ses mains dans la matinée, lui ont appris qu'un poste important de commandement américain existe à Ligneuville. Il pense qu'il peut s'en emparer par surprise.

Les premiers Tigres royaux aperçoivent la petite colonne américaine qui roule vers le sud. Leurs longs canons de 88 tirent, mais Peiper les fait aussitôt taire ne voulant pas alerter les Américains de Ligneuville, localité qui ne se trouve qu'à cinq kilomètres. Il envoie des unités légères vers la colonne. Elles s'en emparent. Les SS font alors descendre les Américains des jeeps et des camions, puis les ramènent à pied vers le carrefour de Baugnez. Les prisonniers sont au nombre de cent vingt-cinq.

Les blindés du Kampfgruppe continuent de traverser le carrefour en direction de Ligneuville. Derrière la baie vitrée de son café, Mme Bodarwé les regarde passer. Henri Lejoly s'est enhardi. Il est sorti et, sur le seuil, fait des gestes amicaux aux SS.

Soudainement, l'une des Hanomags blindées s'arrête devant les prisonniers. Un SS s'élève du véhicule, ajuste son parabellum et abat à bout portant un prisonnier.

Les choses vont très vite. Les SS poussent les prisonniers dans un champ à côté du café. La mitrailleuse d'une Hanomag est pointée sur les Américains qui forment un groupe d'hommes serrés les uns contre les autres. La mitrailleuse ouvre le feu et fauche les cent vingt-quatre soldats américains. Plusieurs SS s'approchent des moribonds et des blessés et les achèvent au pistolet. Après quoi ils mettent le feu au café de Mme Bodarwé devant Henri Lejoly, ahuri. Les SS remontent dans leurs autochenilles blindées et démarrent en direction de Ligneuville.

Dans l'après-midi, une patrouille du 291e Bataillon du génie américain, qui traversait à son tour le carrefour de Baugnez et se trouvait ainsi, sans le savoir, sur les arrières du Kampfgruppe de Peiper — genre de situation qui arrive souvent dans les batailles de mouvement — découvre les cent vingt-cinq corps que la neige recouvre à peine. Trois heures plus tard, l'état-major de la Iʳᵉ Armée du général Hodges est informé. Il devient alors risqué pour un Allemand, surtout un SS, de se rendre pendant les jours qui vont suivre [1]. (Voir annexe v.)

La percée de Peiper a disloqué le front américain. Beaucoup d'unités de l'US Army sont séparées les unes des autres et certaines représentent un curieux agglomérat hétérogène. Des compagnies d'infanterie en retraite voient leurs rangs grossis de soldats du génie ou de l'intendance appartenant à d'autres unités égarées au milieu des forêts. Mais si des éléments font mouvement vers l'arrière dans un ordre discutable, d'autres, comme les combattants de Clervaux, de Trois-Ponts, de Wiltz et d'Hotton, se défendent héroïquement. Ainsi les deux régiments américains de Deschenaux et Cavender.

Depuis le début de l'offensive ennemie les soldats des colonels Deschenaux et Cavender, commandant respectivement le 422ᵉ et le 423ᵉ Régiment d'infanterie US, ont combattu magnifiquement dans le massif du Schnee Eifel, ripostant avec acharnement des fortins de la ligne Siegfried où ils se sont établis. Malheureusement, le ravitaillement et les munitions s'épuisent. Ils savent qu'ils sont encerclés — la position qu'ils tiennent, trop à l'est de Saint-Vith, les expose à ce danger. Leurs camarades se trouvent maintenant à des kilomètres vers l'ouest. Deux solutions se présentent : percer et essayer de retrouver une grande unité, ou se rendre.

Le colonel Cavender envoie le major William Cody Garlow — le petit-fils de Buffalo Bill — auprès du colonel Deschenaux afin que les éléments qui demeurent encore intacts puissent coordonner une attaque vers l'ouest.

Courageusement, deux bataillons américains, avec de faibles moyens, passent à l'offensive et bousculent les Allemands, les chassant d'un bois. Mais quand les bataillons arrivent devant la plaine, ils tombent sous le feu d'une division au complet, la 62ᵉ Volksgrenadiers. Les Américains ne peuvent atteindre Schönberg, village qui devait être la première étape de leur percée.

1. Selon une enquête ultérieure, après le procès de Dachau, en 1946, qui condamna Peiper et quarante-trois de ses hommes à mort — ils ne furent jamais exécutés et le procès fut cassé pour certaines irrégularités — il apparaît que les SS de la colonne de Peiper, obligés impérativement de continuer leur offensive, ne purent prendre en charge les prisonniers. Ils les désarmèrent et leur demandèrent sur l'honneur de se rendre aux SS de la 2ᵉ colonne qu'ils prévinrent par radio. Après leur départ, les Américains auraient repris les armes. Les SS de la 2ᵉ colonne, assaillis dès leur arrivée, les auraient fait prisonniers une seconde fois et exécutés pour avoir failli à leur parole.

Le lendemain 19 décembre, les vivres et les munitions se faisant rares, le colonel Deschenaux convoque ses officiers à son PC aménagé dans une casemate de la ligne Siegfried :

— Messieurs, leur déclare-t-il, nous sommes bien mal en point, à des kilomètres en arrière des lignes ennemies. Vivres et munitions sont presque épuisés. J'aimerais connaître votre avis sur ce qu'il convient de faire.

Il y a un échange d'arguments pour ou contre la reddition, mais strictement pour la forme. Le colonel Deschenaux tire les seules conclusions qui, hélas, s'imposent :

— Je pense, messieurs, qu'il faut nous rendre.

C'est la seule façon d'éviter des pertes inutiles. Deschenaux laisse la liberté à tous ceux qui le désirent de regagner les lignes américaines. Très peu l'utilisent.

Le major William Cody Garlow est chargé de négocier la reddition. A la nuit, ce qui reste des deux régiments US se rend.

Sur toutes les routes et les moindres chemins qui mènent au front les embouteillages se succèdent, sans que la Feldgendarmerie, qui règle officiellement la circulation, puisse en venir à bout, selon l'horaire minuté de l'offensive. Il y a des retards qui ne pourront plus être comblés, des troupes d'assaut qui devraient être à pied d'œuvre et sont encore mélangées en arrière des lignes à des convois de l'intendance, des camions-citernes d'essence pour les blindés qui ne peuvent pas gagner les lieux de rendez-vous fixés.

Dans le fracas de leurs moteurs développant mille chevaux — le plus puissant à l'époque — les Tigres, les Tigres royaux et les canons d'assaut comme le Jagdtiger de soixante-dix tonnes se ruent dans des tourbillons de neige sur les petites routes sinueuses de ces vallées, parfois des gorges, qui sillonnent les Ardennes. Univers brusquement fabuleux que cette campagne blanche, glaciale, ravinée, couverte de sapins et dans laquelle les meutes de chars rugissant se découplent selon les règles impérieuses de la guerre au long des torrents, des fonds étroits des vallées que surplombent des massifs rocheux.

Quand les chars ont pu passer, accompagnés des autochenilles au blindage incliné qui transportent les Panzergrenadiers, troupes d'assaut puissamment armées, c'est au tour des batteries d'artillerie. Les PAK de 75 mm, les 88 mm de la Luftwaffe, servant comme antichars, les lance-fusées, les gros canons de 150 mm, les obusiers lourds et légers.

Après la première attaque de rupture les embouteillages recommencent ! Tout ce matériel, dans un grondement continu qui emplit les vallées, s'agglutine sur ces routes médiocres, blindage contre blindage, roue contre canon, camion contre chevaux, chevaux contre fantassins à pied, égarés entre les anneaux d'acier de ce serpent qui rampe vers le feu. Manteuffel, lui-même, qui a essayé pendant un moment de régler la circulation, afin que sa voiture puisse passer, a dû abandonner ! Il va à pied, suivi de son aide de camp et de son ordonnance. Tant pis, il sera en retard au lieu du rendez-vous où il doit rencontrer le Feldmaréchal Model.

Enfin, après avoir perdu une heure à cause des satanés embouteillages, il retrouve son chef qui le questionne aussitôt sur le déroulement de l'offensive :

— Heil Hitler ! Comment jugez-vous la situation, baron ?

— Bonne, dans l'ensemble.

— J'ai l'impression que vous n'avancez pas vite dans le secteur de Saint-Vith.

— C'est vrai, nous ne pensions pas que les Américains auraient résisté avec tant d'opiniâtreté. Mais nous prendrons la ville demain.

— Je vous le souhaite. Pour en être plus sûr, je vous donnerai la *Führer Eskorte Brigade.*

Von Manteuffel marque une hésitation. Il comptait employer cette brigade d'élite plus à l'ouest.

— Vous n'êtes pas d'accord ? demande Model.

— Si. Il faut prendre Saint-Vith demain et l'appoint de la brigade de Remer peut être décisif.

Au cours de la nuit du 17 au 18, le commandant de la Ire Armée américaine fait monter en ligne les dernières réserves du secteur qui lui reste pour tenter d'arrêter Peiper sur l'Amblève [1].

Peiper se lance à l'assaut en direction de Stavelot. Les troupes US, sous le commandement du major Paul Solis, n'ont pas le temps d'organiser leur défense. Elles ne peuvent pas placer les explosifs sous le pont de l'Amblève.

Peiper en profite. Deux compagnies de Panzergrenadiers, appuyées par deux Panthères, passent brusquement à l'attaque : un Panthère est touché, mais il a le temps de stopper deux Shermans et couvre aussi l'avance de l'autre Panthère qui passe sur le pont. Les Panzergrenadiers suivent. Les Américains se retirent vers le

---

1. Dans les premiers jours de l'offensive allemande, les Américains manqueront de réserves opérationnelles ; ils seront obligés de faire appel à des troupes d'élite, comme leurs deux divisions aéroportées qu'il faudra rassembler en hâte à Reims et en Angleterre. L'une d'elles, la 101e aéroportée, renforcera la garnison de Bastogne.

centre de Stavelot. La bataille de chars dure deux heures et entraîne de lourdes pertes dans les deux camps. Stavelot tombe entre les mains des Allemands.

La résistance américaine n'est pourtant pas vaine. Elle permet au major Solis de détruire le grand dépôt d'essence de Francorchamps. Il y a là 450 000 litres d'essence.

Paul Solis ordonne à ses soldats de creuser un sillon à travers la route et de le remplir de l'essence des réservoirs auxquels il fait mettre le feu. Les chars et les Panzergrenadiers, montés sur les autochenilles blindées de Peiper ne peuvent traverser ce mur de flammes. Privés de carburant, les Allemands sont incapables de parvenir à la Meuse. Grâce à l'héroïque résistance d'une poignée d'Américains à Stavelot l'avance de Peiper est gravement compromise pour l'instant.

Chapitre XV

SAINT-VITH

18 décembre 1944.

Le saillant de Saint-Vith, cette partie tenue fermement par les Américains, qui sont presque encerclés par le nord et par le sud, est un danger sur le flanc de la percée où s'est ruée la 1re Panzers SS, conduite par le Kampfgruppe de Peiper.

Un peu plus au sud, en effet, à l'est de cette localité, la 116e Panzers, la 18e Division de Volksgrenadiers, la 62e VGD et la 560e VGD ont piétiné quelque temps devant le massif du Schnee Eifel. La configuration du terrain et l'adroite défense du colonel Charles Cavender, commandant le 423e RI, ont permis de contenir l'attaque allemande, celle du général Frederik Kittel, commandant la 62e VGD. Sa division réussit cependant à se rabattre vers le sud et dans la soirée du 16, elle atteint la route importante qui mène à Winterspelt. Kittel engage un bataillon de cyclistes, appuyés par des canons d'assaut et, malgré une héroïque défense d'une compagnie du 424e RI, Winterspelt tombe à minuit.

Plus au sud, von Manteuffel pousse de l'avant vers Ouren, où la 116e Panzers et la 58e VGD, aidées par une partie de la 560e, qui infléchit sa route pour la circonstance vers le nord, doivent s'emparer des deux ponts qui traversent l'Our. Mais l'effort principal est exercé par le 47e Corps blindé commandé par le général von Lütwitz. Il détache la 2e Panzers et la 26e VGD. Elles ont

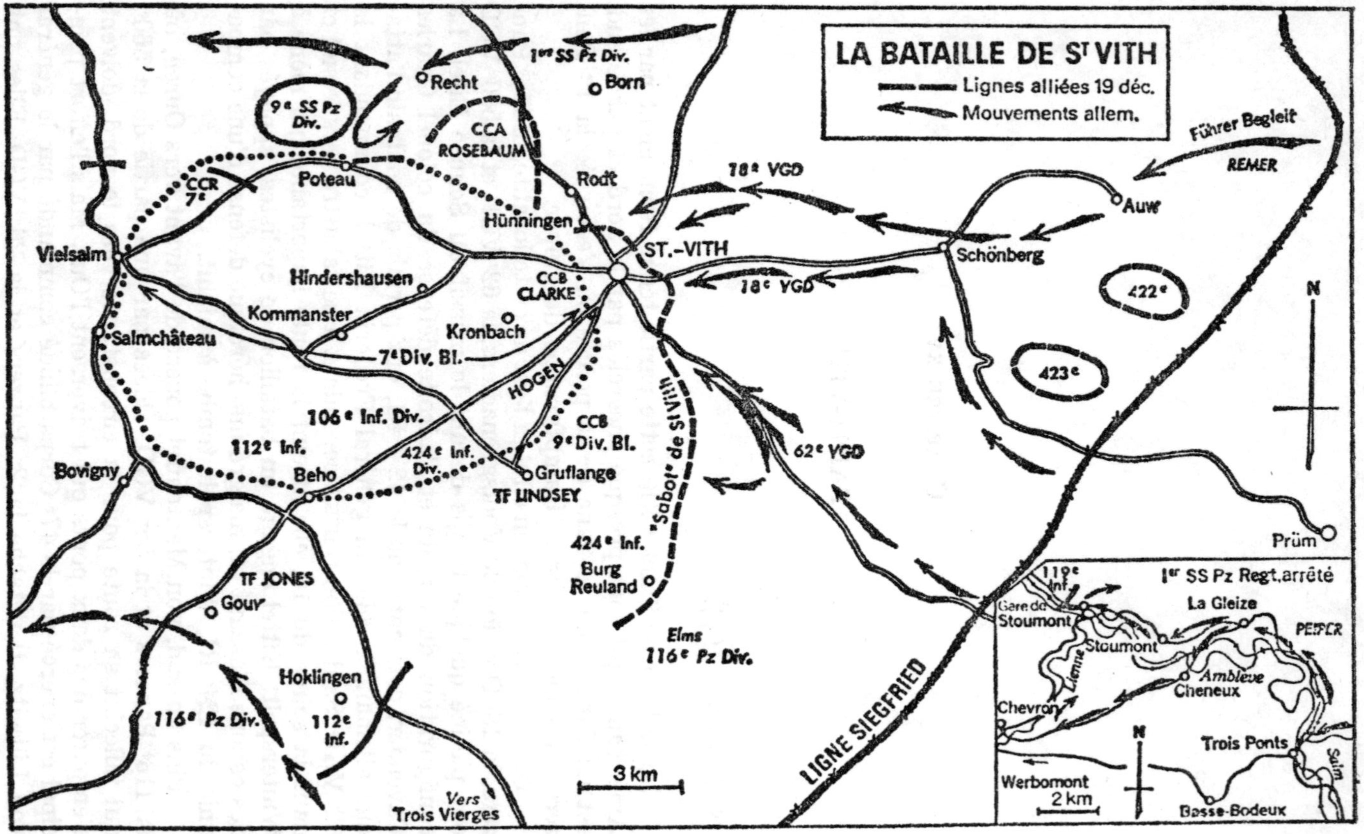
LA BATAILLE DE St VITH
Lignes alliées 19 déc.
Mouvements allem.
Führer Begleit
REMER
Auw
Schönberg
422e
423e
N
Prüm
18e VGD
18e VGD
62e VGD
ST.-VITH
Rodt
Hünningen
Born
1er SS Pz Div.
Recht
9e SS Pz Div.
CCA
ROSEBAUM
Poteau
CCR
7e
Vielsalm
Hindershausen
CCB
CLARKE
Kronbach
Kommanster
Salmchâteau
7e Div. Bl.
HOGEN
106e Inf. Div.
CCB
9e Div. Bl.
112e Inf.
424e Inf. Div.
Gruflange
TF LINDSEY
Bovigny
Beho
"Sabot" de St Vith
424e Inf.
Burg
Reuland
Elms
116e Pz Div.
TF JONES
Gouv
Hoklingen
112e Inf.
116e Pz Div.
Vers
Trois Vierges
3 km
LIGNE SIEGFRIED
119e Inf.
1er SS Pz Regt. arrêté
Gare de Stoumont
Stoumont
La Gleize
PEIPER
Amblève
Lienne
Cheneux
Chevron
Trois Ponts
Salm
N
Werbomont
2 km
Basse-Bodeux

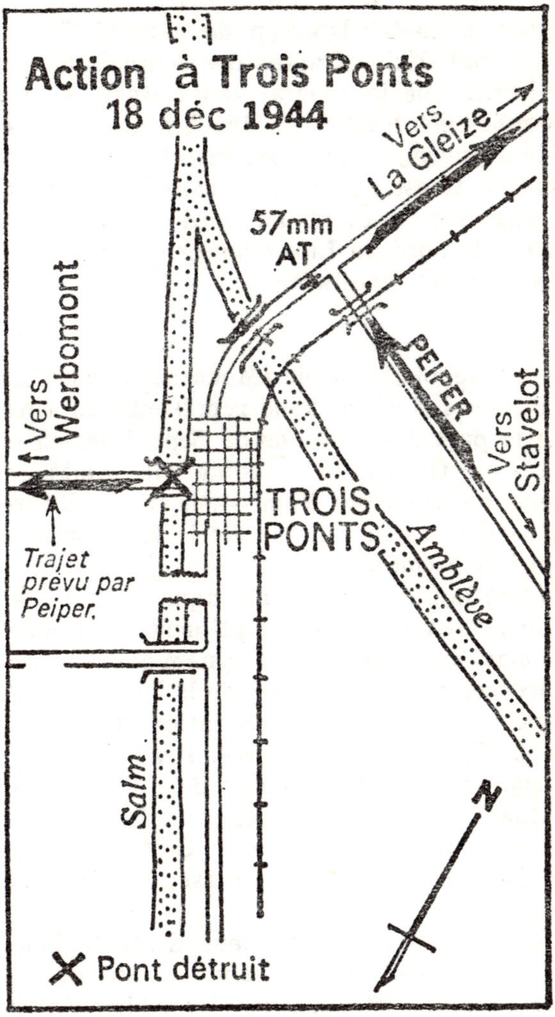

Action à Trois Ponts
18 déc 1944
Vers La Gleize
57mm AT
Vers Werbomont
PEIPER
Vers Stavelot
TROIS PONTS
Amblève
Trajet prévu par Peiper.
Salm
N
Pont détruit

raison du 110e Régiment américain. La 26e VGD ouvre la route à la Panzer Lehr de Bayerlein. Celle-ci, libérée d'un récent embouteillage, franchit alors le chemin qui relie Saint-Vith à Luxembourg, traverse la Clerf au sud de Clervaux — les soldats US résistent à Marnach, un nœud routier important, aux blindés du colonel Lauchert — et se dirige enfin vers Bastogne.

Le 110e Régiment d'infanterie US et le 112e RI, qui constituent le gros de la 28e Division du général Cota — la division Keystone — sont décimés après des combats acharnés.

Les objectifs que le général von Lütwitz s'est proposé n'ont pas été complètement atteints. Mais les deux ponts sur l'Our, de chaque côté d'Ouren, sont tombés intacts sous les attaques éclairs de ses blindés. Il est en droit d'espérer maintenant que ceux-ci pourront traverser la Clerf, au nord de Clervaux, franchissant dans la foulée le nord du Luxembourg et prenant comme objectif la frontière belge et Houffalize.

Si au nord, depuis Montjoie (Monschau) jusqu'au secteur attribué à la Panzer Lehr, l'attaque représente un puissant effort de rupture de la part des divisions de Sepp Dietrich et d'Hasso von Manteuffel — cette rupture « coûte que coûte », clé même de toute l'opération *Garde au Rhin* —, il en est différemment sur le front sud confié au général d'artillerie Eric Brandenberger, commandant la VIIe Armée.

Elle couvre le flanc sud de l'attaque de la Ve Armée de Manteuffel, rôle évidemment de complément, mais elle doit prendre part d'une manière vigoureuse et dynamique à l'offensive générale.

Malheureusement, les réserves de la Wehrmacht sont devenues inexistantes. La conception, l'élaboration et la réalisation de l'offensive sont déjà un tour de force. Il a fallu aller chercher des troupes jusqu'en Norvège et en Italie. L'OKW a raclé les fonds de tiroir. Quant au matériel, les chars notamment, beaucoup n'ont pu être testés à la sortie de l'usine. Certains tombent en panne ; d'autres ont leur boîte de vitesses cassée par de jeunes conducteurs inexpérimentés.

Le problème des réserves relève d'une logique irrécusable : quand il n'y a plus d'hommes, il n'y a plus de réserves. Malgré les bombardements systématiques des Alliés, l'Allemagne produit une plus grande quantité de matériel de guerre — Armée, Marine et Air — en 1944 que l'année précédente. Mais le IIIe Reich a perdu, pendant le même laps de temps, trois millions d'hommes... Ainsi, l'offensive des Ardennes souffre d'un manque de réserves pour qu'elle possède une crédibilité. Celles qui existent sont incapables d'alimenter une pareille opération, qui doit mener ses troupes motorisées jusqu'à la mer du Nord. Il faudrait aux trois armées dix divisions de renfort, constituées d'hommes aguerris. On en est loin !

Brandenberger est la première victime de la pénurie de réserves. A défaut de masses de manœuvres en arrière du front, le Führer a insufflé la foi par ses discours et par sa volonté qui relève du prodige et fascine. Si Hitler a fait une erreur, la seule, dans l'étude de son offensive, c'est d'avoir estimé que la mentalité des Alliés n'a pas changé en quatre ans. Où les Belges, les Hollandais, les Anglais et les Français ont lâché pied en 1940, les Américains, en petit nombre, quatre ans plus tard, résistent. Une armée qui résiste « individuellement » exorcise déjà le spectre de la défaite. La résistance des squelettiques régiments américains étirés sur cent quarante kilomètres permet le renforcement de la garnison de Bastogne, son invulnérabilité et l'arrivée de la IIIe Armée de Patton. Après l'euphorie des premières victoires dans les guerres auxquelles ils se sont livrés, les Allemands ont souvent trop tendance à sous-estimer leurs adversaires et jouer la partie finale sur un coup de dés.

Avec ces quelques divisions que l'OKW lui a allouées, Brandenberger va faire de son mieux.

Il a à sa disposition le 85e Corps d'armée aux ordres du général Baptist Kniess. Il détache la 5e Division de parachutistes qui opère dans le sillage de la Ve Armée de von Manteuffel. Pour garder le contact avec la 5e division, il fait franchir l'Our, près de Viaden, à la 352e VGD. Les deux autres corps d'armée dont il dispose, le 80e et le 53e, n'alignent ensemble que trois divisions, ce qui est bien peu. Ces troupes sont en effet affectées à une offensive aux objectifs stratégiques et politiques considérables. La faiblesse des moyens de Brandenberger est d'ailleurs très tôt connue par l'OKW. Le commandant de la VIIe Armée s'aperçoit des vides dangereux que sa 5e Division laisse derrière elle quand elle atteint Martelange, sur la route Bastogne-Arlon. Il prévient aussitôt l'OKW. Avec l'accord d'Hitler, l'OKW lui envoie un renfort, la *Brigade des Grenadiers du Führer,* que le service des renseignements américains confond avec la *Brigade d'escorte du Führer,* commandée par le général Remer et qui combat plus au nord, sur le front de Saint-Vith.

Le saillant de Saint-Vith, défendu avec acharnement par la 7e Division blindée US, constitue toujours un danger pour Joachim Peiper qui avance au nord de la ville en ruine, prenant comme axe d'attaque est-ouest la rivière l'Amblève. Après avoir pris Stavelot, il s'est porté avec son puissant groupe blindé vers Trois-Ponts. Cette petite ville est située au confluent de l'Amblève et de la Salm. Elle représente un nœud routier important vers La Gleize et Werbomont. Faire sauter le verrou de Trois-Ponts c'est ouvrir la route de la Meuse, foncer vers le fleuve, reprendre souffle, et de là, se lancer audacieusement vers Anvers.

Trois-Ponts justifie son nom. Il faut que Peiper, arrivant par la route de Stavelot, s'empare des trois ponts : le premier qui enjambe l'Amblève, les deux autres la Salm. L'importance tactique de la cité ne lui a pas échappé, et s'en saisir dans les délais les plus courts est un gage de réussite dans son offensive éclair.

Peiper se présente devant Trois-Ponts. Le 51e Bataillon du génie américain y tient garnison depuis le début de décembre. C'est à lui qu'échoit, brutalement, la responsabilité de défendre la petite cité, d'y mener une action retardatrice et de faire sauter les ponts.

Un 75 antichars US séparé pendant la retraite de son régiment, et qui a été mis en batterie devant le pont de l'Amblève, sur la route de La Gleize, réussit à stopper un Tigre. Le char allemand l'a vite repéré, et de son canon de 88 il le détruit. Cet intermède, auquel Peiper ne s'attendait pas, lui paraît suspect. Il préfère contourner Trois-Ponts, craignant que la ville soit fortement défendue, d'autant que les lieux étroits et accidentés se prêtent à une vigoureuse résistance et que la puissance de feu et la protection de ses chars sont moins efficaces dans ces petites vallées pleines de désagréables surprises.

Peiper se dirige alors vers Stoumont. Là encore il est handicapé par l'exiguïté des lieux qui ne lui permet pas de déployer ses Panzers, particulièrement ses Tigres et ses Tigres royaux supérieurs, à tous les chars que les Américains peuvent leur opposer. Il est condamné encore à combattre sur la route et à sacrifier deux ou trois chars — des Marks IV de préférence, les plus anciens — pour faire sauter les mines ennemies. Il emploie donc la même tactique à Stoumont.

Les Américains ont eu le temps de s'y retrancher, mais leurs effectifs sont minces : le 3e Bataillon du 119e RI appuyé par huit tanks destroyers, deux pièces antiaériennes de 90 et trois canons antichars. C'est peu, mais les Yankees s'accrochent au terrain.

Les soldats US réussissent à retenir les Allemands pendant deux heures. Ils décrochent ensuite derrière un écran de fumée. Les hommes de Peiper les pourchassent. Heureusement pour le

119e RI, une compagnie de chars du 740e Tanks Bataillon déboule dans la vallée, à la grande surprise des Allemands qui ne les attendaient pas, et vient sauver in extremis le 119e.

Ces escarmouches coûtent cher au Standartenführer. Les difficultés du terrain l'obligent à sacrifier beaucoup de matériel pour pouvoir effectuer une percée. A ces embarras s'ajoute une crise de carburant — ses chars lourds consomment énormément : un Tigre brûle 500 litres aux 100 km ! Se trouvant dans l'incapacité de continuer son attaque vers Werbomont, il décide de s'arrêter à Stoumont, décision grave pour le déroulement général de l'offensive.

Le 19 décembre — date à laquelle le Kampfgruppe aurait dû atteindre, selon le plan de l'opération *Garde au Rhin,* la Meuse — il donne l'ordre à ses éléments de reconnaissance, qui ont dépassé Stoumont, de rebrousser chemin et de regagner la localité. Le 1er Régiment de panzers y prend des positions défensives.

La situation du Kampfgruppe est inconfortable. Elle devient critique quand Peiper apprend que le 117e Bataillon d'infanterie US a repris Stavelot : le Kampfgruppe est maintenant coupé de ses arrières ! Les Américains, en pleine retraite, trouvent le moyen avec de faibles effectifs de contre-attaquer et de reprendre une ville !

Jochen Peiper réagit immédiatement. Il détache un bataillon de Panzergrenadiers appuyé par deux compagnies de reconnaissance, renforcées par un escadron de Panthères. Mais de leur côté les Américains ont reçu du renfort et Stavelot reste entre leurs mains malgré les attaques allemandes.

—

Pendant que le Kampfgruppe de Peiper, arrêté à Stoumont, se met sur la défensive, le saillant de Saint-Vith, solidement tenu par la 7e Division blindée US, demeure toujours un danger pour la VIe Armée blindée de Sepp Dietrich ; celui-ci est d'une humeur détestable depuis que Peiper, bloqué à Stoumont et à La Gleize, se trouve dans une situation critique après la reprise de Stavelot par les Américains.

Le 20 décembre au soir, Sepp Dietrich ordonne au 2e Corps blindé SS de se porter vers le sud pour aider les divisions de la Ve Armée de Manteuffel à s'emparer de Saint-Vith.

Le lendemain dans l'après-midi, le 2e Corps blindé SS passe à l'attaque après une intense préparation d'artillerie qui dure trente-cinq minutes. Les chars, suivis des Panzergrenadiers portés en autochenilles blindées, déferlent ensuite sur trois axes : par l'est, sur la route de Schönberg, à 17 heures ; par le nord depuis

Malmédy, à 18 h 30 et, à 20 heures, par le sud-est sur la route de Prüm.

Sans souci des pertes, les Allemands attaquent par vagues successives. L'ordre du Feldmaréchal Model est de prendre Saint-Vith à tout prix. Cette action est vitale pour le développement ultérieur de l'offensive. Avec la Führer Brigade de Otto Remer — qui met trois jours, en raison des embouteillages, pour gagner ses positions ! — sont engagées la 78ᵉ VGD, au sud de la 1ʳᵉ Panzers SS, la 18ᵉ VGD, venant de Schönberg, et la 62ᵉ VGD qui remonte vers le nord pour tenter de prendre Saint-Vith à revers.

Les Américains combattent magnifiquement, mais sous les coups de boutoir répétés ils doivent reculer.

Les chars allemands, peinturlurés de blanc sur leur emplâtre ignifugé — une protection contre les grenades incendiaires —, avancent sous la neige qui tombe à gros flocons. Il fait toujours très froid, — 15° environ. Sur les capots-moteurs, derrière la tourelle, on aperçoit, accroupis, serrés les uns contre les autres, des grenadiers, le casque recouvert d'un capuchon, emmitouflés dans une grosse tunique blanche dont ne dépasse que les mains serrant le fusil ou le panzerfaust. Au grondement des moteurs, qui s'amplifie brusquement quand les masses d'acier de plus de 50 tonnes franchissent une dénivellation, se mêlent le claquement sec des canons munis de frein de bouche et, par saccades, le crépitement des mitrailleuses. La nuit écrase le jour, qui semble ne s'être jamais levé dans cette grise obscurité zébrée d'éclairs, ponctués de brèves aurores blêmes. Vision mystérieuse d'une guerre d'où les objectifs fantastiques et presque utopiques s'estompent comme les lignes des forêts sous la neige et dans la nuit.

Mourir pour Saint-Vith... Pour tous ces vétérans de l'Est amalgamés aux jeunes grenadiers, ces tankistes, qui n'ont pas eu encore la facilité de s'entraîner complètement aux commandes des nouveaux chars qu'on leur a attribués, c'est l'ordre imprescriptible : se faire tuer, mais percer, balayer le terrain, faire place nette afin que les camarades puissent passer. Il faut faire sauter les verrous des vallées ardennaises pour gagner les plaines et la Meuse. Peiper a échoué, le saillant de Saint-Vith doit donc être réduit pour que la Vᵉ Armée ait sa chance de bouter les Américains.

Ceux-ci se défendent avec acharnement. Les Allemands sont supérieurs en nombre, mais les Américains doivent lâcher pied pour ne pas être encerclés, comme le 422ᵉ RI du colonel Descheneaux, isolé rapidement par les manœuvres convergentes de la 18ᵉ VGD, qui avance le long de la route de Schönberg et la 62ᵉ VGD venant de la région de Prüm.

Les Allemands lancent alors, rafale après rafale, des fusées pendant une demi-heure environ. Leurs chars s'infiltrent ensuite dans les lignes adverses pendant que l'artillerie montée sur automoteurs pilonne les voies de communication. Ce feu interdit tout regroupement de soldats US. Leurs positions, les unes après les autres, sont encerclées. Ils doivent abandonner Saint-Vith.

Par petits groupes ils essaient, à travers la forêt, de regagner les éléments de la 7e DB qui se trouvent plus à l'ouest entre Krombach et Vielsam. Peu réussissent. Plus de six cents officiers et soldats américains sont capturés. Mais la prise de Saint-Vith a coûté cher aux Allemands et le « saillant » n'est pas encore complètement résorbé.

Le décor ancien et altier de la grande salle du château Froid-Cœur, à La Gleize, pourrait donner de la solennité au rassemblement des commandants d'unités que le Standartenführer Joachim Peiper a convoqués, si la situation était moins grave et même sans espoir. La réunion ne souffre même plus le moindre code de préséance. Autour de Joachim Peiper, debout derrière la table sombre où est étalée la carte des lieux, se trouvent mêlés sans distinction de grade et sans protocole pour prendre la parole, aux Sturmbannführer, des Hauptsturmführer et même un Obersturmführer tankiste, remplaçant le chef de sa compagnie qui vient d'être tué [1].

Coupés de tout, sans carburant, les hommes du Kampfgruppe sont contraints de regagner le gros des lignes allemandes. Tous les officiers réunis sont d'accord : il s'avère impossible de poursuivre l'attaque.

Sepp Dietrich a pu joindre par radio Peiper — les Allemands connaissent la position de la colonne SS par les émissions de radio américaines qu'ils captent mieux que les leurs. L'Obergruppenführer a prévenu qu'il peut donner ordre à la 1re Panzers SS de se porter vers lui pour le ravitailler Peiper a pu le joindre in extremis pour le dissuader de la manœuvre : il est incapable de tenir Stoumont et Cheneux, et juge très dangereux d'engager la 1re Pan-

1. Il arrivait souvent, dans les cadres des Waffen SS, que des commandements soient donnés à des officiers dont le grade ne correspondait pas à l'importance de l'unité dont ils avaient la responsabilité. Un *Hauptsturmführer* (capitaine) pouvait commander un bataillon, ou un *Obersturmführer* (lieutenant), une compagnie, etc. Il n'y avait pas de général de division, mais, entre les grades de colonel (*Standartenführer*) et de général de brigade (*Brigadenführer*), existait un grade dont il n'y avait pas d'équivalent dans les autres armées, celui d'*Oberführer*. Un *Oberführer* pouvait aussi bien commander un régiment qu'une brigade.

zers SS dans cette opération. Une tentative de ravitaillement par parachutage dans le périmètre de La Gleize s'est soldée par un échec — un dixième seulement des containers est tombé à l'endroit prévu. Les Allemands ont récupéré seulement quelques containers de munitions.

Peiper, en accord avec ses officiers, donne l'ordre d'abandonner Stoumont et Cheneux et de se replier sur La Gleize, en gardant ouvert le pont de Cheneux. Celui-ci permet de conserver une position avantageuse, si des éléments de la VIe Armée parviennent à lancer une nouvelle offensive les jours suivants.

Le retrait des deux localités s'accomplit dans la nuit du 21 décembre. L'opération est si bien menée que les Américains ne s'en aperçoivent pas. Ce n'est que le 22, vers 11 heures du matin, qu'ils apprennent par deux habitants qu'aucun Allemand ne se trouve plus à Stoumont.

Malgré ce repli, la situation des restes du Kampfgruppe à La Gleize devient désespérée, après d'intensifs bombardements de l'artillerie américaine et de furieux combats de rues où chaque maison est défendue âprement, changeant plusieurs fois de mains. Peiper n'a plus de vivres et ne parvient plus à prendre le contact radio avec son chef, le Brigadenführer Mohnke. Le dernier message qu'il reçoit de la 1re Panzers n'a pas perdu son caractère bureaucratique malgré les circonstances dramatiques. « Vous ne pouvez espérer recevoir du carburant qu'après avoir signalé les quantités qui vous restent. »

Il faut rejoindre les lignes allemandes sans délai et faire sauter tout le matériel : chars, canons et camions devenus inutilisables faute d'essence.

Il y a aussi des prisonniers à la tête desquels se trouvent le major Hal McCown et le capitaine Bruce Crissinger. On convient d'un accord signé par les deux officiers américains — ils prennent les responsabilités en leur nom et non pas au titre de l'armée américaine. Le document stipule que Peiper renvoie les prisonniers américains et garde McCown en otage ; les blessés allemands et un médecin demeurent à La Gleize ; quand cette localité tombera aux mains des Américains, ceux-ci renverront les blessés allemands et Peiper rendra McCown.[1].

Le 24 décembre — la température est tombée à — 17 °C. Les huit cents hommes qui constituent les restes du Kampfgruppe franchissent la route de Trois-Ponts, à Basse-Bordeux et s'enfoncent dans les forêts en direction de l'est. Dans la nuit de Noël,

1. Ce plan échoue : vingt-quatre heures plus tard, profitant d'un combat avec un groupe de reconnaissance américain, le major McCown s'évade.

ils traversent à la nage les eaux glacées de la Salm où de nombreux blessés sont emportés par les courants rapides. Les rescapés, certains ont des membres gelés, combattent, au corps à corps, dans la forêt, les Américains lancés à leur poursuite. L'arrière-garde se sacrifie jusqu'au dernier homme pour permettre aux traînards de passer la Salm. Dans la nuit du 26, par petits groupes, les soldats de Peiper, épuisés par la faim, les blessures et le froid, regagnent les lignes allemandes.

En rejoignant les troupes de la VIe Armée SS à travers le champ de bataille, au prix d'héroïques efforts, les survivants du Kampfgruppe, sous la conduite de leur chef, viennent d'accomplir un fait d'armes marquant, laissant une sorte d'aura glorieuse autour d'un échec incontestable dont les effets désastreux frappent d'inanité la suite de l'offensive dans les Ardennes.

Le 28 décembre, le 1er Régiment SS établit ses quartiers à l'ouest de Saint-Vith où il est reconstitué, mais « le fer de lance » de la VIe Armée blindée est brisé.

CHAPITRE XVI

OPERATION « PARAS »

17 décembre.

Le mauvais temps, le précieux allié des Allemands, est cause d'un retard de vingt-quatre heures dans le lâcher des parachutistes qui devait précéder l'offensive. Il était convenu, en effet, que les parachutistes opèrent leur jonction avec les hommes de Peiper le plus rapidement possible, le 17, au plus tard le 18.

L'adjudant, Joachim Neuman, âgé de vingt-huit ans, est déjà ce que l'on appelle couramment un vétéran. C'est l'un des plus anciens parmi ceux du corps des parachutistes allemands constitué à grands frais, et avec quelle passion, par le Reichmarschall Herman Goering et le colonel Kurt Student, deux ans avant la guerre.

Neuman a atterri en mai 1940 derrière les polders hollandais et gagné sa Croix de Fer de seconde classe en faisant prisonnier, par surprise, une section de soldats bataves qui gardait un pont. Celui-ci était tombé intact et quelques heures plus tard les panzers y passaient et se ruaient vers Rotterdam, dont le centre aux vieilles maisons contemporaines d'Erasme n'était plus que ruine depuis que la veille, par vagues successives, Heinkel III et Dornier 17 y étaient venus déverser leurs bombes incendiaires.

Neuman avait passé ensuite brillamment les examens du peloton de sous-officier. Frais émoulu, ses liserés d'argent au col et aux épaulettes de sa vareuse encore neufs et scintillants, il avait eu l'insigne honneur d'être parmi les premiers à sauter sur l'île de Crète, en 1941. Grièvement blessé, terré dans une grotte avec un de ses hommes qui avait pu le soigner tant bien que mal, on avait réussi à le rapatrier quatre jours plus tard en Grèce et de là, une semaine après, en Autriche. Le général Student [1], qui avait commandé l'opération sur la Crète, lui avait décerné la Croix de Fer de 1re classe sur son lit d'hôpital. Il arborait l'insigne des parachutistes, la plaque d'argent du combat corps à corps, celle des blessés et la plaque de 1re classe de la Croix du Mérite de guerre. Après quoi, il avait combattu à pied, comme un simple fantassin, en Russie et, dernièrement à Paris, le 20 août 1944, où il avait protégé le convoi du Feldmarschall Model qui inspectait la garnison de la capitale, dont le général von Choltiz avait juré qu'elle ne se rendrait pas.

Neuman n'avait jamais voulu passer officier, bien que cela lui eût été facile ; il préférait le plus haut grade parmi les sous-officiers qui lui permettait encore de demeurer avec ses hommes et d'être plus proche d'eux. Il était de ces vétérans des corps d'élite, malgré son jeune âge, auxquels les officiers — et même des généraux — font confiance entièrement pour des opérations délicates. Le colonel von der Heydte avait convoqué personnellement l'adjudant dans son bureau.

Joachim est le genre de soldat qui plaît au baron : grand, le regard bleu, direct, une teinte d'humour de bon goût dans la réplique, la démarche un tantinet balancée, courageux et plutôt... antinazi : « Quel dommage que ce garçon ait été un employé des postes..., enfin, la guerre en a fait un héros et un adjudant », songe-t-il, quand Neuman pénètre dans son bureau et claque silencieusement ses talons en caoutchouc de botillons de paras.

— Neuman, asseyez-vous. Un cigare ?

L'adjudant en prend un dans une boîte en bois que lui tend le baron.

— Merci, mon colonel.

— Remerciez le service des tabacs de l'armée anglaise. Le général Student, que j'ai rencontré avant-hier, me les a donnés. Sans doute un souvenir d'Arnhem. Les Anglais avaient parachuté des caisses entières de cigares ! On fait bien les choses de leur côté.

L'adjudant allume religieusement le Henri Clay qui confond

1. Le général d'armée Kurt Student qui, rappelons-le, commande le Groupe d'armées H, entre Cologne et la mer du Nord au moment de l'attaque allemande dans les Ardennes.

son onctueuse fumée bleue avec celle du cigare de son supérieur.

— Neuman, vous rappelez-vous encore comment on saute d'un avion ?

— Oui, mon colonel, quand l'avion est encore à terre, c'est possible.

Le baron se renverse dans son fauteuil en bois et part d'un éclat de rire.

— Très bien, Neuman. Je vois que notre Führer peut toujours compter sur vous. Mais cette fois-ci, le saut que je vous propose sera le plus mauvais de votre vie.

— Qu'est-ce qu'il y aura en dessous ?

— Des sapins.

— Ça amortit.

— Quand on saute dessus.

— On sera parachuté de nuit ?

— Exact.

— Ce ne sera pas du gâteau !

— Non, et voilà pourquoi je vous ai demandé de venir, avant même le capitaine Meiss qui, outre son grade lui donnant le droit d'être convoqué avant vous, est aussi un sacré para !

Joachim Neuman regarde fixement la fumée de son cigare comme s'il s'attendait à la voir traversée par un petit parachutiste.

Van der Heydte se relève et pousse sur son bureau une carte des Ardennes devant Neuman qui se met debout automatiquement. Le colonel indique négligemment du bout du doigt un point vers Eupen :

— C'est là que les pontes du Grand Etat-Major veulent que nous tombions la nuit, pour couper la retraite des Américains et empêcher l'arrivée de leurs réserves.

— Ils sont fous !

— Qui ?

— Ceux de l'état-major.

— C'est aussi mon avis, répond imperturbablement le colonel baron von der Heydte, mais vous avez appris qu'un ordre est un ordre et que l'on doit leur obéir jusqu'à l'abs..., enfin je veux dire jusqu'au bout.

— Je sais, mon colonel.

— Bien. Donc, exécution. Rassemblez tous ceux qui savent encore sauter, ceux qui viennent d'apprendre et les autres, qui peuvent encore actionner l'anneau du parachute. J'ai moi-même jeté un coup d'œil sur des effectifs disponibles et donné les ordres afin que l'on accélère le rassemblement des hommes, du matériel et des mannequins que nous lâcherons au-dessus de la région de Stavelot. On pourra tout juste mettre sur pied cinq à six compagnies et aligner au grand maximum une centaine de Ju 52. Placez-vous aux ordres du commandant Bruhl qui organise le voyage derrière les lignes américaines. Faites vite et laissez le moins possible d'ordres écrits. A Berlin, ils sont devenus brusquement tous pressés et désirent le silence le plus absolu sur cette opération qui fait partie d'une offensive, dit-on, fantastique ! Nous devrons ensuite, après avoir touché le sol, si nous nous retrouvons dans cette satanée nuit, liquider le plus d'Américains possible et aller à la rencontre, comme à la promenade, de la VIe Armée SS de Dietrich ! Ajoutez que nous verrons dans le ciel nos premiers avions à réaction ! Vous voyez d'ici le décor !

— Vaguement, mon colonel.

— Bien répondu, Neuman. Je m'étonne encore que vous ne soyez pas devenu officier ! Vous pouvez disposer.

L'adjudant Neuman salue, pivote sur les talons et se dirige vers la lourde porte de chêne de la pièce lambrissée, l'une des plus belles de la maison, sorte de petit castel du siècle dernier, abritant le QG du baron parachutiste. L'adjudant va franchir la porte quand le colonel l'interpelle :

— Neuman, n'oubliez pas que c'est votre dernier saut, ne prenez pas de risques. Après celui-là, je peux vous affirmer qu'il n'y en aura pas d'autres. Vous m'avez compris ?

— Je crois, mon colonel.

Au cours des semaines qui précèdent le saut des parachutistes de von der Heydte dans la région sauvage du plateau des Hohes Venn, entre Verviers et Malmédy, juste sur les arrières du 8e Corps d'armée US du général Troy Middleton, Neuman organise les compagnies, constituées de chasseurs parachutistes, parmi les meilleurs, qui viennent de tous les coins de l'Allemagne. Malgré la sélection, Neuman est plutôt déprimé devant l'amalgame de vétérans trop peu nombreux et de jeunes recrues, qui n'ont pas encore sauté à cause de la pénurie d'essence et du danger des chasseurs américains qui couvrent maintenant le ciel de l'Allemagne.

L'adjudant Joachim Neuman, sanglé dans sa vareuse bleu pétrole où brillent ses décorations, les longues jambes serrées dans un pantalon vert à poches apparentes et la tête coiffée de la célèbre casquette à rabat des chasseurs parachutistes, présente sur le terrain de Paderborn les quatre premières compagnies au colonel von der Heydte. Celui-ci le prend à part !

— Gut, Neuman, vous avez accompli une bonne besogne. Nous tâcherons de faire au mieux avec ce que nous avons.

Dans la nuit du 17 décembre, plusieurs bombardiers Ju 88 prennent l'air pour guider l'armada qui va suivre. Cent cinq trimoteurs Junkers 52 bourrés de parachutistes décollent du grand aérodrome de Paderborn. Ils prennent la direction d'Eupen malgré un fort vent debout qui augmente leur lenteur déjà légendaire.

Neuman fait partie des premiers groupes qui seront largués. La plupart des paras qu'il commande sont des jeunes. Quelques anciens les encadrent. Trois Junkers les transportent. Le moral n'est pas fameux. Dans son avion l'adjudant épuise le répertoire de ses chansons. Il attaque pour la deuxième fois *Lily Marlene :*

Vor der Kaserne, vor dem Vrossen Tor
Steht eine Laterne und steht sie noch davor
Dort wollen wir uns wiederstehen
Vor der Kaserne wollen wir stehen
Mit dir Lily Marlene, mit dir Lily Marlene [1].

En espérant qu'arrivé à la fin de la chanson l'avion sera au-dessus de l'objectif, mais avec ces vieilles tortues de Junkers on ne sait jamais au-dessus d'où l'on est ! Pour l'instant, l'avion tangue rudement et deux jeunes paras sont malades : « Ça ne s'annonce pas bien, grogne Neuman, non, pas bien... » Il n'a pas le loisir d'exprimer encore sa rancœur contre le destin peu amène, quand l'avion est secoué violemment. Le pilote se retourne et crie :

— *Achtung ! Flack ! Achtung Flack !*

Dans la nuit les balles traçantes s'élèvent autour des trois gros Junkers qui paraissent ne pas avancer, heurtés par de puissants vents contraires qui ne cessent de souffler de l'ouest. L'un d'eux vient d'être pris dans le rayon d'un projecteur qui ne le quitte plus. Aussitôt les balles traçantes, suivies des obus de 40 des Bofors américains qui se trouvent sur le parcours des avions allemands, convergent vers le lourd trimoteur chargé à ras bord de parachutistes [2]. Le moteur gauche est atteint. Il prend feu.

1. *Devant la caserne, devant le portail,*
Se dresse une lanterne et elle y est encore
Nous allons nous y revoir
Devant la caserne nous y serons
Avec toi Lily Marlène.

2. Le trajet des Ju 52 avait été connu du service de renseignements US dans les heures qui suivirent son tracé par l'état-major de la Luftwaffe. La trahison fut un souci constant d'Hitler. Toutes les décisions importantes de l'OKW, au long de la guerre, furent connues dans les jours qui suivirent par les Anglo-Américains et les Russes. Aujourd'hui encore, il est impossible de savoir où les fuites se sont produites dans l'entourage du Führer.

Le gros avion glisse vers la droite et, sous le poids de sa charge — un para arrive à sauter dans le vide —, il bascule et, accompagné pendant quelques secondes par le faisceau du projecteur, s'abîme vers le sol.

Le pilote de l'avion de Neuman pousse le palonnier et l'appareil vire brusquement sur la gauche pour éviter les faisceaux des projecteurs qui le cherchent. C'est un beau brouhaha dans la carlingue. On entend quelques bordées de jurons. Enfin, l'avion retrouve son équilibre et son cap à l'ouest. Les paras se réinstallent sur les deux bancs latéraux.

L'avion est seul maintenant. Neuman aperçoit, de la cabine de pilotage, au loin vers la droite, des lueurs répétées qui trahissent l'intensité de la DCA américaine. Neuman fait un rapide calcul : la dérive de l'avion, après le tir de barrage américain, le nouveau cap. Il apporte ses corrections sur la carte qu'il tient sur les genoux, éclairée par sa lampe de poche pendue à sa veste camouflée. Il se lève et donne de nouvelles instructions au pilote pour le largage :

— En principe, nous tomberons à gauche du colonel von der Heydte, dit-il — mais le ronflement des moteurs en étoile du Junker, qui laissent derrière eux des flammèches bleues, étouffe ses paroles — d'ailleurs, ajoute l'adjudant, que l'on tombe ici ou ailleurs...

Il se rassied à sa place, près de la porte et regarde sa montre.

— Nous y sommes !

Neuman fait ouvrir la porte. Le vent s'engouffre dans la carlingue :

— Allez-y, les gars, bonne chance, à tout à l'heure !

Et il pousse ses hommes dans le vide un par un toutes les cinq secondes :

— *Los !... Los ! Los !...* crie-t-il [1].

Au fur et à mesure l'avion reprend lentement de la hauteur. Quand le dernier para a quitté l'avion, Neuman accroche à son tour l'anneau du cordon déplieur du parachute à la tringle au-dessus de sa tête et saute.

Très rapidement, pendant la journée du 16, les Américains avaient renforcé, dans le secteur où allaient tomber les parachutistes de von der Heydte la nuit suivante, la 2ᵉ DI d'éléments de la 99ᵉ DI, des 9ᵉ et 23ᵉ RI de deux bataillons de TD — ces tanks destroyers, dont la mobilité et la visibilité de la tourelle ouverte

1. Sautez !

en faisaient un char plus redoutable que le Sherman —, un bataillon de Sermans et de canons automoteurs Howitzer de 105 mm. Brusquement, à la charnière nord de l'offensive allemande, le front américain s'était raidi avec le peu de forces dont ils disposaient devant l'avalanche des blindés allemands, constitués par la 12e Division blindée SS, la *Hitlerjugend,* les divisions de grenadiers du peuple, autrement dit : la 277e VGD, la 326e VGD, la 12e VGD et la 1re Division blindée SS, la *Leibstandarte Adolf Hitler,* commandée par le Brigadeführer Mohnke. Cette vigoureuse réaction américaine était dirigée par un général très compétent : Walter Robertson.

Malgré la percée de Peiper, dont le Kampfgruppe jetait au même moment la confusion sur les arrières américains, la VIe Armée blindée, au soir du 16 décembre, n'avait pas atteint les objectifs assignés. Quand les quelques sections de parachutistes atterrirent dans la nuit du 17 sur le plateau au relief tourmenté et recouvert d'une épaisse couche de neige des Hohes Venn, derrière les Américains, elles étaient encore loin des SS de Sepp Dietrich.

D'abord Neuman, qui s'est dégagé d'un sapin alourdi de neige — ce qui a amorti sa chute —, essaie de trouver une clairière qui pourrait être éventuellement un lieu de rassemblement.

Après avoir franchi péniblement une cinquantaine de mètres dans de poudreuses congères qui se confondent avec les branches basses des sapins, il découvre un espace qui fait comme une trouée dans la forêt : une assez grande place dont il gagne le milieu en avançant à lentes enjambées hésitantes et un peu ridicules pour un parachutiste chevronné. Sa montre marque 2 heures. Il perçoit au loin, vers le nord, les éclatements alternés et sourds de la DCA américaine.

La nuit est noire. Les hauts sapins qui entourent Neuman forment comme une sorte d'écran qui lui cache les lueurs de la bataille. Il ne peut s'orienter qu'au son, encore le faut-il assez puissant, ou caractéristique, comme celui de la DCA pour qu'il atteigne l'endroit médiocre où il se trouve enfoncé dans la neige jusqu'à mi-cuisses. Après avoir précisé sa position grâce à sa boussole aux marques phosphorescentes, il pousse le hululement, signal convenu de ralliement.

L'adjudant n'attend pas longtemps : un autre hululement lui répond, vers l'est. Cinq minutes plus tard apparaît le caporal-chef Grosser, son poignard de parachutiste au poing qui lui a permis de faire des trouées dans les branches. Il est tout blanc comme un père Noël. Grosser hésite un moment, heureux de retrouver son adjudant.

— *Komm mal her !* crie Neuman [1].

— Je pense que la 7e et la 9e sections sont derrière nous, loin vers l'est, dit-il. Ce vent nous a dispersés complètement [2].

En tombant, Grosser s'était foulé la cheville et avançait en boitant.

Neuman pousse plusieurs fois le cri de ralliement, mais cette fois-ci aucune réponse ne lui parvient.

— Je crois, Grosser, qu'il va nous falloir sortir tous les deux de cette forêt où nous laisserions notre peau.

Les deux hommes sont sans armes. Il est inutile de rechercher dans cette tempête de neige le container de la section qui renferme les armes et les munitions. Ils possèdent seulement leur poignard, une ration de vivres pour une journée et des cigarettes. Le caporal-chef utilise son poignard pour tailler une branche qui lui servira de canne. Sa cheville lui fait maintenant très mal. Les deux parachutistes sont relativement abrités du vent et des rafales de neige par l'épaisseur de la sapinière, mais leur marche est épuisante : ils s'enfoncent à chaque pas dans la masse neigeuse qui semble vouloir les retenir. Malgré le froid intense ils sont bientôt en nage.

Après plus d'une heure d'efforts en direction du sud — direction qui, éventuellement, leur permettrait de tomber sur un élément de reconnaissance de la 6e Panzers SS — Neuman, dont les oreilles sont fines, bien qu'elles soient recouvertes par les rabats de la casquette, s'arrête. Au loin, dans la même orientation où il espère retrouver ses compatriotes, il perçoit distinctement le grondement sourd d'un convoi motorisé. Péniblement, Grosser vient rejoindre son adjudant. Neuman lui tend un bras sur lequel il vient s'appuyer.

— Grosser, tu entends ?

— Oui. On dirait...

— Des camions.

— Espérons que ce sont des nôtres.

Ils repartent en direction du convoi. Les sapins, le vent, la neige continuent d'entraver leur avance. Ils ont peut-être franchi un peu plus d'un kilomètre quand ils débouchent dans une vallée.

---

1. Ramène-toi.

2. Le vent violent, en effet, avait dispersé les parachutistes sur des kilomètres. La moitié des Junkers 52 rebroussèrent chemin et certains larguèrent leurs parachutistes dans les lignes allemandes, quelques-uns même près de Cologne !

Au fond, ils aperçoivent de vagues lueurs qui se suivent dans la bourrasque : un convoi.

Ils approchent. Mais quand Neuman consulte sa boussole, il comprend bien vite qu'à leur direction les camions qui roulent là-bas sont américains. Grosser qui avance avec peine interpelle son adjudant :

— Je crois que nous sommes arrivés à la fin de la guerre !

Neuman se retourne :

— Tu as dit vrai. Le colonel avait raison, c'est bien notre dernier saut.

De son côté, le colonel von der Heydte est tombé un peu plus au nord avec une quinzaine d'hommes, qu'il a réussi à rassembler non sans mal. A cause de son bras gauche qui le fait toujours souffrir, il n'est pas au mieux de sa forme pour combattre. Le container où se trouve la radio a été disloqué et celle-ci se trouve inutilisable. Le colonel enrage que Sepp Dietrich lui ait interdit d'emporter des pigeons voyageurs [1].

Vingt heures plus tard, von der Heydte comprend que l'opération dont on l'a investi est un échec. Après avoir envoyé des groupes de reconnaissance vers Stavelot, Verviers et jusqu'à Werbomont, il ordonne à ses hommes de se disperser par deux ou trois pour regagner les lignes allemandes. Lui-même rebrousse chemin depuis Malmédy et, accompagné de son second et de son ordonnance, il se dirige vers le sud, traversant les arrières américains, se cachant le jour dans des fourrés, marchant la nuit à travers bois.

Von der Heydte arrive le 22 décembre à Montjoie (Monschau), charnière du front nord de l'offensive allemande, toujours aux mains des Américains. A sa blessure au bras s'ajoutent des engelures aux pieds. Il n'a pas mangé depuis son embarquement, en Allemagne, ayant perdu ses rations personnelles. Il est épuisé. Il gagne une maison abandonnée pour prendre un peu de repos, puis il se fait reconnaître aux premiers soldats américains qu'il rencontre. La guerre, pour lui, vient de se terminer.

La plupart des parachutistes qui ont pu être largués sur leur objectif sont faits prisonniers, quelques autres réussissent à retrouver les lignes allemandes. L'opération est un fiasco. Sans moyens de transmission, dans l'impossibilité d'avoir pu se ras-

1. En effet, d'autres parachutistes allemands surprirent de puissantes colonnes de renforts américains qui se dirigeaient vers le front : la 1re DI, la 30e DI et la 7e DB. Grâce aux pigeons voyageurs, Model aurait pu être aussitôt renseigné de leur présence et de leur direction.

sembler en groupes homogènes de combat, les parachutistes allemands n'ont pu entreprendre aucune attaque d'envergure contre les Américains.

La crainte que ressentent les soldats yankees, pendant quelques jours, d'avoir un puissant corps de parachutistes allemands dans leur dos est le seul élément positif de cette opération.

L'échec de von der Heydte, s'il est fâcheux, n'entraîne pas de graves conséquences. L'opération eût-elle réussi que ses développements sur le plan stratégique n'auraient pas provoqué chez les Alliés une désastreuse rupture de leur front. Il aurait fallu que les Allemands larguassent au moins une division complète de parachutistes avec planeurs et matériel — comme les Alliés le firent sur une vaste échelle à Arnhem — pour qu'ils obtinssent, au mieux, un résultat d'une ampleur stratégique. Il n'en est rien.

CHAPITRE XVII

CLERVAUX

Le 17 décembre.

Pendant que Peiper fonce vers Trois-Ponts et que quelques parachutistes de von der Heydte arrivent à grand-peine à se rassembler après ce lâcher malheureux, le colonel Hurley Fuller, un vétéran de la Première Guerre mondiale, reçoit de mauvaises nouvelles de son 2ᵉ bataillon aux prises avec les premiers panzers de la 2ᵉ Division blindée appartenant à la Vᵉ Armée de von Manteuffel.

Les chars allemands ont franchi rapidement dans la nuit la rivière l'Our, sur laquelle le génie avait jeté un pont. Ils foncent vers l'ouest, sans avoir souffert au début de l'offensive, comme la plupart des divisions voisines, des embouteillages. Tout va bien et le moral des hommes de la 2ᵉ Panzers est excellent.

Fuller a installé son QG à l'hôtel *Claravallis* de Clervaux. Cette jolie vieille cité aux allures médiévales, nichée au creux d'une vallée, est dominée par les ruines imposantes d'un château vieux de huit siècles. Clervaux se trouve sur la route de Bastogne. Quelques kilomètres plus à l'ouest une vaste plaine s'étend sur plus de vingt-cinq kilomètres, le rêve d'un chef tankiste pour déployer ses chars !

Au milieu de la nuit les Américains se sont empressés de mettre la petite cité en état de défense. La route qui vient d'Allemagne, et passe par le village de Marnach, a été coupée à la hauteur du troisième et dernier virage au fond de la vallée toute blanche.

S'il faisait grand jour, on pourrait distinguer de Clervaux, où passe un romantique cours d'eau, des chicanes qui viennent d'être placées hâtivement et un vieux camion belge renversé. Une mitrailleuse lourde Browning de 12,7 mm couvre deux sections de tirailleurs aux aguets. Bien que ce soit déjà l'aube, une brume épaisse semble prolonger la nuit dans un nuage cristallin d'où émergent les ombres massives des maisons. Les préparatifs de défense se sont opérés dans un silence abolu, si bien que le croassement d'une corneille, qui s'envole d'un rempart, paraît être comme une désobéissance — presque une trahison — aux ordres reçus.

Fuller, qui a appris sur le champ de bataille qu'un coup de fusil bien ajusté peut avoir souvent d'heureuses conséquences, et que l'esprit de retraite est trop fréquemment mauvais conseiller, a donné l'ordre que tous les soldats résistent jusqu'à la dernière cartouche, du fantassin jusqu'au cuistot.

Il a fait distribuer des fusils et des mitraillettes aux boulangers, cuisiniers, secrétaires et MP et les a envoyés garnir les ruines du château. Des fenêtres à courant d'air et des antiques meurtrières, ces combattants à moitié improvisés couvrent de leur tir la petite vallée et les maisons où a été élevée la barricade. Quand les grondements des moteurs, mêlés aux cliquetis des chenilles des Tigres et des Panthères annoncent aux Yankees l'arrivée des Allemands de la 2e Panzers qui vont débouler du haut de la petite vallée, la défense de Clervaux est prête.

La brume se lève très lentement. La visibilité, qui est mauvaise, n'empêche pas les Américains embusqués derrière les murs du château d'ouvrir un feu nourri sur la première unité allemande qui descend par la route en lacis. Celle-ci est surprise, rebrousse chemin, attendant manifestement des renforts. Les Allemands sont obligés de mettre en batterie un canon antichar. Ils tirent à obus explosifs sur le château. La tour nord, où se trouvent des MP, est touchée.

La bataille s'étend bientôt à la vallée. Le major allemand qui commande l'unité envoie ses Volksgrenadiers pour nettoyer les abords de la ville. Il perd du temps.

Le colonel Fuller, lui, le met à profit. C'est ce qu'il voulait : résister pied à pied pour permettre aux réserves d'arriver. Malheureusement, ces réserves ne sont pas nombreuses. Pour le moment, il faut compter sur soi-même et, peut-être, sur le voisin chanceux qui n'est pas trop dans l'embarras et peut vous prêter une compagnie, ou quelques chars. Heureusement Fuller possède en réserve un peloton de Shermans M 4. Le Sherman de trente-trois tonnes ne vaut pas le Panthère, qui lui en rend dix de plus. La différence va croissante quand on compare le Sherman avec le Tigre et le Tigre royal, tous deux armés d'un 88, qui pèsent plus de cinquante tonnes.

Mais les Américains savent admirablement utiliser leur M 4, au 75 court, sachant bien l'embusquer dans les sapinières recouvertes de neige. De leurs caches, les Shermans attendent les lourds panzers. L'étroitesse des vallées, la forêt omniprésente, l'exiguïté des lieux ne permettent pas aux Allemands de tirer le maximum de leur avantage technique, en particulier de l'allonge de leurs canons. Beaucoup de Panthères seront détruits de flanc par ces Shermans à l'affût, très souvent par des bazookas.

La meilleure des défenses étant l'attaque, le colonel Fuller envoie son peloton de Shermans vers l'est — en contournant les unités de tête allemandes qui attaquent déjà Clervaux — afin qu'ils reprennent le village de Marnach. Il donne l'ordre au chars de faire un crochet par Munshausen pour rallier des fantassins, qu'ils soient en half-track ou pas.

Il téléphone au général Norman Cota, commandant la division voisine de son régiment, la 28e :

— Allô, mon général, nous sommes durement accrochés par les *Krauts* [1]. J'ai ordonné de reprendre Marnach.

— Avec quoi ?

— Un peloton de chars et une compagnie d'infanterie que j'ai récupérés à Munshausen.

— C'est mince.

— Je sais que les Krauts ne vont pas à l'exercice, mais si on résiste, on les aura.

— Vous avez raison.

— Pouvez-vous m'envoyer quelques TD, mon général ?

— Si j'en trouve, je vous le promets.

— OK.

Fuller n'a pas de nouvelles de son 2e bataillon. De la cave de l'hôtel *Caravallis* où se trouve son PC, il entend maintenant les éclatements des obus. Un coup de plein fouet sur la maison voisine ébranle les fondations du vieil hôtel. Un jeune sous-lieutenant, tout frais sorti de West Point, qui commande les transmissions, pâlit et dit, après une légère hésitation :

— Pas tombé loin, celui-là ?

— Vous pensiez peut-être que les Allemands tiraient pour s'amuser ? bougonne Fuller.

---

1. *Kraut* : chou ; surnom donné par les Américains aux soldats allemands.

Les uns après les autres, les villages autour de Clervaux se trouvent encerclés par les Volksgrenadiers qui débarquent de leurs Hanomags blindés, pendant que les panzers se fraient un chemin vers l'ouest, suivant les routes forestières, traversant les vallées, écrasant sous leur feu les hameaux où les soldats yankees, surpris par la violence de l'attaque, ont pu s'accrocher.

Hurley Fuller, au caractère irascible et dont les colères soutiennent honorablement la comparaison avec celles de son supérieur, le général Patton, s'impatiente :

— Qu'est-ce qu'il fiche, ce collégien ? Il devrait déjà avoir repris Marnach !

Le collégien est le jeune major qui roule à la tête de son peloton de chars renforcé par les fantassins de Munshausen. Le lieutenant sorti de West Point ne fait, cette fois-ci, aucun commentaire.

Trois quarts d'heure plus tard, le major est en liaison et peut avertir son colonel qu'il n'a pas pu reprendre Marnach ; la compagnie qui l'épaulait a été décimée :

— Je retourne à Munshausen ? demande-t-il.

— Non, répond sèchement Fuller, nous avons les Krauts à Clervaux. Venez ici. Vous les attaquerez par-derrière. Tirez-leur dans le dos !

Entre-temps, le canon antichar allemand — un 75 dernier modèle — canonne les remparts du château, ajoutant de nouvelles ruines aux anciennes. Les secrétaires, MP, cuisiniers et boulangers font des cartons sur les Volksgrenadiers, dont on aperçoit les silhouettes mouvantes dans la petite vallée et que la brume, qui se dissipe, ne cache plus. Le château fort sur son rocher, le claquement des fusils répercuté dans la vallée, les coups du canon, qui soutient la progression des fantassins allemands, peuvent faire penser à une attaque du siècle dernier.

Au grand soulagement de Fuller, celui-ci voit le major et son peloton arriver sur les arrières des Fritz. Il ne perd pas de temps à faire exécuter un savant déploiement à ses chars et donne aussitôt l'ordre d'ouvrir le feu sur tous les engins qu'ils trouveront arborant une croix noire et les Feldgraus vêtus de leur tunique blanche qui se confond avec la neige.

La panique s'empare des Allemands qui se dispersent pour éviter les tirs croisés qui deviennent terriblement meurtriers.

Le colonel Fuller pourrait se frotter les mains, mais c'est un vieux soldat avisé qui connaît les moyens d'un ennemi décidé à tout et les limites qu'offre un terrain, fût-il le plus propice à une résistance efficace.

— Le principal, dit-il, en se parlant à lui-même, c'est de garder la liaison avec les autres. Sans liaison pas de contre-attaque possible.

Il en est toujours à « manger du Kraut » et à passer à la contre-offensive, mais il entrevoit aussi un plan de retraite pour sortir de ce guêpier de Clervaux. Pour le rasséréner, vers 10 heures, il reçoit des nouvelles du 2e bataillon qui a pu se dégager grâce, indirectement, à l'intervention inopinée du peloton de chars de retour de Marnach.

Venant par la route de Bastogne, les seize Shermans envoyés en renfort à Fuller par le général Cota entrent à Clervaux à 10 h 30. C'est un précieux supplément au peloton du major, qui a réussi à jeter le désordre sur les arrières allemands grâce aux indications de son colonel — dont les brillantes initiatives arrivent à masquer les colères.

La surprise passée, les Allemands sont repartis à l'assaut. Clervaux commence à être débordée par l'est et par l'ouest. Les obus pleuvent sur la cité. Des colonnes de fumée s'élèvent. Déjà l'odeur âcre des incendies mêlée à celle des corps brûlés se répand dans la vallée. De temps à autre, une flamme jaillit en tournoyant et, dans un crépitement, illumine les toits enneigés.

Fuller fait diriger vers la crête, à l'ouest, cinq des Shermans que Cota vient de lui envoyer, pour parer au danger le plus immédiat.

A 11 h 30, une puissante colonne de chars ennemis venant de Marnach se déploie et détruit en quelques instants les deux tiers des Shermans, ceux que Cota a prélevés sur ses forces. L'un des cinq Shermans, qui a pris position sur la crête, à l'ouest, reçoit un coup de 75 d'un Panthère : sa tourelle saute en l'air comme un couvercle, virevolte plusieurs secondes avant de s'abattre à une vingtaine de mètres dans un nuage de neige. Une attaque rapide des Volksgrenadiers anéantit ce qui reste encore des survivants du 2e Bataillon. Les renforts du général Cota et les réserves du colonel Fuller n'existent plus. Celui-ci appelle le général :

— Je n'ai plus ni chars, ni artillerie. Pouvez-vous m'en envoyer ?

— Il m'est impossible de vous donner des chars. Je n'en ai plus, répond Cota. Quant à l'artillerie, vous recevrez une batterie d'Howitzers.

— Pas plus de Priests[1] ?

— Pas plus. J'ai encore deux autres régiments, dont un presque encerclé, qui réclament des renforts. Je ne peux rien pour eux. Je n'ai plus de réserves.

— Ma situation n'est pas meilleure que la leur ! J'ai plein de Krauts dans la vallée et une douzaine de Tigres qui s'apprêtent à entrer dans Clervaux.

— Je ne peux rien faire d'autre pour vous, Fuller. Vous connaissez les ordres : résistez ! Tenez Clervaux jusqu'au bout. Vous m'avez compris ?

— Oui, mon général, nous tiendrons.

Au début de l'après-midi, Clervaux est encerclé. Tous les postes alentour tenus par les hommes de Fuller tombent les uns après les autres. La plus grande partie de la ville brûle. Des draps de lit, qu'accompagnent des pavillons de la Croix-Rouge, ont été hissés sur le toit du sanatorium qui domine la vallée. Les malades se trouvent entassés dans les caves avec des blessés américains. Il y en a beaucoup. Ils manquent d'air et de médicaments. Les infirmiers se dépensent sans compter. Les Allemands ne sont pas loin et les occupants du sanatorium, bien qu'ils se trouvent dans les sous-sols, entendent distinctement les claquements des fusils et les rafales des armes automatiques, plus précisément les *Sturmgewehr* aux échos du tir reconnaissables.

Le commandant d'un bataillon encerclé plus à l'est appelle le PC du colonel Fuller.

— Pouvez-vous m'envoyer des renforts ?

— Impossible.

— Il ne me reste que quelques hommes. Autorisez-moi à me replier sur Wiltz.

Fuller hurle dans l'appareil :

— Je vous donne l'ordre de résister à tout prix, major !

— OK.

Que faire de plus ? A l'heure qu'il est, le régiment de Fuller n'existe plus en tant qu'unité combattante. La reddition serait une honte. Il faut continuer de résister jusqu'à la fin et ensuite regagner les lignes américaines, vers l'ouest, en s'enfonçant dans la forêt, ayant accompli la mission qu'on lui avait ordonnée : résister.

A travers les explosions des obus de l'artillerie allemande, Fuler entend le roulement sourd des Howitzers de Cota, qui ont

1. L'Howitzer, qui était un canon de 105 mm automoteur, avait été surnommé par les soldats américains « Priest » (prêtre), à cause du tourelleau en forme de chaire qui dominait l'engin.

réussi à passer avant que les soldats de Manteuffel ne referment la nasse sur Clervaux. Ils sont maintenant dans la ville, se frayant un chemin au milieu des ruines des maisons, évitant les autres qui brûlent. Ils reçoivent l'ordre d'attaquer les Tigres, embusqués sur la hauteur, face au vieux château. Les héroïques défenseurs, MP et cuisiniers, y ont résisté jusqu'à la dernière cartouche, faisant gagner un temps précieux permettant aux réserves, loin vers l'arrière, de se diriger vers leurs emplacements de combat.

La nuit tombe déjà quand Hurley Fuller reçoit des nouvelles — les dernières — du capitaine qui tient encore Munshausen :

— Nous ne sommes plus qu'une poignée. Envoyez-nous des renforts.

— Je n'ai plus rien. Tenez jusqu'au bout.

La communication est coupée. Au même moment des Howitzers, qui ont rebroussé chemin devant la contre-attaque des Tigres, passent devant l'hôtel *Caravallis,* dont la toiture brûle. On distingue les flocons de neige qui tombent à travers la lueur des incendies. Les fantassins allemands, ombres blanches, suivent les Tigres et les Panthères et s'infiltrent par petits paquets dans la cité. On entend les cris rauques des soldats qui enfoncent les portes des maisons encore debout pour découvrir les Américains qui ont pu s'y cacher. Des camions GMC, des half-tracks, des Jeeps abandonnés se dressent blancs et sales dans la boue, éclairés d'une façon intermittente par les lueurs des incendies.

A l'hôtel *Caravallis* il y a aussi des blessés. Un civil belge avertit le colonel Fuller qu'il existe une sortie derrière le bâtiment. Par un raidillon, il est possible de grimper au flanc de la vallée et de gagner la forêt. Du régiment il ne reste que quelques soldats épars. Une section défend l'hôtel.

Fuller réunit tous ces hommes. Il laisse les blessés les plus atteints à l'hôtel avec des infirmiers. A la suite du Belge il escalade la paroi abrupte et verglacée de la vallée avec ce qui lui reste de son régiment et, mettant à profit l'obscurité, se dirige à la boussole vers l'ouest.

18 décembre.

Si au sud de la trouée allemande la situation est grave, au nord elle ne l'est pas moins. Dans la matinée, le général Gavin, commandant la 82e Division aéroportée, transmet le message suivant au quartier général de la Ire Armée Hodges :

« Les premiers rapports concernant le contact avec l'ennemi à Stavelot viennent juste d'arriver, on signale qu'une poussée ennemie en cet endroit a rejeté nos troupes de l'autre côté de la rivière et qu'elle a réussi à capturer et à détruire un large dépôt. A ce qu'il semble, elle a fait sauter le pont en repoussant nos forces. La situation au sud et à l'ouest de Stavelot est inconnue, on sait seulement que l'ennemi a percé notre front. Un grand nombre de troupes américaines se trouve concentré à Saint-Vith. Il semble exister une grande poche sur le front tenu par la 106e Division. »

Deux jours après l'offensive allemande — les Allemands n'ont pas encore percé au sud de Stavelot — les Américains ne possèdent toujours pas de renseignements précis sur l'ampleur de l'attaque ennemie. Ainsi, dans un moment critique, un officier de l'état-major de la Ire Armée donne l'ordre au lieutenant-colonel Rubel, commandant le 740e Bataillon de tanks-detroyers, de détacher un bataillon sur l'Amblève, près de la route Liège-Bastogne, pour protéger « de gros dépôts de ravitaillement ». L'officier d'état-major ajoute, sur un ton dramatique : « Von Rundstedt gagne rapidement du terrain. On ne connaît pas avec précision l'ampleur de la brèche parce que les communications ont été coupées en beaucoup d'endroits. Le désordre des liaisons est provoqué par le fait que les PC des unités ont été emportés comme dans un raz de marée. Il résulte aussi de l'action des parachutistes allemands lâchés sur les arrières. »

Si dans des secteurs le front se raidit comme à Clervaux ou à Trois-Ponts, dans d'autres la situation est « mouvante » et parfois frôle la panique.

CHAPITRE XVIII

OPERATION « GRIFFON »

Le 18 décembre.

Otto Skorzeny enrage de ne pas pouvoir être avec ses hommes au début de l'attaque. Il se rappelle encore combien Hitler a été catégorique :

— Skorzeny, vous ne quitterez pas le PC du chef de la VIe Armée blindée. C'est par radio que vous dirigerez *Griffon.*

En fait, le chef de la Brigade 150 a conservé son indépendance et la liberté de ses mouvements. Son PC est installé à Schmidtheim, le plus près possible de ses hommes qui font partie des groupes X, Y et Z, en pointe avec le 1er Corps blindé des Waffen SS, dans le secteur Losheim-Graben.

Tout en pestant contre cet ordre qui l'empêche de diriger l'attaque sur le terrain même, il descend de sa voiture de commandement et se dirige vers la maison qui abrite son PC.

La haute stature de Skorzeny l'oblige à se baisser quand il passe sous la porte d'où un escalier conduit à la cave. Le poste de radio de la Brigade s'y trouve. L'Obersturmbannführer Adrien von Foelkersam, bras droit de Skorzeny, vient d'arriver. Il est, lui aussi, de mauvaise humeur car sa voiture, une petite KDF, pourtant facile à manœuvrer, a été prise dans un embouteillage indescriptible. Un bataillon de Panzergrenadiers, obligé d'abandonner ses autochenilles blindées, a été contraint de continuer à pied.

Skorzeny enlève son long manteau de cuir fourré.

— Avez-vous des nouvelles de notre brigade, Adrien ?

— Pour l'instant, elles sont fragmentaires.

— Est-ce que notre percée est importante [1] ?

— Il semble, mais nous ne savons pas encore où et comment nos groupes pourront s'infiltrer dans le dispositif américain.

— Où se trouve le groupe X ?

— En tête, avec le Ier Corps.

— C'est celui qui est monté sur des *scout-cars* [2] ?

— Oui, accompagnés des Jeeps aux insignes US.

— Epaulés par un Sherman ?

— Non, le Sherman était en panne. Nous avons dû camoufler l'un de nos Marks IV sur lequel ont été peintes deux étoiles blanche, une de chaque côté, à l'emplacement des croix noires.

— Espérons que la percée est assez profonde pour que nos troupes puissent filer sur les arrières américains, répond Skorzeny. Nous devons contrôler à tout prix, dans les quarante-huit heures à venir, les ponts de Hay, d'Amay et d'Engis sur la Meuse, sans quoi l'opération *Griffon* sera encore plus gravement compromise et sans doute *Garde au Rhin.*

Une lampe à pétrole posée près du poste de radio, diffuse une lumière tremblotante. Otto Skorzeny marche de long en large, le dos légèrement courbé comme s'il craignait, par instants, de heurter de la tête la voûte de pierre. Foelkersam grille une Philip Morris.

Les premiers messages radio annoncent une vive résistance de l'ennemi, et toujours ces embouteillages qui retardent d'une manière catastrophique l'arrivée de la plupart des chars aux premières lignes pour soutenir les grenadiers.

Un message tombe : l'Obersturmbannführer Hardieck, officier d'une rare compétence, commandant le groupe Z a été tué, il a sauté sur une mine au cours d'une reconnaissance. Skorzeny se tourne vers Foelkersam :

— Adrien, vous prenez le commandement du groupe Z en remplacement d'Hardieck. Mettez-vous aussitôt en rapport avec Radl. Bonne chance !

Dans l'après-midi, Skorzeny quitte son PC de Schmidtheim pour Losheim afin de se rendre compte des raisons pour lesquelles

1. Celle de Losheim.

2. Les groupes de Skorzeny sont habillés avec des uniformes de soldats US prisonniers. Ils ne doivent les quitter qu'au moment du combat. Leurs armes, les tenues et le matériel américains qui les équipent proviennent de la récupération sur les champs de bataille. Le *scout-car* est une rapide voiture américaine blindée de reconnaissance.

l'offensive piétine. Il est très vite confronté avec une réalité désastreuse, la même à laquelle s'est heurté Peiper et tous les commandants d'unités motorisées, l'incroyable pagaïe sur des routes étroites où les véhicules de tous genres s'agglutinent, n'en finissent pas de s'étirer sur des kilomètres et semblent en voie de pétrification. Otto Skorzeny, l'homme aux décisions promptes, attaquant l'ennemi à la tête de ses commandos dressés pour des manœuvres ultra-rapides, est obligé, comme beaucoup d'autres, d'abandonner sa voiture. Sous les rafales de neige, il parcourt plus de dix kilomètres à pied et arrive à son PC, à Losheim, dans la nuit. Heureusement, les intempéries et le plafond extrêmement bas interdisent toutes opérations aériennes de la part des Américains, autrement *Garde au Rhin* deviendrait le tombeau des trois armées allemandes.

Le lendemain, à l'aube, Skorzeny fait parvenir un message laconique à Sepp Dietrich : « Nos blindés doivent franchir sans tarder les Hautes Fagnes et atteindre la Meuse. Notre réussite est à ce prix. »

Quelques heures plus tard, le chef de la Brigade 150, en qui Hitler a mis toute sa confiance et ses espoirs, ordonne à trois équipes de ses compagnies spéciales de s'infiltrer, au sud du secteur de la VIe Armée, dans les lignes américaines pour en rapporter des renseignements.

Elles ramènent bientôt des prisonniers américains. On les interroge. Ils annoncent qu'ils ont été complètement surpris par la soudaineté et la puissance de l'offensive allemande et que la résistance de leurs troupes est compromise par le manque d'appui aérien. Ces révélations, qui contenteraient le premier officier de renseignements venu, ne rassurent pas l'Obersturmbannführer Skorzeny, qui a l'habitude de décrypter rapidement les arcanes d'un interrogatoire et d'en déceler le vrai du faux.

Quand Skorzeny se rend compte, le 19 décembre, que l'offensive a mal débuté, et qu'il est impossible que tous ses commandos se répartissent sur les arrières américains, il les maintient dans les lignes allemandes, à l'exception de huit [1], qui réussissent à s'infiltrer dans les lignes américaines. Que n'auraient accompli

1. Les chiffres les plus fantaisistes ont circulé au sujet du nombre des commandos de Skorzeny. L'historien américain Robert E. Merriam lui-même, dans son livre *The battle of the Bulge* (1947), a écrit que Skorzeny possédait cent cinquante commandos et que « quarante-quatre groupes se dispersèrent à l'intérieur des lignes alliées ». Huit seulement passèrent, déclara Skorzeny, et deux furent portés disparus.

tous les commandos s'ils avaient tous pu franchir le front allié, quand on connaît les exploits des six qui purent le passer !

Celui des huit commandos qui va le plus loin parvient aux abords de la Meuse, à Huy, dont la Brigade 150 en principe devait tenir le pont. Le chef du commando, installé à un carrefour desservant deux routes importantes, déroute une colonne de chars américains dans une direction opposée au front. Le service d'écoute de la Brigade 150 confirme que l'état-major de la Ire Armée US recherche en vain cette unité. Certains officiers supérieurs de l'entourage du général Hodges, commandant la Ire Armée, croient cette colonne anéantie ou capturée par les diables de Skorzeny dans une bataille mystérieuse. Ce même commando coupe des lignes téléphoniques, jetant la confusion dans une partie du dispositif américain et change les flèches de signalisations routières, perturbant ainsi gravement tout le système des convois alliés acheminant le ravitaillement et des renforts vers le front.

D'autres commandos portent aussi le désordre loin derrière le champ de bataille : une Jeep transportant un *team* de quatre Allemands, déguisés en GI, trompe pendant plus de vingt-quatre heures les troupes américaines en signalant, par des rubans rouges que les routes menant au front sont minées. Celles-ci rebroussent chemin et font de longs détours avant de retrouver leurs positions prévues. Un petit commando fait reculer un bataillon américain assurant « que les Allemands sont plus à l'ouest ». Un autre, groupant seulement trois hommes, fait sauter un dépôt de munitions.

Le huitième des commandos joue de malchance. Ou plutôt, d'un excès de confiance en lui. A court d'essence, le chauffeur de la Jeep décide, au culot, de s'approvisionner à l'une des pompes volantes qui jalonnent les itinéraires des convois :

— *Petrol, please,* lance le chef de voiture d'un ton aussi impérieux que possible.

Le préposé à la pompe, un GI soupçonneux, fronce les sourcils et s'accoude au pare-brise :

— Dites donc, les gars, d'où êtes-vous ?

Ce qu'ignorent les Allemands c'est que dans l'armée américaine, on ne demande pas du « *petrol* » mais du « *gas* ». Et, de plus, quand on est pressé, ce qui semble le cas, on n'ajoute pas « *please* ».

Mais les quatre occupants de la Jeep ignorent ces subtilités linguistiques. Se croyant découvert, le chauffeur embraye brutalement. Il n'a oublié qu'une chose : la route est recouverte d'une mince couche de verglas et, sous le démarrage de compétition, la Jeep se met en travers de la chaussée, part en glissade, accroche au passage le camion de tête d'un convoi qui arrive en face et capote.

De la Jeep retournée, les Américains retirent quatre faux GI's dont les capotes de laine kaki laissent apparaître les uniformes feldgrau de la Wehrmacht.

Les prisonniers sont aussitôt expédiés à l'arrière pour interrogatoire.

— Vous serez fusillés, annoncent les officiers américains.

L'un des prisonniers craque et, contre la promesse de la vie sauve, il raconte ce qu'il croit être vrai :

— Je sais, dit-il, qu'une unité spécialisée, placée directement sous le commandement d'Otto Skorzeny, a reçu pour mission d'enlever le général Eisenhower et de faire disparaître la plupart des généraux commandant les divisions américaines et britanniques ainsi que leurs états-majors...

Cette information, si elle est vraie, est d'importance. A condition qu'elle soit fondée. Or, pour le chef des services de renseignements américains, cela ne fait aucun doute.

Et puis, il a une revanche à prendre : le 10 décembre dernier, il a signalé au chef du service de renseignements du général Hodges l'apparition de nouvelles divisions allemandes à l'est de Saint-Vith. Personne ne l'a cru. Or, maintenant, il est en possession de la décision 0012759 de l'OKW et conclut, avec logique, que plusieurs milliers de faux Américains se trouvent mêlés aux vrais.

Il expédie donc, à toutes les unités du front, une mise en garde urgente contre des « Allemands travestis ».

Un vent chargé de flocons cingle la campagne blanche et dure. A deux kilomètres de Poteau qui se trouve au nord-est de Vielsalm, derrière les lignes américaines, le 18 décembre, une petite colonne blindée yankee surgit de la forêt par un chemin de traverse qui rejoint la route nationale. Elle se compose de trois Jeeps, d'un half-track et de deux canons automoteurs Howitzer. Les Jeeps roulent normalement, l'half-track semble hésiter. Il a parfois des à-coups comme s'il avait des difficultés à faire passer ses vitesses ; les deux Howitzers paraissent avoir aussi des ennuis. C'est à petite vitesse et en hoquetant que le groupe aborde la route nationale. Cette fois-ci les deux Howitzers ont du mal à tourner, leurs chenilles se bloquent trop souvent. Après bien des manœuvres laborieuses, le dernier canon automoteur arrive à s'engager enfin sans plus d'ennuis sur la route. En tête, dans les Jeeps, les soldats n'ont pas aperçu les difficultés des deux Howitzers — ou n'ont pas voulu plutôt s'attarder à les remarquer. Les véhicules et les deux automoteurs appartiennent au *Troop E* du 18ᵉ Squadron de cavalerie américain.

Au moment où le petit convoi roule cette fois-ci correctement vers le nord, en tournant le dos à Poteau, arrive en sens inverse une colonne du *82ᵉ Squadron* de cavalerie.

En tête une douzaine de Jeeps, autant d'half-tracks, de scout-cars hérissés de mitrailleuses et une vingtaine de GMC chargés de soldats. Debout sur la première Jeep un sergent intime l'ordre au petit convoi de s'arrêter. Les deux convois stoppent. Le sergent va laisser repartir la colonne et les deux Howitzers quand il remarque que les chaussures de certains des soldats qui occupent les trois Jeeps ne sont pas réglementaires. Avant qu'il ne les interroge, l'un des « Américains », croyant détourner les soupçons, lance au sergent :

— *We are E Company* [1] !

Aussitôt le sergent s'empare de sa mitraillette Thomson et les soldats arment leurs fusils. Toute la colonne américaine mitraille alors le petit convoi et le commando allemand est exterminé jusqu'au dernier.

L'Allemand, qui avait cru bien faire en criant : « *We are E Company !* », avait commis une faute. Dans les groupes de cavalerie américaine, seul l'escadron de chars légers se dénomme « company ». Les autres escadrons — les *squadrons* — qui sont équipés de chars lourds, comme le Sherman, ou de canons automoteurs du type Howitzer sont appelés « troops ». Le commando, sans doute de la compagnie Stielau, s'était emparé des Howitzers et des autres véhicules que les Américains avaient abandonnés dans leur retraite sur la petite route qui traversait la forêt. Pour que les hommes de Skorzeny eussent pu se risquer à gagner le large, il eût fallu qu'ils connaissent cette subtile distinction qui leur coûta la vie [2].

Dans le secteur de Stavelot un sous-officier américain, éloigné de sa patrouille, est attaqué par deux « GI's ». Il ne perd pas son sang-froid et leur lance dans un parfait allemand :

— Idiots ! J'ai la même mission que vous, ne m'empêchez pas de la remplir !

Il rejoint sa patrouille avec laquelle il tend aussitôt une embuscade aux deux faux Américains. Ils en tuent un et capturent l'autre.

On relève un seul cas de désertion parmi les hommes des

---

1. Nous sommes la compagnie E.
2. Cité par le colonel R.E. Dupuy in *St-With, Lion in the way.*

commandos. Par une malchance extraordinaire elle tourne mal pour celui qui voulait prendre la fille de l'air. En effet, l'Allemand se rend à une sentinelle américaine. Malheureusement, celle-ci appartient à un autre commando : « Désolé, dit-il, moi aussi, j'appartiens à la compagnie Stielau [1]. » La sentinelle dit vrai, c'est un compatriote !

A une vingtaine de kilomètres du pont d'Engis sur la Meuse, au sud de Liège, une Jeep et ses trois occupants est arrêtée par une patrouille de MP. Le sergent qui commande celle-ci demande aux trois GI's le mot de passe. Ceux-ci l'ignorent, bafouillent et sont immédiatement arrêtés. Ils portent sur eux leur livret militaire allemand. On découvre dans la Jeep neuf cents dollars, mille livres sterling, deux mitraillettes Sten, deux Colt 45, un Parabellum et six grenades américaines. Les faux papiers américains sont au nom de Charles W. Lawrence, Clarence van der Wert et George Sensenbach [2].

Trois commandos, ne dépassant pas chacun trois hommes, réussissent à rallier les lignes allemandes. L'un d'eux a accompli des sabotages jusqu'à Huy — à trente kilomètres derrière le front —, un autre a même franchi la Meuse et coupé les lignes téléphoniques reliant les Américains aux Anglais. Le dernier a jeté la confusion sur les arrières américains à Vielsalm en changeant la signalisation des routes, coupant des lignes téléphoniques et indiquant des champs de mines là où il n'y en avait pas.

Dès le 19 décembre, les Alliés vivent dans la psychose de l'espionnite. Ils croient même à un attentat, ou à un rapt organisé contre Eisenhower au Petit Trianon, à Versailles, où se trouve son quartier général. La Military Police arrête pour des motifs les plus futiles soldats ou officiers — même de hauts gradés, comme un général qui est « gardé à vue » plusieurs heures par les MP :

Cette « guerre des nerfs » habilement menée par Skorzeny, qui ne possède que de faibles moyens, prend encore plus d'ampleur avec ce faux bruit : l'évasion simultanée de tous les prisonniers allemands des camps de France et de Belgique. Ils envisagent de s'emparer d'armes, de prendre des otages dans les casernes et de capturer des chars et des camions. Les Alliés sont obligés d'adopter des contre-mesures. On élève des chicanes de béton à chaque croisement de routes ; des pelotons motorisés surveillent les ponts et leurs environs à plusieurs kilomètres à la

1. *Le dernier coup de dés de Hitler,* par Jacqoes Nobécourt.
2. Ils furent jugés le 22 décembre et fusillés le 23 sous leurs vrais noms : aspirant Günther Billing, sous-officiers Manfred Pernass et Wilhelm Schmidt.

ronde ; des MP arrêtent tous les soldats US — quel que soit leur grade — les soumettant à un interrogatoire dans le style américain : noms des présidents des USA, surnoms des équipes de base-ball, chants populaires américains, nom de certains trompettistes de jazz, etc. Le général Montgomery, lui-même, est arrêté plusieurs fois. Exaspéré, il s'adresse au général Simpson, commandant la IXe Armée, pour avoir une carte d'identification américaine, les MP étant peu familiarisés avec les cartes d'identité anglaises.

Il y a de nombreux cas de panique parmi les GI's. Les bruits les plus fantaisistes continuent de circuler dans le camp allié, entretenus par les émissions radio et les commandos de Skorzeny : les Américains croient que Liège est devenu l'objectif de l'ennemi ! et les chefs de la Ire Armée maintiennent leurs forces autour de Spa, dont ils font une citadelle imprenable — enfin ils essaient — longtemps après que le flot allemand l'aurait dépassée dans sa course vers l'ouest, toujours selon leur vision extravagante des choses.

Dans la soirée du 19 décembre, Skorzeny envoie l'un de ses commandos, dont le chef est un vieil officier de marine balte, le baron von Behr, dans la ville de Malmédy. Le baron porte un manteau de cuir noir. Des civils belges l'abordent et lui demandent « s'il est vrai que les Allemands reviennent ? ». Il ne les dissuade pas de croire à cette « fâcheuse nouvelle », bien au contraire, et invite tous les habitants à évacuer la ville afin d'augmenter le désordre sur les routes.

Les résultats qu'obtient le commando aux ordres du baron sont tangibles — sans doute parce qu'il se trouve derrière les lignes ennemies sans qu'il s'en soit douté :

— Je ne savais pas du tout où j'étais, avoue von Behr à son chef quand il lui fait son rapport au retour de l'opération. Pareille chose ne me serait certes pas arrivée en mer !

— La prochaine fois munissez-vous d'une boussole et d'un sextant ! lui répond Skorzeny en riant.

Le 21 décembre, à l'aube, Skorzeny reçoit l'ordre de s'emparer de Malmédy. L'état-major allemand pense que la situation dans cette ville doit être confuse et propice à une attaque surprise. Il la confie à la Brigade 150, dont la plupart des commandos, en raison de l'échec de Peiper à La Gleize, n'ont plus d'utilité. Les commandos, évidemment, combattent sous l'uniforme allemand.

Un violent barrage d'artillerie, suivi d'une puissante contre-offensive des blindés US fait échouer toutes les tentatives de la Brigade 150 pour reprendre la ville. Mais cette victoire coûte cher aux Américains — et aux civils belges restés à Malmédy. La confusion qui règne parmi les troupes américaines, due en grande partie aux « intoxications » de l'opération *Griffon*, est confirmée par la terrible erreur : l'aviation US bombarde Malmédy qui n'a pas été prise par les Allemands !

Le 23, le brouillard s'étant dissipé, le ciel est très clair. L'aviation américaine en profite et de nombreuses escadrilles de bombardiers décollent en direction de Malmédy.

Il y a des centaines de morts parmi les Américains et la population civile. Le raid des bombardiers sur Malmédy ne s'explique que par une erreur de renseignement. Erreur qui n'est pas même découverte, puisque les avions américains reviennent le lendemain et écrasent sous leurs bombes les ruines de la veille — des morts alliés et belges s'ajoutent encore à ceux du 23 décembre.

Skorzeny se rend compte qu'il est désormais difficile — pour ne pas dire impossible, l'effet de surprise étant passé — de faire sauter les verrous que tiennent toujours les Américains et qu'ils ont eu le temps de renforcer. L'attaque sur Malmédy a étrillé la Brigade 150, qui, primitivement, n'a pas été conçue pour être utilisée comme une unité de combat classique. Les commandos, rassemblés en plusieurs groupes pour constituer de plus grandes unités, s'accrochent au terrain dans de durs combats défensifs. L'artillerie américaine pilonne avec régularité les positions tenues par la 150e Brigade et, quand une éclairice le permet, des Thunderbolts ou des Mustangs attaquent à la rocket et au napalm les hommes de Skorzeny insuffisamment enterrés dans cette terre gelée de l'hiver où la neige fait saillir le moindre relief. Presque tous les chars sont perdus dans ces combats. Skorzeny est blessé à la jambe et à l'œil. Il refuse de se faire évacuer.

Les blessés sont en grand nombre, mais il y en a peu de grièvement atteints, sauf l'adjoint de Foelkersam, le lieutenant Lochner, qui a reçu une balle dans le ventre. Etendu sur un brancard, il a perdu connaissance. Otto Skorzeny se penche et l'appelle. Lochner rouvre les yeux et le reconnaît. Il aperçoit le bandage qui lui recouvre l'œil :

— Vous aussi, vous êtes touché, murmure-t-il.

Puis il meurt.

Malgré une grande partie du matériel perdu, les rangs éclaircis par des blessés qui sont acheminés vers les hôpitaux de campagne, la Brigade 150 pourrait encore jouer un rôle si elle recevait des renforts et surtout un appui en chars nouveaux et en artillerie.

Le 24 décembre, il ne lui est livré que huit *Nebelwerfers*, approvisionnés seulement d'une vingtaine de fusées.

Le 28 décembre, la brigade est relevée par une division d'infanterie, qui assure la couverture du flanc nord du Ier Corps blindé des Waffen SS. L'offensive a échoué et avec elle *Griffon*. Otto Skorzeny n'a pas pu parvenir jusqu'aux ponts de la Meuse. La Brigade 150 a vécu.

Le 31 décembre Hitler convoque Skorzeny en fin de matinée à son quartier général toujours établi dans le bunker souterrain de l'Adlerhorst à Ziegenheim, près de Giessen.

Le Führer s'enquiert tout de suite de la blessure à l'œil gauche de son chef des commandos, qu'un bandeau protège mal. La blessure suppure. Il fait venir l'un de ses médecins personnels, le docteur Stumpfegger. L'œil est infecté. Il prescrit un traitement draconien accompagné de rayons infrarouges.

A la demande d'Hitler, Skorzeny revient dans l'après-midi. L'Obersturmbannführer n'est pas une mauviette, mais ces quinze jours de combats ininterrompus, les échecs de ses teams sur les arrières alliés, ensuite devant Malmédy, trop de commandos décimés, la mort de fidèles compagnons comme Hardieck et Lochner, sans avoir sapé son moral l'ont néanmoins fortement assombri. Quel n'est pas son étonnement de trouver un Hitler en pleine forme, possédant — après ses durs revers — un moral au zénith. Skorzeny pense : « Ce doit être encore l'effet de l'une de ces drogues du regrettable docteur Morell. »

Après avoir serré longuement la main de Skorzeny, le Führer fait quelques pas. Il prend appui sur le bord de la table, où est étalée une grande carte représentant le front de l'Ouest, de la mer du Nord à la frontière suisse. Puis il s'assied sur un tabouret — depuis l'attentat du 20 juillet des tabourets sont placés non loin les uns des autres dans les lieux que le Führer occupe : il ne peut jamais rester debout plus de quelques minutes. Il se tourne vers l'Obersturmbannführer qui se tient au garde-à-vous :

— Approchez, Skorzeny. Votre œil va-t-il mieux depuis que le docteur Stumpfegger vous a donné les premiers soins ce matin ?

— Beaucoup mieux, mon Führer.

— J'ai appris que vous aviez fait avec vos hommes tout ce qui était humainement possible. La Brigade 150 s'est conduite bravement.

— Le temps nous a manqué pour notre entraînement et les effectifs...

— Je sais. L'offensive n'a pas atteint ses buts. Nos chars, bloqués les deux premiers jours, alors que le mauvais temps aveuglait l'aviation ennemie, n'ont pu avancer assez vite sur des routes impossibles. Des divisions d'infanterie à pied ont progressé aussi rapidement que certaines de nos divisions blindées. J'ai appris que vous-même aviez été gêné dans vos déplacements aux premières heures de l'offensive à...

— Losheim, mon Führer.

— C'est ça... Cependant, l'adversaire a subi de lourdes pertes et, surtout, cette offensive a porté un coup sérieux à son moral. Voilà l'important. Le soldat américain ou britannique pensait qu'il ne s'agissait plus pour lui que d'une promenade militaire. Ses chefs le lui avaient affirmé. Mais voilà le moribond qui se dresse et prend l'offensive ! Rien qu'au Schnee Eifel nous avons raflé de 8 à 10 000 prisonniers, le 17 !... Nous ne pouvons attendre qu'on vienne nous égorger, Skorzeny ! La seule solution pour l'Allemagne, c'est le combat victorieux. Il n'y en a pas d'autre.

Otto Skorzeny se raidit, porte machinalement la main à la croix de chevalier qui pend au col de sa vareuse et réplique au chef suprême de la Wehrmacht, sans aucune précaution oratoire :

— Malheureusement, mon Führer, je pense qu'aucun des deux objectifs de *Griffon* n'a été atteint.

A nouveau Hitler étonne Skorzeny

— Je n'ai aucun reproche à vous faire, Skorzeny. Vous avez dû tout improviser, avec de pauvres moyens et votre brigade blindée n'a pu jouer son rôle avec la VIe Armée. Vous auriez réussi si je vous avais placé en pointe de la Ve. Il vous aurait été certainement possible de dépasser Dinant. Peut-être auriez-vous atteint le Brabant, et Dieu sait ce qui aurait pu en résulter ! Quant à vos commandos, j'ai l'impression, voyez-vous, que leur effet psychologique a peut-être été beaucoup plus important que vous ne pouvez le supposer. Nous saurons cela plus tard.

— Je l'espère, mon Führer...

— J'en suis sûr, Skorzeny. Je suis satisfait de l'action de nos trois groupes de combat sur Malmédy à partir du 20 décembre, et je ferai décerner l'agrafe d'honneur de l'armée aux chefs des trois groupes X, Y, Z, ainsi qu'au lieutenant-colonel Wolf, au capitaine Scherff, au capitaine von Foelkersam et à son prédécesseur le lieutenant-colonel Hardieck, à titre posthume.

Hitler ramène son bras à demi paralysé sur son genou, fixe longuement Skorzeny et, comme pour donner plus de solennité à ce qu'il va déclarer, garde le silence quelques instants.

— Nous allons lancer une grande offensive au sud-ouest [1], reprend-il enfin. Cette nouvelle opération sera baptisée *Nordwind* [2].

1. Entre le Luxembourg et la frontière suisse.
2. Vent du nord.

Les Américains ne s'y attendent pas. Ils pensent que notre offensive en direction de la Meuse nous a épuisés. Ils se trompent. C'est la première fois depuis l'automne 1939, c'est-à-dire depuis que nous sommes en guerre, que nous avons réussi à tenir secrète une opération [1].

Hitler explique à Skorzeny que l'opération *Nordwind* consiste à garder l'initiative en attaquant, maintenant, le 6e Groupe d'armées américaines du général Jacob Devers, qui comprend la VIIe Armée du général Patch, au nord, et la Ire Armée française du général de Lattre de Tassigny, au sud. Les Allemands disposent, pour attaquer le dispositif américain, du Groupe d'armées G commandé par le général des blindés Hermann Balck. Le Groupe G se compose de la XIXe Armée aux ordres du général Friedrich Wiese, soutenue par deux corps de SS, restés à l'est du Rhin, dans la poche de Colmar. Cet ensemble constituant le Groupe d'armées *Oberrhein* — Rhin supérieur — est sous l'autorité d'Henrich Himmler, mais relève directement d'Hitler. Au nord, la région comprise entre Strasbourg et la frontière luxembourgeoise est défendue par le Groupe d'armées G. Il compte trois corps : le 13e SS, le 82e et le 90e, en tout neuf divisions. Ces divisions constituent la Ire Armée, sous les ordres du général Hans von Obstfelder. Trois divisions d'infanterie et une division blindée forment un autre corps, mais qui dépend directement du général Balck.

L'enthousiasme gagne Skorzeny, comme cela arrive presque toujours après l'un de ces exposés d'Hitler qui devient invariablement un long monologue, où l'on découvre toujours une exorde une justification historique des événements, ensuite des exemples comparatifs tirés de son expérience personnelle et, pour terminer, un message prophétique.

Mais quand Skorzeny apprend, par un officier d'état-major, que l'ensemble *Oberrhein* et le Groupe d'armées G ne possèdent que des réserves insignifiantes, il est alarmé. Il n'est pas nécessaire d'être un stratège éminent pour comprendre qu'une offensive demande de puissants corps de bataille à l'arrière du front prêts à intervenir à tout moment et à se substituer aux unités de première ligne en difficulté.

1. Hitler se trompe. Une fois de plus il a été trahi. Staline, lui-même, est au courant de cette offensive dans le Haut-Rhin. Il a été prévenu en temps utile — comme toujours en pareil cas — par la centrale d'espionnage communiste *Orchestre Rouge,* qui, grâce à l'intermédiaire du mystérieux *Werther,* qui se cache à Berlin, retransmet à Moscou, par radio, toutes les décisions d'Hitler dans les heures qui suivent. On ne saura jamais qui était *Werther.*

Le 22 décembre, Hitler remplace le général des blindés Balck, fort compétent et qui n'a jamais démérité, par un chef réputé, le Generaloberst Johannes Blaskowitz. Ce dernier, plus connu que Black, a, à la ressemblance des Model et des Manteuffel, de l'ascendant sur la troupe : « Aux armées devenues exangues, il faut des chefs prestigieux, l'un compense l'autre », pense amèrement Skorzeny. Ces tours de passe-passe sont autant de mauvais présages. Il le sent. L'Allemagne est épuisée. Les réserves n'existent plus. Les armes nouvelles arrivent trop tard. L'offensive *Vent du Nord* en Alsace et en Lorraine ne sauvera plus la grande attaque *Garde au Rhin,* à laquelle l'opération *Griffon* n'a pu ouvrir les portes de la mer.

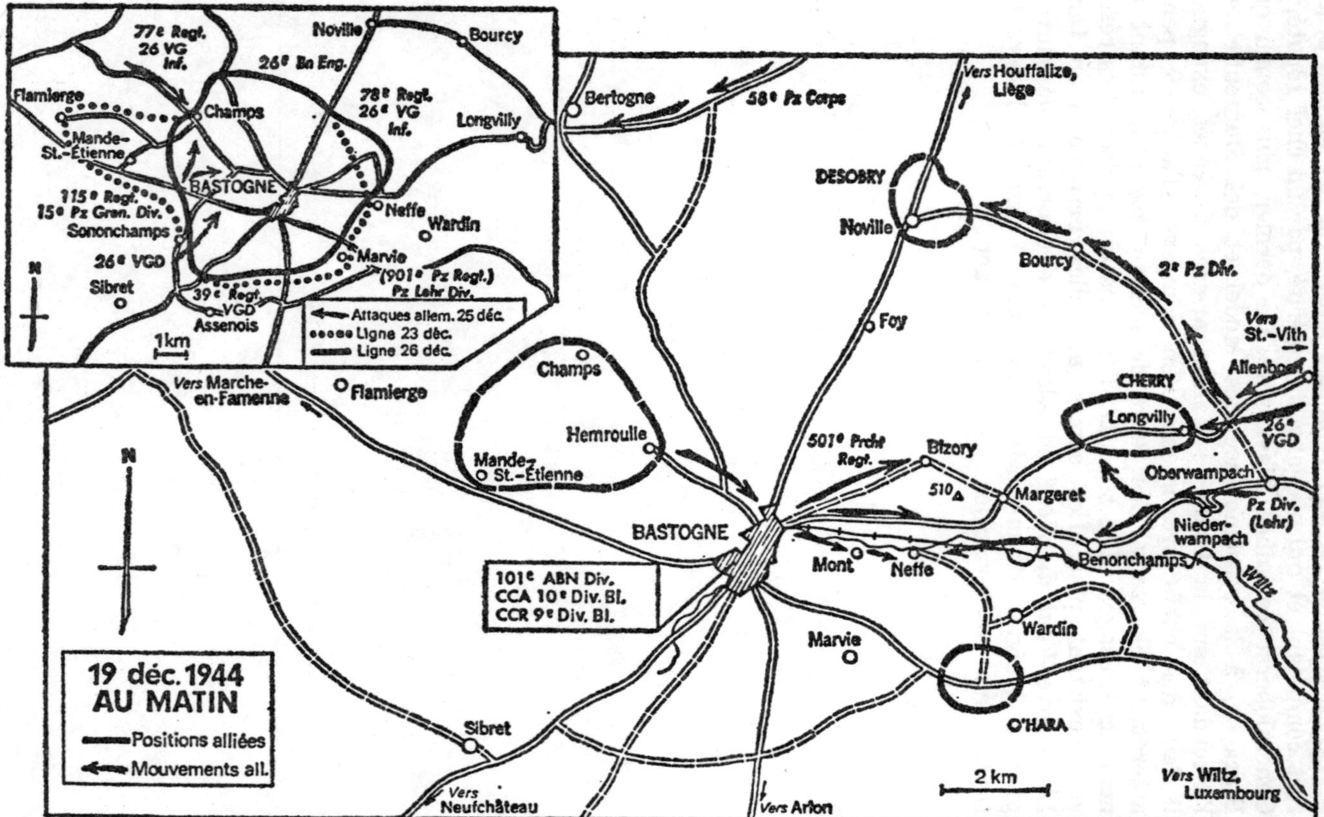

19 déc. 1944
AU MATIN
Positions alliées
Mouvements all.
N
2 km
BASTOGNE
101e ABN Div.
CCA 10e Div. Bl.
CCR 9e Div. Bl.
Bertogne
58e Pz Corps
Vers Houffalize, Liège
DESOBRY
Noville
Bourcy
2e Pz Div.
Foy
Vers St.-Vith
Allenborn
CHERRY
Longvilly
26e VGD
501e Prcht Regt.
Bizory
510
Margeret
Oberwampach
Niederwampach
Pz Div. (Lehr)
Benonchamps
Wiltz
Mont
Neffe
Wardin
Marvie
O'HARA
Vers Wiltz, Luxembourg
Vers Arlon
Vers Neufchâteau
Sibret
Champs
Hemroulle
Mande-St.-Étienne
Vers Marche-en-Famenne
Flamierge
77e Regt. 26 VG Inf.
26e Bn Eng.
78e Regt. 26e VG Inf.
115e Regt. 15e Pz Gren. Div.
Sononchamps
26e VGD
39e Regt. VGD
Assenois
(901e Pz Regt.) Pz Lehr Div.
Attaques allem. 25 déc.
Ligne 23 déc.
Ligne 26 déc.
1km

CHAPITRE XIX

BASTOGNE

Le 18 décembre.

Silence insolite. Chars masqués derrière les sapins enneigés. Bruit insignifiant de la chute d'une plaque de neige sur un Panthère. La guerre, déchaînée encore il y a quelques instants, semble s'être tue. Dans la forêt serrée, épaisse comme une toison, les fantassins silencieux avancent avec difficulté dans la neige qui atteint le haut de leurs cuisses. A la limite, une plaine, longue, blanche, glacée, balayée par le vent. C'est celle qui entoure Bastogne, où se trouvent les villages de Champs, Hemroulle et Mendé-Saint-Etienne.

Le Panthère attend. Il y en a d'autres derrière, abrités des avions américains d'observation — des Piper clubs qui bravent les rafales de neige — le long de grosses sapinières. Ils font partie de la compagnie de tête de la Panzer Lehr. Fritz Bayerlein vient de les quitter après inspection et retourne à son QG qui se trouve près d'Hargimont, à quatre kilomètres de là. Les chars sont immobiles, blancs et gris, le canon démesuré légèrement incliné sur l'avant, comme le dard d'un gros insecte fatigué. Leur équipage à l'intérieur frigorifié, cherche un peu de chaleur près du moteur qui rapidement se refroidit. Les hommes, de noir vêtus — la plupart arborent des décorations qui luisent quand ils font un mouvement —, essaient de se réchauffer en se portant de solides bourrades.

Le capitaine Schmidt — chevalier de l'ordre du Mérite de guerre, Croix de Fer de première classe, six chars américains détruits le premier jour près de Weiler —, le casque radio aux oreilles, s'impatiente.

— Pourquoi m'a-t-on enjoint de m'arrêter ? maugrée-t-il. Bastogne est là, devant. Attaquons ! Quel ordre pourrait-on nous donner sinon celui de prendre Bastogne ? Il y a une heure à peine, après un bref engagement, ma compagnie a fait une vingtaine de prisonniers américains. Ceux-ci ont déclaré que la petite ville était mal défendue, sans blindés et sans artillerie. Va-t-on croire un civil belge — aux opinions nettement américanophiles — qui a annoncé un peu plus tard que Bastogne est défendu par une division entière ? C'est un renseignement faux, destiné à nous tromper.

Il continue de ronchonner pour faire passer sa mauvaise humeur. La neige tombe inlassablement, recouvrant tout, la campagne, les chars, les canons, les hommes. Sous sa vareuse noire de tankiste, le capitaine Schmidt a enfilé sur sa chemise deux gros tricots de laine. Malgré cette précaution il a froid — il aurait bien pris à un soldat américain, qui a été tué tout à l'heure, son chaud *battle-dress* fourré avec les rations qui s'y trouvaient, mais les ordres sont sévères : il est interdit de se vêtir d'un vêtement de l'ennemi, fût-il mort. En Russie, pourtant, personne ne se gênait pour enfiler les belles bottes fourrées ou les grosses capotes d'un Ivan mort, ou vif !

Le buste neigeux, rigide, émergeant de la tourelle de son char, Schmidt ressemble à ces demi-soldats de plomb fixés au tank-jouet qui crache des étincelles. En attendant les ordres, le capitaine scrute à la jumelle la longue plaine qui s'étend devant Bastogne, où l'on distingue au loin les maisons et le clocher :

— Une belle plaine pour se déployer et attaquer les Américains qui défendent la ville ! poursuit-il en s'adressant à l'étendue blanche et triste qui attend, elle aussi, les foudres de la guerre.

Du Panthère qui se trouve derrière le sien, masqué sous un arbre à la lisière de la forêt, un homme sort de l'écoutille. Un autre le suit. Ils s'enfoncent dans la neige. Après quelques enjambées maladroites, ils s'arrêtent derrière un sapin. L'un des deux tankistes parle avec une animation contenue, comme s'il racontait à son camarade une histoire drôle. Schmidt les entend rire. Ils retournent à leur char. Le plus grand des deux s'arrête, et se cache des flocons de neige contre l'épaule de son compagnon pour allumer une cigarette américaine :

— Encore le sergent-chef Garlster qui se distingue ! murmure

Schmidt. Mon meilleur chef de char, mais qui n'en fait qu'à sa tête !

Il appelle le sergent-chef, en atténuant le plus possible sa voix au milieu de ce silence, où on entendrait à une lieue le passage d'un lapin :

— Garlster !... Garlster !...

Le sergent-chef aperçoit son capitaine qui, le bras tendu, lui désigne impérativement son char. Garlster aspire encore une bouffée, passe la cigarette à son camarade, qui en tète une autre avant de la jeter dans la neige et de remonter dans leur Panthère 914.

Entre le 914 et un autre Panthère, intercalée, une autochenille blindée, une Hanomag, portant dans ses flancs dix grenadiers prêts à se lancer derrière les chars par la porte arrière de leur véhicule :

— Eux au moins, pense Schmidt, ils peuvent se tenir chaud ensemble et bavarder en attendant le coup dur.

Le coup dur ! le capitaine l'attend impatiemment.

— On attend toujours quelque chose quand on est soldat, grogne-t-il, en essuyant les oculaires des jumelles. On attend le rapport, le courrier, la permission, l'heure des repas, le départ aux manœuvres, le retour au camp, l'heure H de l'attaque, celle de se faire tuer, et sans doute aussi l'arrivée... là-haut ! Comme on est soldat, on attend encore sa place au paradis ! Cette fichue attente !

Une voix nasillarde, celle de son colonel, lui parvient. Celui-ci lui commande de contourner Bastogne par le sud-est. Il sera remplacé par les fantassins de la 26e Division de Volksgrenadiers. Il doit démarrer aussitôt et recevra d'autres ordres ultérieurement. Pour la Panzer Lehr, comme pour toutes les forces blindées de la Ve et la VIe Armées, l'ordre est d'atteindre la Meuse le plus vite possible et de ne pas s'attarder aux villes et aux villages dont les fantassins appuyés par l'artillerie hippomobile s'occuperont.

— Comment ! râle Schmidt. On laisse Bastogne qui n'est presque pas défendu ! Bastogne qu'on aurait pu prendre en une heure !

Il glisse dans la tourelle et donne l'ordre de partir, puis fait retransmettre ses instructions par radio aux autres chars de la compagnie et aux quatre Hanomags.

Les moteurs rugissent. Le neige tombe des branches. Une forte odeur de gaz d'échappement, malgré les ventilateurs, envahit l'intérieur du char de commandement. Schmidt est remonté et, le buste hors de l'écoutille, il donne les directions au conducteur. Le Panthère VD, l'un des derniers modèles, pivote sur la gauche, la chenille droite grondant sur son chemin de roulement. Un remugle de soufre et d'huile brûlée se répand autour du moteur de 750 chevaux. Les 43 tonnes franchissent allégrement un fossé pour rejoindre le chemin forestier qui mène vers le sud. Le capitaine Schmidt se retourne pour observer les chars de son peloton manœuvrer. La meute gronde. Les longs canons de 75 zèbrent horizontalement la forêt : « Ne pas prendre Bastogne ! dit-il à haute voix rageusement, les mains dans les moufles serrant le bloc d'acier qui abrite le périscope de repérage. Ils sont devenus fous à l'état-major ! Les Américains vont en profiter pour amener des renforts ! Ce ne sont pas les marins qui viennent du Danemark ou de Norvège et qui forment la majeure partie des troupes de la 26e Division commandée par Kokott qui vont prendre Bastogne ! »

Les Panthères roulent en grondant dans la neige qu'ils rejettent autour d'eux comme des nuages. Dans chaque char les cinq hommes d'équipage, derrière leur plaque d'acier frontale de 120 mm, cherchent à se caler, car, en tout terrain, le problème pour un tankiste est de se caser au mieux et de protéger sa tête.

18 décembre, au matin.

Le général Fritz Bayerlein, à la tête de sa division blindée, a obtempéré aux ordres : dépasser Bastogne. Pour lui l'occasion de prendre la cité est perdue.

L'ordre vient de son chef, le général von Luttwitz, commandant le 47e Corps d'armée blindé. Luttwitz, un spécialiste des chars, a donné cet ordre à contrecœur. S'il n'avait tenu qu'à lui, il se serait tout de suite jeté sur Bastogne, pendant qu'il en était temps encore. Son service l'a informé que la 101e Division aéroportée US, venant de Reims, se dirige vers Bastogne pour renforcer la petite garnison. Mais le général de corps d'armée, von Luttwitz, obéit à l'ordre d'aller vite, qui lui a été donné par son supérieur, le général d'armée blindée Hasso von Manteuffel, lequel l'a reçu du Feldmaréchal Walter Model, dont la responsabilité est couverte par le Feldmaréchal Gerd von Rundstedt qui, pour une fois, avait été d'accord avec Hitler : les blindés, a-t-il prescrit, dépasseront les villes et fonceront vers la Meuse, l'infanterie protégera leurs flancs, réduira les poches et s'emparera ensuite des villes.

Cette heureuse concordance entre l'OKW et les généraux responsables de *Garde au Rhin* aurait dû être assortie de plus de souplesse dans son exécution. Malheureusement, le Führer ne laisse presque jamais de marge de manœuvrer à ses généraux. Luttwitz, bien renseigné sur la faiblesse de la défense américaine à Bastogne, qui lui aurait permis de s'emparer de la ville, donne l'ordre malencontreux de la dépasser.

Dans la soirée du 18 décembre, à toute vitesse, les premiers éléments de la 101e Division aéroportée US, aux ordres du général de brigade Anthony Mc Auliffe, qui la commande à titre temporaire, entre dans Bastogne. Il est temps. L'étau allemand se resserre.

Le 20 décembre, la 2e Panzers du général van Lauchert prend Noville, au nord de Bastogne. Des éléments de la 101e US, aux ordres du major Harwick, sont battus et doivent abandonner la ville aux Panzergrenadiers. Les événements se précipitent, pour un peu on croirait revenir à la Blitz Krieg, la fameuse guerre éclair de 1940. Le soir même, les blindés de von Lauchert, après avoir dépassé Ortheuville, arrivent sur les bords de l'Ourthe et réussissent à s'emparer d'un pont. Malheureusement, comme la Panzer Lehr, eux non plus, conformément au plan établi, n'attaquent pas la ville mais la contournent.

Deux précieuses journées sont ainsi perdues quand l'OKW laisse enfin von Luttwitz assiéger Bastogne. Deux journées qui marquent un tournant fatidique de la bataille des Ardennes.

Hasso von Manteuffel pense que Bastogne, bien qu'elle ait reçu des troupes d'élite, les parachutistes de la 101e, en renfort, peut être emportée par une seule division, la 26e Volksgrenadiers du général Kokott, renforcée, il est vrai, par le 901e Régiment de Panzergrenadiers de la Panzer Lehr de Bayerlein. Von Luttwitz déclare à Manteuffel :

— Nous n'avons pas voulu prendre Bastogne par surprise, il nous faudra maintenant un puissant corps de bataille pour nous en emparer. Je juge qu'une seule division est insuffisante.

Mais Manteuffel reste sourd à cet avis.

Ayant à sa tête le capitaine Schmidt et son peloton de Panthères, la Panzer Lehr fonce vers Saint-Hubert qui se trouve à vingt-cinq kilomètres, à l'ouest de Bastogne.

Le 21 décembre, le général Kokott, à la tête de la 26e Volksgrenadierdivision a terminé de mettre le siège autour de Bastogne. Ses forces se composent en outre des 39e, 77e et 78e Régiments de Volksgrenadiers, d'un bataillon de reconnaissance et du 901e Régiment de Panzergrenadiers que Bayerlein lui a laissé.

Mc Auliffe, qui commande Bastogne, possède douze bataillons d'infanterie soutenus par quatre escadrons d'artillerie, renforcés par deux obusiers lourds, auxquels s'ajoute le 420e Escadron d'artillerie blindé (Howitzer). Il dispose en outre d'une quarantaine de Shermans, plus de nombreux autres chars légers du type Lee et enfin le 705e Bataillon de tanks-destroyers qui est un redoutable appoint.

La veille, 22 décembre, vers 11 h 30, il a été averti que deux officiers allemands accompagnés de deux soldats se sont présentés aux avant-postes.

Les deux officiers venaient demander la reddition de Bastogne. Mc Auliffe avait alors fait taper aussitôt la réponse :

« Au commandant allemand :

« Des nèfles !

« Le commandant américain. »

Mc Auliffe avait chargé le colonel Harper, commandant le 327e Régiment d'infanterie aéroportée, de remettre le célèbre feuillet dactylographié aux deux officiers allemands qui attendaient, les yeux bandés, au PC de la compagnie F.

— J'apporte la réponse du commandant américain.

— Est-elle écrite ou orale ?

— Ecrite. Je vous la remets, dit Harper aux deux officiers.

Les Allemands avaient mal compris la traduction. Harper avait précisé ::

— Cette réponse est un non catégorique.

Il les avait fait monter ensuite dans sa Jeep et les avait reconduits par une piste enneigée, longue d'environ quatre cents mètres, à l'avant-garde où les soldats allemands causaient librement avec les Américains. A l'arrivée, il avait enlevé les bandeaux et notifié à l'un des deux officiers allemands, le plus élevé en grade — il était chef de bataillon :

— Si vous ne comprenez pas ce que veut dire : « Des nèfles ! » (*Nuts*) c'est l'équivalent en bon anglais de : « Allez vous faire f... ! » Laissez-moi vous dire autre chose : si vous continuez votre attaque, nous tuerons tous les sacrés Allemands qui essaieront d'entrer dans cette ville.

Les deux officiers avaient salué.

— Nous tuerons beaucoup d'Américains. C'est la guerre !

— Maintenant, les gars, vous pouvez partir et bonne chance !

La « proposition » allemande est maladroite. Les Américains ne se méprennent pas quant aux arrière-pensées de l'état-major allemand et jugent que celui-ci ne se sent pas sûr d'emporter la place. La proposition a pour effet d'exciter l'humour du commandement américain et de faire rigoler les troufions dans leurs tranchées.

Kokott envoie des sections de reconnaissance tâter le dispositif de défense américain. Il s'aperçoit que celui-ci est très efficace et que Bastogne n'est pas près de tomber. Le 23 décembre il engage le 39e RVG contre Marvie, au sud-est de Bastogne.

Malheureusement, le temps s'améliore. Les avions américains prennent l'air. Deux cent quarante Dakota, depuis midi jusqu'à quatre heures, larguent plus de cent tonnes de ravitaillement. Huit cents chasseurs escortent deux mille bombardiers qui pilonnent trente et un objectifs entre Monschau et Bastogne.

Au début de l'après-midi, la Flak allemande entre en action au-dessus du ciel couvert de Bastogne. Toute l'artillerie antiaérienne se déchaîne, depuis les quadruples de 20 et les 37 montés sur les chars Flakpanzer IV « Winbelwind », jusqu'aux redoutables canons de 88, en batterie à quelques kilomètres seulement de la ville encerclée.

Les lourds bimoteurs de transport C 47 apparaissent en vol serré, à faible hauteur. Certains ne sont pas encore arrivés à l'aplomb de Bastogne qu'ils s'embrasent, atteints par les obus de la Flak. Ils s'abattent dans la plaine, quelques-uns dans les lignes allemandes. Avant que ne soient largués les très nombreux containers de ravitaillement et de munitions, plusieurs spécialistes sont parachutés pour préparer méthodiquement les futures aires de largages et les balises avec des radars d'approche. Pendant ce temps, des chasseurs bombardiers *Lightning,* bifuselages, du XIXe Tactical Air Command, et des Thunderbolts attaquent aux rockets, aux bombes explosives, au napalm et à la mitrailleuse tout ce qui ressemble à un panzer, à une unité allemande d'infanterie grande ou petite.

De la campagne enneigée s'élèvent après leurs passages successifs d'épaisses colonnes de fumée noire qui attestent de la précision des coups au but.

Au début de la soirée la Luftwaffe réagit. Des JU 88 escortés par des Me 109 et des Fock Wulf 190 bombardent Bastogne. Des half-tracks, des GMC et des Jeeps sont détruits dans les rues avoisinantes de la place principale, ainsi que de nombreuses maisons, un hôpital auxiliaire et le PC du Groupe C Cherry qui avait brillamment combattu les jours précédents

La résistance de l'adversaire à Bastogne surprend Hitler. La décision qu'a prise le commandant américain de renforcer la garnison par des troupes d'élite, comme la 101e Aéroportée, l'entraîne à l'une de ces colères dont il est encore coutumier.

Il n'est pas douteux que l'ennemi fasse maintenant de Bastogne le pivot principal de sa défense dans le Sud-Ouest, à peu près de la même manière que la Ire Armée d'Hodges a tenu fermement Malmédy et Monschau devant les assauts des blindés de Sepp Dietrich.

Le Führer juge rapidement la situation et détache aussitôt son aide de camp personnel, le commandant Johannes Mayer, afin qu'il s'enquiert sur place, auprès du général von Luttwitz, de la situation nouvelle créée à Bastogne.

Il n'est pas difficile à Luttwitz de décrire à l'envoyé du chef suprême des forces armées la médiocrité de ses moyens :

— Avec ce que j'ai, conclut-il, je ne pourrai jamais emporter Bastogne, et les Américains sont coriaces.

Le commandant Mayer va se rendre compte aux premières lignes et retourne diligemment au Grand Quartier Général, à Zigenheim.

Après avoir entendu le rapport de son aide de camp, Hitler comprend qu'il faut par tous les moyens extraire l'écharde de Bastogne plantée sur les arrières de ses troupes. Il donne l'ordre, à contrecœur, d'envoyer en renfort à von Luttwitz la 15e Division de Volksgrenadiers, qu'il a maintenue jusqu'ici en réserve.

Ce 24 décembre — le jour même où Peiper et le reste de son Kampfgruppe refluent vers les lignes allemandes, après son échec — la 15e VGD, sur les ordres d'Hitler, prend donc position aux côtés des autres troupes du général Kokott pour enlever Bastogne.

Hasso von Manteuffel donne le feu vert à von Luttwitz pour déclencher l'attaque sans tarder.

L'attaque allemande lancée à l'aube du 25 décembre par les troupes du général Kokott échoue devant la courageuse défense des hommes de McAuliffe.

La bataille est terrible. Les Allemands savent qu'une puissante contre-offensive déclenchée au sud par la IIIe Armée Patton est en préparation. Elle peut rompre l'encerclement qu'ils ont effectué autour de Bastogne, mais dont ils n'ont pas su tirer profit dans les premières heures, quand la Panzer Lehr de Bayerlein était arrivée en vue de la petite ville, le 18 décembre. Ce jour-là, les troupes du colonel Harper avaient été en grande partie décimées devant Longwilly. Ce qui en restait s'y était retranché. Les Tigres et les Panthères de la Panzer Lehr avaient détruit presque tous les Shermans et les TD du groupe d'Harper ; les deux tiers de son infanterie avaient été tués ou faits prisonniers.

Mais, en ce jour de Noël 1944, les troupes américaines qui se défendent à Bastogne sont des troupes d'élite, ceux de la 101e Aéroportée, aidée par les bataillons aguerris de la 10e DB, et le simple soldat US est sorti de son « complexe » des premiers jours de l'offensive allemande. Il réagit, fait preuve d'initiative. Il a contenu la ruée, à l'étonnement des Allemands qui avaient toujours tenu, jusque-là, non sans condescendance, voire mépris, l'Américain pour un médiocre soldat.

Le réveil pour les Allemands est brutal. La bataille des Ardennes a révélé la valeur des simples soldats d'outre-Atlantique, les qualités de sang-froid et d'agressivité de leurs officiers. Quant aux généraux, du simple brigadier général comme McAuliffe, au commandant suprême, Eisenhower, ils ont reçu à l'Ecole de Guerre cette injonction — éternel principe de base de l'enseignement militaire du Français Guibert et de l'Allemand Clausewitz — que dans la guerre le seul but est de battre l'adversaire. C'est simple, encore faut-il le mettre à exécution. Les généraux américains l'appliquent, eux, dans les Ardennes au pied de la lettre.

Moins de huit jours après la formidable offensive des Allemands, ils passent déjà à l'attaque avec un brio, une audace et une science de la stratégie qui forcent l'admiration. Montgomery réclamait trois mois pour faire monter au front la Ire Armée d'Hodges, Bradley et Patton démontrent, malgré les intempéries et les problèmes de la logistique inhérents aux grandes unités, que l'on peut contre-attaquer en plein milieu d'une offensive ennemie.

La valeur du soldat yankee, jusqu'alors mal connue, est le second « miracle » qui permet le redressement américain dans les Ardennes. Il est exemplaire.

Dès le début de l'offensive allemande — quand le temps l'a permis — les avions du XIXe *Tactical Air Command* interviennent massivement. Les Panthères stoppés refluent, séparés de leur infanterie qui a été décimée aussi bien par les attaques des avions que par le tir des mitrailleuses des hommes de la Division de l'Aigle de McAuliffe. Dans leur mouvement de retraite les Panthères présentent leurs flancs, moins protégés, qui deviennent des cibles de choix pour les TD du 705e Bataillon de tanks-destroyers. Les chasseurs allemands interviennent. Il s'ensuit de spectaculaires duels entre Focke Wulfs et Thunderbolts dans le ciel enfin dégagé de Bastogne.

Le bouillant Patton donne l'ordre à Hugh Gaffey, commandant la 4e Division blindée, d'attaquer sans délai en direction de la ville et d'enfoncer les lignes de défense établies par les soldats de Brandenberger. La situation de Bastogne la place en charnière entre les deux armées allemandes : le nord de la ville relève de la Ve Armée de Manteuffel, le sud, de la VIIe Armée de Brandenberger. On ne retrouve pas cette situation du côté américain. Dès le 20 décembre le VIIIe Corps d'armée de Middleton, auquel appartient la 101e Aéroportée, passe sous le commandement de Patton.

Les Allemands résistent farouchement.

Une aube blafarde se lève. Le vent charrie des flocons de neige. Les hommes se battent dans la bourrasque. Il est 5 h 30. Le 115e Régiment de Panzergrenadiers continue d'attaquer. Deux compagnies du 327e RI de parachutistes américains plient sous le choc, mais comme des vétérans expérimentés, habitués à tous les coups durs, les Yankees se terrent dans leurs tranchées et laissent passer les panzers. Ils se relèvent ensuite et se ruent sur les fantassins allemands. Ceux-ci, surpris par-derrière, tâchent de s'abriter rapidement et de répondre au tir nourri des Américains. Les Américains lâchent des rafales et incendient des Panthères au bazooka, en visant le dessous du moteur où ces chars sont plus vulnérables et prennent feu facilement.

Les Allemands essaient par tous les moyens de détruire les nids de résistance américains avant que le jour ne soit complètement levé et que l'aviation US n'intervienne comme à son habitude.

Vers 6 heures, le général Kokott, qui dirige l'attaque, apprend que ses troupes sont arrivées dans les faubourgs de Bastogne. Malheureusement, dix minutes plus tard, la nouvelle est infirmée. Pire, à 7 heures, on perd la trace des deux colonnes du 115e Régiment de Panzergrenadiers. Le général Kokott envoie aussitôt un officier de liaison afin qu'il lui fasse un rapport sur les combats qui se déroulent devant Hemroulle et Champs.

L'officier revient une demi-heure plus tard. Ce que le général Kokott craignait est arrivé. La première colonne qui avançait sur Champs s'est heurtée à deux compagnies renforcées du 502e Régiment aéroporté américain, soutenues par de l'artillerie. Elles se sont repliées en bon ordre vers un bois d'où elles ont contre-attaqué et détruit sept Panthères, exterminant les fantassins qui les accompagnaient. Les mitrailleuses américaines sont entrées en action. Plus de quatre-vingts Panzergrenadiers restent sur le terrain. Les chasseurs bombardiers américains interviennent maintenant continuellement et les chars allemands restent tapis dans les bois.

La colonne qui attaque Hemroulle est prise à partie par une concentration de tanks-destroyers, de canons antichars à demi enterrés et de bazookas qui détruisent dix-sept Panthères et repoussent les hommes de la deuxième colonne du 115e Régiment de Panzergrenadiers. Là encore les Allemands abandonnent après leur attaque de nombreux morts, blessés et prisonniers.

Au matin du 26 décembre la bataille fait toujours rage. Patton ne sait pas encore comment et où il trouvera le point faible de l'adversaire, qui lui permettra d'ouvrir une brèche dans le dispositif allemand de Brandenberger couvrant le sud de Bastogne, sur une ligne passant entre Neufchâteau à Martelange et rejoignant à l'est la rivière Sûre. Mais si les Allemands sont pressés de gagner la Meuse, Patton est pressé de prendre Bastogne. L'un et l'autre cas entraînent des développements dont les conséquences sont difficiles à imaginer : en passant la Meuse les Allemands ne vont-ils pas faire « éclater » toutes les positions alliées en Europe occidentale ? En défonçant le front de la VIIe Armée, Patton n'obligera-t-il pas Hitler à arrêter son offensive, ou encore à dégager ses dernières réserves, décision dont la portée est incalculable puisque celles-ci sont les ultimes forces que l'OKW possède et qu'il n'existe plus rien derrière elles de réellement combatif entre les Ardennes et Berlin ?

Pour Patton, en tout cas, c'est clair : lever le siège de Bastogne permet de s'assurer aussi une plate-forme de départ en vue d'une offensive ultérieure. Et puis, c'est une façon, la meilleure, de ne pas laisser une seule minute de répit à ces satanés Allemands, car pour Patton, homme dynamique et de froide logique, le régime hitlérien, avec ses camps de concentration et ses SS, responsables du massacre de Malmédy, vient tout droit de l'enfer et le peuple allemand, concerné directement, en subit naturellement les conséquences. En avant et fonçons ! Telle aurait pu être sa maxime — qui aurait sûrement été celle de l'Obergruppenführer Seep Dietrich pour d'autres raisons... si Patton n'avait pas été de cette race d'hommes trempée par une morale infrangible et un tacticien hors pair. Il l'avait démontré en accomplissant sa célèbre percée à Avranches. Il fait encore preuve de son intuition et de sa rapidité de décision devant Bastogne.

Patton engage vigoureusement la 4e DB de Gaffey. Elle appartient au 3e Corps de Millikin à qui il a dit quelques jours plus tôt au téléphone :

— Ne musardez pas tant ! Contournez les localités que vous

nettoierez plus tard. Le terrain est maintenant bon pour les chars.

Hitler avait répété la même chose à ses généraux la veille du 16 décembre, quand il leur avait parlé de la Meuse.

De la 4e DB américaine deux unités rapides de combat fortement armées ont été détachées, le *Combat Command A* et le *Combat Command B.* Ceux-ci ont souffert des durs combats devant Martelange avec les éléments de la 5e Division de parachutistes allemands qui gardaient les ponts démolis sur la Sûre. Malgré la ferme résistance ennemie les pionniers du CCA ont réussi à lancer un pont sur la rivière.

Réorganisés sommairement la veille de l'attaque décisive sur Bastogne, le CCA et le CCB ne se trouvent plus qu'à six kilomètres de la ville, le 26 décembre au matin.

La réorganisation des deux *Combat Command* a pu être faite la veille, mais le remplacement des unités perdues laisse à désirer. On leur adjoint donc un troisième *Combat Command,* le CCR constitué d'éléments de la 4e DB et de la 80e DI. Le CCR est commandé par le colonel Wendell Blanchard. Il comprend le 37e Tanks Bataillon aux ordres du lieutenant-colonel Creighton Abrams et le 53e Bataillon d'infanterie monté sur half-tracks commandé par le lieutenant-colonel George Jacques. Deux escadrons d'obusiers de 105 mm *Howitzer* et une batterie de 155 mm *Long Tom* l'appuient.

Abrams et Jacques, qui ont déjà l'habitude de combattre ensemble et s'estiment, prennent la responsabilité d'attaquer vers Assenois sans en référer à Blanchard, qui semble moins bien connaître la configuration des lieux.

Le CCR a subi aussi des pertes : il manque à Abrams vingt Shermans et une compagnie au 53e Bataillon d'infanterie portée de Jacques n'existe plus. Malgré ce handicap, les deux hommes sont confiants.

Les chasseurs-bombardiers ont mis à mal les panzers devant Remichampagne et Clochimont, distant de cinq kilomètres de Bastogne. Les Thunderbolts attaquent à la rocket à quelques centaines de mètres seulement en avant des premiers chars. Ils déblaient le chemin, car il n'est pas certain que les 75 mm courts des Shermans puissent venir à bout de l'épaisse cuirasse inclinée des Panthères et des Tigres royaux.

A 15 h 30, en phonie, Jacques fait remarquer à Abrams que le jour va tomber bientôt. Faut-il continuer l'attaque ?

A ce moment, des C 47 de transport larguent des renforts

au-dessus de Bastogne. Des centaines de paruchutes s'épanouissent pendant que des planeurs glissent vers des aires d'atterrissage balisées. Abrams saisit l'occasion. Il comprend que c'est le moment de foncer sur la petite cité qui n'est plus que ruines. Il demande aussitôt par radio au chef de la 4e DB, le général Hugh Gaffey, l'autorisation d'attaquer plein nord. Gaffey en réfère à Patton :

— Etes-vous d'accord, mon général, pour que l'escadron d'Abrams prenne un gros risque en essayant de percer sur Bastogne ?

— Qu'il attaque ! répond Patton sans hésiter.

A la réception du message qui lui donne entière liberté de manœuvre, Abrams, le buste émergeant de la tourelle de son Sherman, allume un cigare, aussi agressif que son canon, et lance en phonie, à son escadron, cet ordre dépouillé de toute fioriture :

— Allez, roulez !

L'aviation américaine attaque de plus belle, pendant que neuf super-chars Cobra-King de 40 tonnes, commandés par le lieutenant Boggess, avancent vers le village d'Assenais, qui a été préalablement pilonné soigneusement par l'artillerie. Ils le traversent, chaque Cobra-King faisant feu de toutes ses pièces. Dans le rougeoiement des fermes qui flambent, les lourds chars cahotent dans les trous d'obus, tirant sans s'arrêter sur les Allemands qui détalent. Un des half-tracks du 53e qui accompagnent les chars de Boggess est atteint de plein fouet par un obus de Panthère et prend feu. Le simple soldat Handrix réussit à en sortir et court droit vers les positions allemandes cachées par la fumée, la carabine à la main. Il sait que derrière se trouvent deux canons de 88. Il abat le premier servant qui sortait de son trou. Les autres se rendent.

A 16 h 30, le lieutenant Boggess a dépassé le village. Les canons de ses Cobra-Kings sont brûlants. La mitrailleuse du char de tête crépite encore. Elle balaie à droite et à gauche les sapinières derrière lesquelles se réfugient des Allemands. A côté d'un blockhaus, dont il a raison en trois coups de canon, Boggess repère dans les arbres des parachutes. Il remarque dans la neige la terre fraîchement retournée de trous individuels. Qui s'y trouvait : amis ou ennemis ? Il crie à plusieurs reprises de sa tourelle :

— *Come here ! This is the fourth Armound*[1] *!*

Après quelques instants une tête casquée émerge de l'un des trous :

---

1. — Sortez ! C'est la quatrième blindée !

— *I'm lieutenant Webster of the 326th Engineers, 101 st Airborne Division. Glad to see you*[1].

Le risque pris par les lieutenants-colonels Abrams et Jacques a été payant. L'encerclement de Bastogne est brisé et désormais la 101e Aéroportée, commandée par McAuliffe, est incorporée à la IIIe Armée.

Quand Abrams et Jacques entrent dans Bastogne et vont à la rencontre de McAuliffe, ils découvrent sur leur passage les effets des bombardements de l'artillerie allemande sur la ville. Toutes les maisons sont atteintes, la plupart entièrement démolies. Beaucoup d'habitants ont été tués et les survivants restent terrés dans leur cave, car si Bastogne n'est plus encerclée, la petite cité terriblement éprouvée demeure toujours sur la ligne de feu. Douze mille Allemands environ ont été tués en voulant prendre la ville, les Américains ont perdu quatre mille hommes.

Le même jour, à 16 h 35, trois cents bombardiers lourds anglais Halifax et Lancaster se dirigent vers Saint-Vith. Arrivés au-dessus de la ville ils lâchent leurs bombes explosives et incendiaires. Ils virent ensuite vers l'ouest et regagnent l'Angleterre.

Le sol tremble à plusieurs kilomètres à la ronde, comme s'il avait été ébranlé par une puissante secousse tellurique. Des sapins s'écroulent. Au loin, la ville de Saint-Vith semble se soulever tout entière pendant quelques secondes, puis elle s'affaisse dans les flammes. Les Allemands sont cantonnés dans les environs. Sur les mille habitants qui sont restés et logent dans leurs caves, trois cents périssent.

Beaucoup d'autres charmantes cités des Ardennes ont déjà eu à souffrir terriblement des combats, comme Stavelot, Trois-Ponts, Saint-Hubert et Malmédy. Des centaines de civils belges ont été tués — certains massacrés par des SS, comme à Stavelot. Les destructions sont grandes et s'étendent non seulement aux cités, aux villages, aux ouvrages d'art, mais à toute l'infrastructure de la région comprise entre la frontière, au nord, à Aix-la-Chapelle et celle du sud, au Luxembourg : ponts, routes, voies ferrées, industries, centrales sont détruits.

---

1. Je suis le lieutenant Webster du 326e Génie de la 101e Division aéroportée. Heureux de vous voir.

CHAPITRE XX

MONTGOMERY

Coiffé de son légendaire béret et vêtu d'un épais *battle-dress* de parachutiste, Montgomery descend de sa longue limousine camouflée et fait son entrée au quartier général de la Ire Armée US. Le général Hodges l'accueille, entouré de ses officiers d'état-major.

Hodges salue le Fieldmarshal. Les deux hommes se serrent ensuite la main, afin de bien marquer devant les officiers réunis que l'entente entre les deux alliés n'est pas un vain mot en ces heures difficiles, quoique certains ne se soient pas privés, même officiellement, de laisser entendre le contraire.

En effet, on a noté que les Anglais, après le désastreux parachutage d'Arnhem, n'ont pas été indifférents aux « problèmes » que l'offensive allemande dans les Ardennes posent aux Américains d'être « accrochés », comme dans une partie de poker, par ces satanés Krauts, qui ne donnent pas l'impression de vouloir déposer les armes avant Noël.

C'est maintenant officiel. Pour des raisons qui ne sont pas étrangères à la diplomatie, Eisenhower abandonne une partie de ses prérogatives et Montgomery prend le commandement du front nord des Ardennes. La Ire Armée américaine de Hodges passe donc sous son autorité, la IIIe Armée de Patton, relevant directement de Bradley, commandant le 12e Groupe d'armées. Ainsi l'honneur est sauf et les Anglais peuvent posséder une part dans la victoire des Ardennes, car la certitude de Montgomery de la défaite des Allemands ne fait aucun doute. Il aurait haussé les épaules si on lui avait déclaré qu'Anvers pouvait être un jour en danger.

Montgomery s'assoit devant les officiers américains. Son visage est buriné, des rides accusées trahissent le tempérament puritain : n'est-il pas fils d'un pasteur anglican ? Un sourire bref raidit sa bouche.

— Alors, messieurs, j'ai cru comprendre que votre situation semblait être difficile ?

Hodges intervient, d'un ton neutre, presque sec.

— Notre front tient bon devant la VIe Armée SS de Sepp Dietrich.

Montgomery fait semblant de ne pas avoir entendu la réplique et prend un sandwich dans le panier pique-nique que son officier d'ordonnance vient de déposer près de lui.

Un officier de liaison britannique entrouvre une porte. Monty se lève et passe dans la pièce à côté. Il y retrouve les officiers dépêchés la veille sur le front pour avoir un aperçu de la poussée allemande.

Le major Whitley, de la 53e Division blindée, serré dans son strict uniforme d'officier de l'armée de Sa Majesté, le teint coloré, une mèche poivre et sel en travers du front, prend la parole. C'est le plus ancien en grade parmi les officiers présents :

— Les Allemands, Sir, ont engagé de puissants éléments blindés pour essayer de forcer nos lignes dans le secteur d'Hotton, entre Trois-Ponts et Bastogne, au nord d'Houffalize.

— Combien, Whitley ?

— Environ deux divisions.

— Lesquelles ?

— Des soldats que nous avons faits prisonniers appartiennent à la 116e Division blindée commandée par le général von Waldenburg. L'autre division n'a pas été encore identifiée. Nous avons aussi relevé la présence de la 560e Division de Volksgrenadiers...

— Les Allemands donnent l'impression de vouloir faire un gros effort en engageant le plus de forces disponibles pour percer vers la Meuse, répond le Fieldmarshal en monologuant, d'un ton sec. Merci, Whitley.

L'ancien chef de la VIIIe Armée entend les autres officiers les uns après les autres. Il se fait ainsi une idée plus précise de la situation sur le front nord du saillant, dont il a la responsabilité. Il revient dans la pièce.

— Je vous écoute, messieurs, dit-il avant de reprendre un sandwich.

Des officiers donnent leur point de vue et présentent un état de la bataille en cours, proche des rapports que lui ont faits, quelques instants auparavant, les officiers de son état-major et le major Whitley de la 53ᵉ Division blindée.

Montgomery se dirige vers une carte des Ardennes fixée au mur. Il se tourne vers le chef de la Iʳᵉ Armée US.

— Hodges, je vous propose cette solution. Nous allons rassembler l'effectif d'un corps d'armée pour une contre-attaque.

— Dès maintenant ?

— Non. Auparavant, nous stabiliserons le front.

Hodges s'approche de la carte et désigne un point.

— Il nous faudra amener alors rapidement des réserves dans le secteur de Stavelot, ici.

— Non.

Hodges, qui a encore l'index pointé dans la direction du secteur en question, se tourne vers le Fieldmarshal :

— Je ne comprends pas.

— Je vous demande d'évacuer le saillant de Saint-Vith.

Le chef de la Iʳᵉ Armée, l'un des meilleurs généraux de l'armée américaine, est stupéfait. Il a été un brillant élève de l'Army War College aux Etats-Unis, où l'on a toujours enseigné l'esprit d'offensive pour tous les engagements, fussent-ils même pendant une retraite — c'était le cas ici. Il ne peut donc concevoir que l'on abandonne le saillant de Saint-Vith, qui constitue, selon lui, un excellent tremplin pour lancer une contre-attaque sur le flanc gauche de la Vᵉ Armée de von Manteuffel. Hodges souhaiterait une réaction rapide qui permette d'assener des coups violents et répétés pour stopper l'offensive allemande. La manière habile et énergique avec laquelle il a brisé en peu de temps l'élan des Panzers SS de la VIᵉ Armée de Sepp Dietrich, de Monschau à Honsfeld, plaide en sa faveur. Montgomery résiste aux arguments de l'Américain.

— Il faut se retirer de la poche de Saint-Vith reprend-il.

Hodges reste silencieux.

En précisant sur la carte la position des troupes américaines dans la poche, Monty ajoute :

— Cette protubérance est dangereuse, et malsaine. La situation des divisions qui s'y trouvent pourrait devenir catastrophique du jour au lendemain si les Allemands attaquaient sur les flancs. Ils le feront, soyez-en sûr, quand ils en auront les moyens, et ceux-ci leur parviendront très vite. Ce serait une erreur d'envoyer les renforts de Ridgway dans la poche. Il faut opérer une vaste retraite.

Montgomery n'a pas terminé son exposé qu'un officier de liaison américain, l'air épuisé, arrive. Il tend un rapport au général Bill Hodges. Après que celui-ci en a fait la lecture en silence, il relève la tête. Devant le Fieldmarshal et tous les officiers présents, il le relit, cette fois-ci à haute voix :

« Mon cher Bill, je suis coupé du 8e Corps, aussi est-ce à vous que j'envoie directement ce message. Ma division tient la ligne Saint-Vith-Poteau. A ma droite, la ligne Saint-Vith-Holdingen est tenue par le groupe tactique B, de la 9e DB (général Hodges), par le 424e RI de la 106e DI (colonel Reed) et le 112e RI, de la 28e DI (colonel Nelson). Les deux régiments d'infanterie sont mal en point. J'ai un grand trou sur mon flanc droit qui n'est tenu que par quelques éléments de reconnaissance, des chasseurs de chars et des fuyards que nous avons regroupés pour constituer quelques barrages routiers. Deux divisions allemandes, la 116e Panzers et la 560e Volksgrenadiers, s'apprêtent à attaquer du nord-ouest, appuyées à droite sur Gouvy. Je pourrai *peut-être* les contenir encore aujourd'hui, mais je serai coupé demain. On m'a donné l'ordre de tenir et je le ferai, mais j'ai besoin d'aide. Une attaque de Bastogne vers le nord-est me soulagerait et permettrait de couper les salopards sur leurs arrières. J'ai également besoin d'un fort appui aérien. J'ai appris que le 18e Corps d'armée aéroporté était en route, et que la 82e Division aéroportée vient sur mon flanc nord, de sorte que la situation n'est pas inquiétante de ce côté-là. Bob Hasbrouck. »

Au loin, sur la route, on entend le bruit particulier des chars qui roulent vers le front. Hodges ajoute :

— Ces informations modifient nos plans.

Le général américain regarde Montgomery, qui garde le silence, Hodges poursuit :

— Il importe d'ordonner au 18e Corps d'armée de Ridgway de ne plus se placer en réserve pour une prochaine contre-offensive, mais de faire route sans délai vers Saint-Vith.

Montgomery jette un coup d'œil rapide sur la carte.

— Well, dit-il sportivement. Envoyez Ridgway vers le saillant.

Il est convenu que le 18e Corps ne pénétrera pas dans la poche de Saint-Vith. Ce serait trop risqué. Il parviendra très près de la poche, à la hauteur de Vielsalm. De cette façon, il sera alors possible d'évacuer Saint-Vith et de rétrécir le front, sans pour autant décrocher vers l'ouest dans un mouvement de retraite qui serait dangereux. Montgomery conclut, en esquissant un bref sourire :

— Il va de soi, messieurs, que l'on ne remporte pas une victoire complète dans l'anarchie et la confusion.

Ridgway décide que toutes les unités qui défendent ce que l'on appelle « la hernie fortifiée » de Vielsalm seront placées sous le commandement unique de Robert Hasbrouck. Le jeune général de brigade « Bob » Hasbrouck commande maintenant plus de deux divisions. Elles ont la lourde responsabilité de s'opposer au nord à la 9e Panzers SS, à la Brigade d'Escorte du Führer du général Remer, aux 18e et 62e Divisions de Volksgrenadiers qui viennent de Saint-Vith et aux éléments avancés de la 2e Panzers SS qui remontent du sud.

Ridgway se rend aux premières heures de la matinée au PC d'Hasbrouck.

— Bob, ordonne-t-il, il faut tenir Vielsalm. Commencez à évacuer les unités les plus exposées et la logistique inutile. Tout doit être terminé ce soir. Enterrez les chars si besoin est. Nous devons résister à tout prix.

•

Des rafales de neige cinglent les arbres. Le froid gerce les mains malgré les épais gants de flanelle fourrée. Certains hommes, qui ont réussi à échapper à pied à l'inexorable poussée des chars et des grenadiers portés allemands, ont eu les pieds gelés. Les plus heureux se sont retrouvés dans une ambulance et évacués sur l'hôpital de Spa, que l'on commence d'ailleurs à déménager.

Le vent souffle et semble emporter la petite vallée dans une bourrasque de neige. Les nuages gris fer, presque noirs, ne forment plus qu'un plafond très bas, ce qui ne réjouit pas les GI's qui attendent impatiemment le beau temps pour retrouver l'inestimable appui des chasseurs bombardiers.

Le sergent Brown s'est tapi dans un fourré. Des éléments allemands de la Flak arrosent la vallée à coups de 20 mm. Les canons quadruples sont montés sur des autochenilles. Elles protègent une compagnie de Panzergrenadiers dont les Hanomags blindés et des camions sont dissimulés dans la forêt. Les autocanons de la Flak attendent. Elles changent souvent de place pour éviter d'être une cible facile. Il leur faut traverser la petite vallée qui se trouve sous le feu de deux Shermans ; les Allemands attendent donc que des Panthères délogent les deux courageux chars américains avant de pouvoir reprendre leur progression dans la forêt.

Une heure plus tôt, Ralph Brown a été obligé d'abandonner

son bazooka. Plus de munitions. Pourtant, il aurait aimé le pendre dans l'entrée de la maison de ses parents à Providence Rhode Island, car avec son « tuyau » il avait, dans la matinée, envoyé au Walhalla un Tigre royal et son équipage, et, un peu plus tard, un rapide Jagdpanzer IV de vingt-six tonnes de la 12e Panzers SS, la *Leibstandarte Adolf Hitler,* qui, sous le coup de sa fusée, avait sauté dans le chemin creux comme une crêpe au fond d'une poêle.

Maintenant, les doigts gourds malgré les gants fourrés, il agite sa mitraillette Thomson par petits mouvements saccadés pour rameuter sa section dispersée à la lisière du bois. Car le sergent Brown est un chanceux, dans le repli général en direction de l'ouest, vers l'Elsenborn, il a pu encore garder tous ses hommes, ce qui est aussi de sa part une prouesse, qu'aurait saluée son colonel si, malheureusement, il n'avait été fait prisonnier alors qu'il fonçait au volant de sa Jeep sur une route où il ne pensait pas trouver les Allemands.

Le premier qui rejoint Brown est le caporal-chef Ward. Aaron Ward, du Montana, un tireur réputé, qui ne manque pas de brio pour courir dans la neige tel un trappeur du Grand Nord. Comme dit le soldat de deuxième classe Fry, de la section, avec une pointe de racisme : « Ward a sûrement du sang indien dans les veines ! »

Ward introduit un chargeur et fait jouer la culasse glacée de sa carabine M1. Il s'accroupit à côté de Brown, qui garde les yeux rivés vers la forêt, à droite, agitée par le vent. Derrière les arbres, s'est embusqué, à douze cents mètres à peu près, un des autocanons de la Flak. On peut distinguer, devant, quelques Allemands dispersés en tirailleurs pour protéger les autocanons d'un éventuel tir de bazooka.

— Ça va, sergent ? demande Ward, en faisant une grimace qui découvre des dents aussi blanches que la neige.

— Pas trop mal. Attendons la nuit. Ces putains d'autocanons nous empêchent de passer !

L'humour, qui est au rendez-vous, veut que Brown et ses hommes prennent la même direction que les Allemands : l'ouest. Les Allemands attaquaient sans désemparer pour atteindre la Meuse et forcer la route d'Anvers ; la section Brown, comme beaucoup d'autres groupes américains qui avaient éclaté devant la ruée des panzers, prend aussi la direction de la Meuse mais pour se regrouper derrière le fleuve et contre-attaquer.

Un à un, en rampant dans la neige poudreuse balayée par le vent qui aveugle par bonds, la section se regroupe autour de Brown.

— Qui a encore une cigarette ? demande Ward, la carabine sur sa poitrine, comme s'il cajolait un bébé.

— Tiens, dit Fry en lui tendant un paquet froissé de Lucky Strike où restait encore une cigarette. C'est tout ce que j'ai.

Ward réussit à allumer la cigarette. A cet instant, une rafale de vent apporte un bruit de moteur accompagné de quelques appels en langue teutonne. Ward, la cigarette collée à ses lèvres gercées, épaule aussitôt et fixe une des petites silhouettes qui semblent avancer devant les autocanons.

— Arrête ! grogne Brown, en lui serrant le bras. Tu veux nous faire repérer ? Je t'ai dit qu'on attendrait la nuit ici.

— Mais on va geler ! On peut pas attendre ! Avec ma verge je me fais ces Krauts !

Il aime bien ce surnom que Porter, un instituteur du Bronx, a donné à son fusil. Porter a comparé son arme à la verge d'Aaron, l'homonyme de Ward, ce qui est apparu au caporal-chef comme une promotion plus importante qu'un grade. Ward répète :

— Je vous assure, sergent, j'me les fais et on passe dans la plaine !

— Je préfère avoir une patte gelée que de me faire descendre par ces autocanons de malheur, réplique Brown.

— Serrons-nous tous les uns contre les autres, renchérit Porter, on se tiendra plus chaud.

Fry se tourne vers Ward, qui sent passer une bouffée d'haleine sur son visage comme un nuage tiède.

— Toi, qui es du Montana, tu dois connaître le froid. Tu nous frotteras les pieds ?

— Pas les tiens, fils de...

— Taisez-vous ! lance Brown, les Krauts vont nous repérer.

Les Allemands envoient quelques rafales de leurs canons à tir rapide dans la plaine, mais c'est pour réchauffer le mécanisme des pièces et s'assurer qu'elles ne s'enraient pas à cause du froid.

Le jour baisse rapidement. Les bourrasques s'apaisent. Des coups de canons retentissent dans la vallée, comme le tonnerre. Les panzers sont sans doute arrivés.

Brown et ses hommes ne voient rien. Le combat s'est engagé derrière un coude formé par la vallée. Le duel est d'ailleurs bref. D'un côté comme de l'autre personne n'insiste.

On distingue dans l'ombre les silhouettes des autocanons qui s'aventurent dans la vallée.

La nuit est tombée. Le silence qui semble envelopper la vallée après le duel de chars est déchiré par le grondement des Hanomags couvertes de branches de sapins qui transportent les Panzergrenadiers. Elles sortent de la forêt à la suite des autocanons.

— C'est le moment, souffle Brown.

Parallèlement à la route que prennent les véhicules allemands, mais à une distance respectable, la section de Brown sort du fourré. Les hommes courent dans la neige en direction de la lisière de la forêt, celle qui se trouve maintenant en face d'eux.

Brown et Ward sont déjà arrivés sous le couvert des premiers arbres quand la vallée derrière eux s'illumine d'une lumière livide. Les Allemands ont allumé un projecteur de la Flak. Il est braqué sur les nuages et par réflexion éclaire le sol. Les Allemands, certains que le plafond bas empêche l'aviation américaine d'intervenir, utilisent ce puissant moyen pour attaquer ou faciliter leur progression. Dans le cas présent, le chef de bataillon de Panzergrenadiers active le passage de ses véhicules dans le cadre de l'offensive où selon les ordres d'Hitler il faut, après la rupture, foncer vers la Meuse, quitte à laisser des groupes importants de l'armée américaine sur ses arrières.

En éclairant la petite vallée, encaissée entre les deux épaisses forêts, les Allemands, en cherchant une sente forestière, découvrent les hommes de Brown qui pénètrent dans la forêt. Aussitôt un autocanon tire plusieurs rafales dans la direction des fuyards. Autour de Fry et de Porter, les derniers à se mettre à l'abri, des branches s'abattent sous les impacts des obus de 20 qui brisent les sapins comme des allumettes.

Le projecteur de la Flak vient de s'éteindre, par précaution sans doute. La nuit est revenue. On entend le vrombissement des moteurs des autos blindées allemandes : elles traversent la vallée et gagnent elles aussi la forêt où elles trouveront le sentier forestier leur permettant de joindre par le chemin le plus court la localité voisine.

Le sergent attend que tous ses hommes soient près de lui. Il sort sa boussole à aiguille phosphorescente.

— Le caporal-chef Ward couvrira notre retraite. Les autres, suivez-moi.

En file indienne, les hommes de Brown s'enfoncent dans les sapinières, direction sud-ouest. Ward, marchant à une trentaine de mètres derrière la section, se retourne à intervalles réguliers. Les Allemands les suivent-ils ?

Après quelques minutes, il entend le ronflement d'un moteur et le cliquetis des chenilles d'une Hanomag. Aaron laisse échapper un juron.

— Voilà les Krauts qui rappliquent !

Son juron peut laisser supposer que l'arrivée des Allemands le contrarie. En fait, il jure comme la plupart des soldats, pour la forme. Au fond, il est plutôt satisfait. Il croit se retrouver au milieu de l'une de ces épaisses forêts sans fin du Montana, peuplées de caribous et où se perd la frontière qui sépare les Etats-Unis du Canada. Il arme sa « verge d'Aaron » et s'agenouille derrière une souche, attendant le premier Allemand qui se présentera entre deux arbres à moins de soixante mètres, car son excellente petite M1 ne lui permet pas de tirer convenablement au-delà, surtout dans la nuit. Heureusement, les branches et les brindilles qui craquent sous les bottes des assaillants lui permettent d'évaluer la distance et il devine leur présence comme en plein jour.

Son attente est de courte durée. L'auto blindée allemande s'arrête. Par les portes arrière les grenadiers allemands sortent et prudemment s'égaillent en tirailleurs entre les sapins. Ward comprend que l'un d'eux se trouve légèrement sur sa gauche, à cent mètres environ. Il attend qu'il se soit avancé encore d'une quarantaine de mètres, ajuste l'ombre et fait feu.

L'Allemand lâche un cri rauque. Ward entend des appels. Les Allemands se sont tous plaqués au sol, sauf un, sans doute — l'Américain perçoit distinctement le craquement des branches sous la poussée d'un homme qui court vers l'endroit où son camarade gît. Des coups de feu claquent. Les Volksgrenadiers, chers à Sepp Dietrich, tirent au hasard : « Ils gaspillent leurs munitions », murmure Ward, qui, la M1 bien en main, la mire rivée à son œil de félin, attend le prochain ennemi qui viendra se placer à la distance requise.

Personne ne vient. Le tir cesse. Des ordres s'élèvent dans la forêt. Quelques instants plus tard, le moteur de l'Hanomag gronde à nouveau. Les chenilles grincent puis les bruits diminuent. L'autochenille rejoint le bataillon. Les Allemands ont jugé qu'il est inutile de courir après quelques fuyards. Deux choses comptent : aller vite et vers la Meuse.

Exténués, Brown et ses hommes retrouvent les lignes américaines le lendemain soir. Croyaient-ils être arrivés au bout de leur peine ? Hélas ! les ennuis commençaient.

Il n'y a pas cinq minutes que le sergent attend, avec ses hommes, le moment de se présenter pour faire son rapport devant le commandant de l'unité qui les a accueillis, quand un sergent de la MP lui intime l'ordre de le suivre. Tout en marchant, le MP garde la main à portée d'un Colt, dont l'étui est fixé à sa cuisse. Brown demande des explications. Le sergent ne répond pas. Brown s'énerve. En guise de réponse le sergent lui lance un sec : « *Shut up !* » et le pousse dans une jeep. La section, qui suit son chef, est entassée dans un camion Dodge. Les deux véhicules filent vers Eupen.

Un par un ils passent devant un lieutenant du Service des

Renseignements. Ralph Brown n'en croit pas ses yeux, ni ses oreilles. Lui et ses hommes sont interrogés comme de vulgaires espions. Eux qui ont réussi à regagner les lignes avec leurs armes, ayant à leur actif quatre chars — Ralph, à lui tout seul, en a détruit deux — sont suspectés. Mais de quoi ?

Le lieutenant, plutôt jeune, se trouve assis derrière une table en bois blanc : c'est le bureau du directeur de l'école de garçons. Le lieutenant, assisté d'un adjudant et d'un soldat, fixe Brown, debout, au garde-à-vous :

— Vous appartenez au 38e Régiment d'infanterie, sergent ?

— C'est exact.

— Vous êtes de Providence ?

— C'est sur mon livret militaire.

Le lieutenant ne bronche pas.

— Comment avez-vous pu traverser les lignes allemandes ?

— J'ai été séparé de ma compagnie un moment où les Krauts...

— Quel est le surnom de l'équipe de rugby de Detroit ?

— Comment voulez-vous que je le sache ?

— Qui était l'époux de Carole Lombard ?

— Euh... James Stewart, sans doute.

— Non, Clark Gable.

Suit une autre série de questions du même genre. Brown croit à une plaisanterie, mais le regard du lieutenant du Service des Renseignements se charge de le détromper : il est un suspect, ses hommes aussi. Tous les soldats américains qui rallient les lignes, après avoir été séparés de leurs unités pendant les combats, doivent être interrogés. C'est l'ordre, depuis que trois hommes des commandos de Skorzeny ont été arrêtés, le matin même, derrière le front sous l'uniforme américain : ils changeaient les poteaux indicateurs à un croisement de routes.

CHAPITRE XXI

LA CONTRE-OFFENSIVE

Le 23 décembre.

Sept ans, ce 23 décembre 1944, que le père Geoffroy tient le kiosque à journaux situé au coin du boulevard de la Madeleine et de la rue Daunou. Il s'est installé l'année de l'Exposition, en 1937. On l'aime bien dans le quartier, c'est un peu la mascotte. De son côté il connaît bien les habitants et leurs coutumes. A des heures précises ses clients passent lui acheter leur quotidien : à 7 heures, les chasseurs de l'*Hôtel Scribe* et du *Grand Hôtel,* à 7 heures 30, le gérant du café Daunou, à 8 heures, avant d'aller s'asseoir à son établi, le réparateur de pipes de chez Dunhill, et à 9 heures, le maître tailleur d'*Old England.* Sans compter toutes les petites indiscrétions de la rue, ces rendez-vous furtifs, comme celui du Tabac du Boulevard entre une coquette petite vendeuse de la Samaritaine de luxe, qui y vient retrouver cinq minutes avant l'ouverture du magasin le marchand de cravates — marié — de la rue Scribe. Inutile de préciser la situation privilégiée du père Geoffroy qui a acquis, au fil des ans, un sens aigu de l'observation.

La guerre n'a pas modifié le train-train de son existence. Il a vendu à contrecœur les journaux de la collaboration : *Aujourd'hui, le Cri du Peuple* de Doriot, *Paris-Soir, Je suis Partout,* etc., ou la revue allemande *Signal.* Mais il faut bien manger, souvent au marché noir, et ce n'est pas sa médiocre retraite d'ancien combattant de la guerre de 14 qui a pu le faire vivre en ces temps de pénurie. Pendant quatre ans il a vu défiler les uniformes feldgrau de la Wehrmacht, ou gris-bleu de la Luftwaffe. Après la Libération, le quartier s'est nuancé de toutes les teintes du kaki, de la vareuse claire sur le kilt du *highlander,* jusqu'à celle du kaki-vert des officiers américains. Malgré la crise du papier, des dizaines de nouveaux quotidiens — souvent de deux pages seulement — ont refleuri à ses crochets comme des fleurs aux beaux jours.

Vers une heure de l'après-midi, ce jour-là — dans le journal *Combat* paraissait un éditorial d'Albert Camus sur l'espérance et la nation — le coin de la rue Daunou est en émoi, à vingt mètres à peine de son kiosque. La police française vient d'appréhender un ancien chef de la Milice qui, malgré sa barbe, a été reconnu par un consommateur du restaurant où le milicien déjeune.

Pour d'autres personnes que le père Geoffroy, cette affaire aurait suffi à la journée, et éclipsé les autres incidents. Mais rien n'échappe au regard perçant du vieux combattant, dont les yeux, comme un télémètre abrité dans sa casemate feuillue, surveillent le carrefour.

Après l'arrestation du collaborateur, son attention est attirée par deux hommes en civil. Ils ne ressemblent pas à des Français : trop grands, les cheveux tirant sur le blond. Ils paraissent déambuler comme des promeneurs désœuvrés, qui font « une partie de lèche-vitrines ». Mais ils s'attardent trop longtemps à contempler les devantures, revenant sur leurs pas, jetant souvent de brefs coups d'œil vers le *Café de la Paix* et l'*Hôtel Scribe.*

L'*Hôtel Scribe* abrite les bureaux de nombreux officiers américains. Des généraux, des officiers de marine et des aviateurs y travaillent. Geoffroy est renseigné par une femme de ménage qui lui achète de temps à autre *Franc-Tireur* quand elle revient du *Scribe,* le matin, vers 7 heures, après son travail. L'attaché naval d'Eisenhower, le capitaine de vaisseau Harry Butcherson, a son bureau à l'*Hôtel Scribe.*

A 2 heures, le maître tailleur de chez *Old England* — le magasin est en face de l'hôtel — passe devant le kiosque à journaux. Il vient d'avaler un *ersatz* de café au *Daunou* et regagne son atelier. Il s'arrête devant l'ouverture du kiosque dans laquelle apparaît le visage sympathique du marchand de journaux :

— Il paraît qu'on a arrêté un collabo tout à l'heure ? Quelqu'un d'important ?

Le père Geoffroy fait un signe de tête impératif que l'on traduit sans hésitation par : « Venez plus près, je vais vous révéler quelque chose de grave. » Le tailleur comprend et s'approche.

— Moins important que ces deux-là, murmure-t-il en signalant d'un regard rapide la présence des deux hommes blonds. Me r'tirerez pas d' l'idée que ce sont des policiers américains. Y a quatre jeeps de la Military Police rue Scribe. M'est avis qu'y en a autant rue Auber et derrière l'Opéra.

— Les Américains craignent quelque chose ?

— Sûrement. J'ai jamais vu autant de types de la police militaire depuis deux jours.

— Un attentat ?

Le père Geoffroy ne répond pas, mais un plissement des lèvres suggestif accorde à cette interrogation un intérêt qui conforte le maître tailleur, car, lui aussi, depuis deux jours a entendu parler des hommes de Skorzeny. Ne dit-on pas qu'une centaine se trouvent dans Paris ? Ils se sont déjà mis en rapport avec des anciens miliciens de Joseph Darnand et des hommes de Doriot pour accomplir des sabotages, assassiner des chefs de la Résistance... peut-être de Gaulle ?

L'écho de ces rumeurs est venu rapidement, on s'en doute, aux oreilles du père Geoffroy. Mais le vieux marchand allie à ses dons d'observation le sens du secret de la chose militaire. Il ne dit rien et fait croire ainsi qu'il en sait long.

Cependant, cette fois-ci, le brave homme aurait été bien étonné s'il avait appris que tout l'*Hôtel Scribe,* depuis les WACS jusqu'aux généraux, est sur pied de guerre. Les services de renseignements américains ont signalé, en effet, que le 23 décembre un commando d'une soixantaine de SS de Skorzeny, de l'*Einheit Stielau* doivent se retrouver aux alentours du *Café de la Paix* pour rencontrer des Français. Déjà Skorzeny, à cause de ses balafres, a été surnommé par les Américains Scarface, le célèbre gangster de Chicago, lui aussi balafré.

On dit que les hommes à « Scarface » parlent admirablement l'anglais, avec la pointe requise qui trahit la langue des Yankees. Ils doivent assassiner Eisenhower.

Le capitaine de vaisseau Butcherson sort de l'*Hôtel Scribe* vers 2 heures et demie. Il est encadré de deux policiers dont la main droite serre la crosse d'un 11,25 qu'ils portent dans un étui en cuir sous leur veston.

Harry Butcherson pense que les parachutistes[1] et les *teams*

1. Ils étaient, comme on le sait déjà, sous le commandement du colonel von der Heydte.

de sabotage allemand sont sous le commandement d'un seul homme : Otto Skorzeny. Comme beaucoup d'officiers alliés — particulièrement aux renseignements — il croit maintenant que la préparation de la bataille des Ardennes a été poussée très loin par l'état-major allemand et qu'il faut s'attendre à tout, même à l'assassinat, ou au rapt, du chef des armées alliées en Europe, le général Dwight David Eisenhower, dont le quartier général, le SHAEF, se trouve à l'*Hôtel Trianon* à Versailles.

En trois bonds, Butcherson est dans sa Plymouth verte, qui démarre aussitôt en direction de la place de la Concorde et, de là, vers Versailles.

Eisenhower sourit quand il entend le capitaine de vaisseau Butcherson lui rapporter les mesures qui ont été prises sur le front et aux arrières pour faire échec aux commandos de Skorzeny. Le responsable de la sécurité du SHAEF et lui-même demandent aussi à leur chef d'obéir aux consignes prises pour le protéger.

Le sourire du chef des armées alliées a disparu pour faire place à un léger agacement. Entre autres mesures il ne doit plus sortir seul dans le parc de la propriété qui jouxte celui du château.

— Cette histoire de saboteurs ne tient pas debout, dit-il à un secrétaire. Il y en a, sûrement, mais ils ne sont pas nombreux. Les Allemands n'ont pas eu les moyens ni le temps pour monter une opération de sabotages de grande envergure sur nos arrières. Pour ma part, j'ai envie de faire un tour. Si quelqu'un veut me tirer dessus, qu'il ne se gêne pas. Mais j'ai besoin de sortir et je sortirai !

Ike fait son tour dans le parc sous le regard inquiet des MP armés jusqu'aux dents qui le protègent. Un grand chef de sa trempe ne se laisse pas aller à prêter une oreille attentive à des bruits qui, amplifiés, deviennent des armes d'intoxication — et dont Hitler, qui connaît admirablement les arcanes de la propagande, n'a pas sous-estimé les effets. Pour Eisenhower et les grands chefs alliés l'opération *Griffon* de Skorzeny a fait long feu, le reste n'est que folklore.

La mobilisation contre l'opération *Griffon* met à jour quelques scandales que la Military Police découvre en faisant la chasse aux hommes de Scarface. S'il n'y a pas un seul SS à plusieurs centaines de kilomètres autour de Paris, la police militaire arrête en revanche plus de cent déserteurs américains qui pillent le ravitaillement des troupes. Ils revendent à des Français cigarettes, conserves, vêtements, chaussures et même de l'essence. Un groupe de cent quatre-vingt un officiers et trois soldats a détourné un train entier de ravitaillement. Au moment de leur arrestation, la plupart possèdent plus d'un million de francs sur eux[1].

Quand sont mis sous les verrous tous ces soldats trafiquants, le nombre des déserteurs américains qui se trouvent dans les prisons parisiennes réservées aux Alliés s'élève à 1 400. Si l'on juge sur les résultats obtenus, et à leurs manières, ces Yankees, qui avaient une curieuse façon de faire la guerre, furent plus efficaces que les SS de l'*Obersturmbannführer* Skorzeny.

Le service météorologique de la 9e Air Force, le corps d'armée aérienne US qui couvre la partie Ardennes/Alsace, est catégorique : « Pour les jours prochains le temps couvert, avec une visibilité très restreinte, persistera. Pas de changements à prévoir avant le 26 décembre. » Le chef d'état-major de la 9e Air Force ne prend pas une responsabilité qui outrepasse ses attributions quand il affirme :

— Avec ce temps-là, il nous est impossible de faire décoller nos avions.

Son chef, le général de corps d'armée aérienne Vandenberg, ne peut qu'opiner de la tête. Le mauvais temps, le plus précieux allié d'Hitler — le seul même qui lui reste —, s'étale en une nappe basse et épaisse de la mer du Nord à la frontière suisse. On n'aurait pu lancer un cerf-volant.

Cette constatation peu encourageante n'est pas faite pour diminuer le bouillonnant optimisme de George Patton, le commandant de la IIIe Armée, dont le colt à crosse de nacre qu'il porte continuellement à la ceinture est devenu aussi légendaire dans l'armée américaine que les grenades de Ridgway qu'il enfilait à ses bretelles.

Patton possède cette foi de croisé dont le rituel ne manque pas d'une rude familiarité. Pour lui, la semaine précédente, le mauvais temps n'avait déjà que trop duré et il est devenu vital pour les armées américaines que Dieu s'en mêle. Il convoque donc son chapelain au moment où il déclenche son offensive sur la Sarre :

---

1. On apprit après la guerre que près de vingt mille hommes, l'effectif de plus d'une division, avaient pillé à Paris et à Reims le ravitaillement de leurs camarades qui combattaient dans les Ardennes. Les camions disparaissaient « dans la nature », sur les routes qui menaient au front.

— Paris va ressembler à Chicago, déclarait à cette époque, le colonel E.G. Buhrmaster, commandant la Police militaire de Paris et de ses environs. Nous venons d'arrêter un commandant qui avait envoyé en quelques semaines trente-six mille dollars à sa famille.

— Chapelain, je désire que vous mettiez le Bon Dieu de notre côté.

— Mon général, lui répond l'aumônier en chef de la IIIe Armée, ce n'est pas une chose si facile à faire.

— C'est votre travail.

— Cela va de soi, mon général, mais avouez qu'il m'est difficile de faire une prière dans laquelle je demanderai à Dieu de tuer d'autres hommes.

— Chapelain, je ne vous demande pas de me faire un cours de théologie ! Je vous rappelle que vous êtes l'aumônier de la IIIe Armée et que je veux ma prière.

L'aumônier en chef porte machinalement la main à la croix en argent pendue à son col, par-dessus sa vareuse d'officier et a un bref sourire — charitable — avant de se retirer.

Le soir même, Patton a sa prière :

« Seigneur tout-puissant et miséricordieux, nous implorons Ta bonté divine pour que Tu daignes contenir ces pluies excessives contre lesquelles nous avons dû lutter. Accorde-nous dans Ta grâce un temps favorable pour la bataille. »

Cette prière comble Patton qui la fait imprimer à plusieurs milliers d'exemplaires. On les distribue aussitôt dans toute son armée. Quelques jours plus tard, son chef d'état-major attire son attention sur le fait que cette prière s'adresse à son offensive de la Sarre, mais, entre-temps, Bradley lui a commandé de se porter brusquement au nord pour enrayer l'offensive allemande des Ardennes :

— Ne chicanez pas, lui répond Patton, Dieu est au-dessus de cela. Il sait bien qu'on est trop occupé à battre les Allemands pour que nous ayons le temps d'en imprimer une autre.

C'est vrai, Patton est très occupé et il n'a pas perdu de temps pour redéployer son armée de la Sarre vers le Luxembourg. Qu'on imagine ce gigantesque mouvement qui se déroule en quarante-huit heures seulement : faire rebrousser chemin et reconduire vers le nord, sur cent cinquante kilomètres, une armée entière sur des routes qui n'existaient plus que de nom, dans des bourrasques de pluie, puis de neige. Quand on songe aux centaines de véhicules que compte une division et à toutes ces divisions qui forment la IIIe Armée, auxquelles s'ajoutent les renforts de camions de ravitaillement, de munitions, du génie et des groupes sanitaires, on mesure alors l'étendue de la prouesse du général Patton et de ses hommes.

De cette IIIe Armée, rapidement se détachent la 4e Division blindée qui a Bastogne comme objectif, la 26e Division d'infanterie, qui se porte sur Wiltz, à droite, où se trouvent retranchés d'importants éléments blindés de la VIIe Armée allemande de Brandenberger et la 80e Division d'infanterie qui doit s'emparer d'Ettelbruck, puis prendre la Ve Armée de Manteuffel à revers en forçant sur Saint-Vith — ce dernier plan n'étant pour l'instant qu'un projet, que seul un homme comme le chef de la IIIe Armée peut envisager réalisable du jour au lendemain.

Sans posséder le dynamisme de George Patton et son solide optimisme, l'armée américaine s'est ressaisie, grâce à l'héroïsme de ses soldats qui prennent l'initiative de combattre isolément, alors qu'ils ont été séparés aux premières heures de la bataille du gros de leurs troupes, et du sang-froid des officiers et des chefs d'armées.

La partie n'est pas gagnée, mais la retraite est terminée. Les Allemands n'ont pu atteindre la Meuse. Hitler se doute maintenant que l'offensive sur Anvers ne relève plus que du domaine des illusions perdues. Déjà les Américains songent à la contre-offensive des Ardennes qu'ils comptent développer dans les premières semaines de janvier 1945. Elle deviendra l'offensive terminale qui les mènera au Rhin et par-delà à la victoire. Mais avant cette perspective, il faut briser les reins aux trois armées allemandes.

Pour l'instant, bien que les Américains se soient relevés d'une façon spectaculaire, les rounds qui suivent ne sont pas pour autant gagnés. Si la colonne de Peiper a été éliminée au nord et si Bastogne demeure inébranlable au sud, la 2e Panzers de Lauchert avance toujours vers Dinant, à l'ouest, et la 116e Panzers de von Waldenburg s'apprête à déborder Marche par le nord, en essayant d'enfoncer un coin entre la Ire DB américaine et la 82e DI qui appartiennent au 7e Corps d'armée du général Collins, lequel dépend de Montgomery commandant le 21e Groupe d'armées. Quant à la IIIe Armée de Patton, elle trouve, après sa magistrale manœuvre, une forte résistance devant Wiltz : les soldats de la VIIe Armée de Brandenberger ont toujours un bon punch.

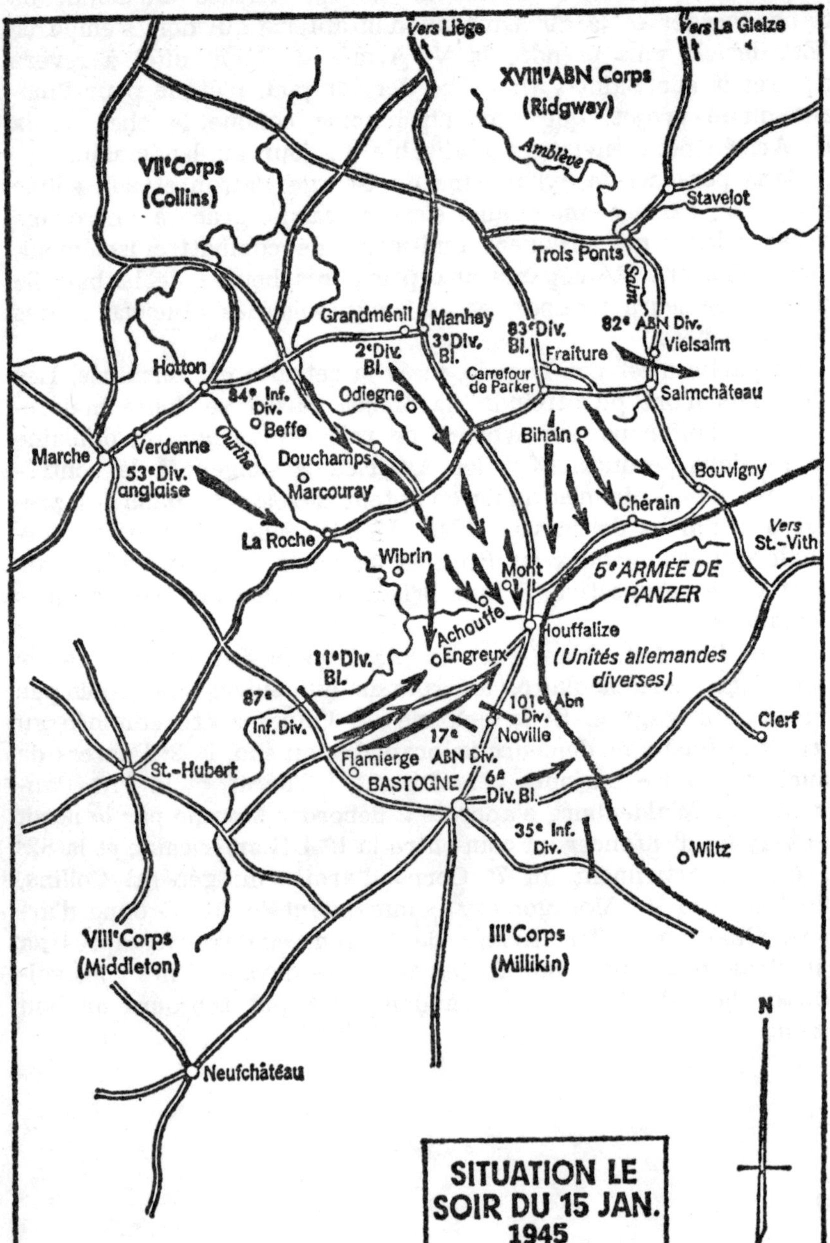
Vers Liège
Vers La Gleize
XVIIIe ABN Corps
(Ridgway)
VIIe Corps
(Collins)
Amblève
Stavelot
Trois Ponts
Salm
Grandménil
Manhay
83e Div. Bl.
82e ABN Div.
Vielsalm
2e Div. Bl.
3e Div. Bl.
Fraiture
Hotton
Carrefour de Parker
Salmchâteau
84e Inf. Div.
Odiegne
Beffe
Bihain
Verdenne
Ourthe
Marche
Douchamps
Bouvigny
53e Div. anglaise
Marcouray
Chérain
Vers St.-Vith
La Roche
Wibrin
Mont
6e ARMÉE DE PANZER
Achouffe
Houffalize
11e Div. Bl.
Engreux
(Unités allemandes diverses)
87e Inf. Div.
101e Abn Div.
Clerf
17e ABN Div.
Noville
St.-Hubert
Flamierge
BASTOGNE
6e Div. Bl.
35e Inf. Div.
Wiltz
VIIIe Corps
(Middleton)
IIIe Corps
(Millikin)
N
Neufchâteau
SITUATION LE SOIR DU 15 JAN. 1945
Avances alliées
Ligne allemande
8 km

CHAPITRE XXII

DEVANT LA MEUSE

Le 24 décembre.

Après avoir reçu l'ordre de contourner Bastogne et de rouler vers l'ouest, le capitaine Schmidt et ses chars accompagnés des Panzergrenadiers, auxquels son colonel lui adjoint une section de pionniers et une de transmission, rencontre peu de résistance. Seulement deux engagements, brefs, sur la route de Rochefort où, à sept kilomètres d'intervalle, il a enlevé deux positions américaines et mit hors de combat cinq Shermans, ne perdant qu'un Panthère. Ce dernier, dans son mouvement pour dépasser le village défendu par les Yankees, a malencontreusement exposé son flanc, bien moins blindé par la partie avant, et un obus de 76 antichar a incendié son moteur. De justesse l'équipage a pu sortir du Panthère, qui commence à flamber — malgré les couches d'amiante qui protègent les aérateurs.

La compagnie évite Rochefort par le nord, entre Custines et Buissonville. Le capitaine Schmidt fait engager son char dans un chemin bourbeux à la lisière d'un bois. Les autres panzers le suivent comme à l'exercice dans le grondement des moteurs et le cliquetis des larges chenilles qui tracent des sillages noirs au milieu de la neige. Après deux kilomètres, il commande de s'arrêter. Chaque conducteur enfonce son char ou son véhicule blindé sous les arbres, à l'abri des avions ennemis — seul un autocanon de la Flak s'arrête sur la plaine neigeuse, en légère déclivité, et les servants, emmitouflés de blanc, pointent le canon de 37 vers le ciel gris.

Schmidt prend ses jumelles et inspecte scrupuleusement l'horizon, car il craint autant le tank-destroyer américain que le Thunderbolt sortant d'un nuage.

Les blindés se trouvent à cinq kilomètres à vol d'oiseau de la Meuse... On est encore loin d'Anvers ! Hitler demande évidemment l'impossible aux soldats, mais, pour le capitaine Schmidt, ce n'est déjà pas si mal de se trouver là.

Qu'ils viennent se mettre un peu à notre place, ces beaux messieurs à bandes amarante[1], bougonne-t-il les yeux collés aux lentilles de sa jumelle, la tête serrée dans un gros passe-montagne en laine. Ils verront ce que c'est que d'avoir les pieds dans un bac à glace roulant et le visage sous les rafales de neige !

Le thermomètre est toujours à moins 15°, ce 24 décembre. Le même jour, Skorzeny, qui attend après son artillerie, échoue devant Malmédy.

Schmidt se demande de son côté comment il pourra traverser la Meuse sans bac automoteur, le génie se trouve à plusieurs kilomètres à l'arrière, dans les embouteillages de la route, avec le peu de carburant qui reste.

— Il suffit que le temps redevienne beau dans ce coin pour que les *jabos*[2] nous balancent leurs rockets et on se retrouvera en moins de deux chez le Père Eternel ou dans un camp de prisonniers ! se dit-il, pendant que le sergent canonnier Pieck peste contre le circuit électrique défectueux de la tourelle.

— Les circuits n'ont jamais été au point sur ces putains de Panthères ! dit-il, faisant écho à son capitaine, en ponctuant cette constatation définitive d'une bordée de jurons, que Sepp Dietrich seulement aurait pu apprécier. L'année dernière, à Koursk, c'est le démarreur qu'a lâché ! On s'est retrouvé en panne au milieu de la bagarre. Quelle merde ! Heureusement que j'ai pu tirer de loin un T34 comme un lapin avant de faire sauter notre Panthère, sans quoi je me serais retrouvé chez les Ivans avec une balle dans la tête !

Le sergent Pieck s'apprête à énumérer les défauts qui existent encore, selon lui, dans le Panthère, quand il reçoit un violent coup de pied de son chef sur l'épaule, en même temps qu'il entend le cri :

1. L'officier d'état-major allemand portait deux bandes de couleur amarante à la couture du pantalon.
2. Abréviation du soldat allemand pour désigner le *jagdbombardier*, le chasseur-bombardier américain.

— *Alarm !*

Schmidt rabat l'écoutille. En quelques secondes, il donne les chiffres des coordonnées pour faire pointer le canon sur un tank-destroyer US, enfoncé dans un fourré, à environ neuf cents mètres en contrebas de la plaine. Le sergent Pieck comprend à cet instant qu'ils sont perdus, la tourelle ne pivote pas sur la gauche. Elle est bloquée en raison de la panne du circuit électrique, le clignotant de mise à feu ne s'allume pas. Tout se déroule alors comme un éclair, y compris la prière muette que fait l'équipage du char de commandement afin que le Panthère précédent — celui du sergent-chef Garlster — ait vu lui aussi l'Américain et tire le premier.

Schmidt bondit de l'écoutille, suivi de Pieck, au moment où le char est secoué par une explosion sur l'avant gauche. Une fumée âcre envahit le Panthère. Le conducteur, le caporal-chef Werner, est blessé. Une deuxième explosion, sèche, déchire le silence. Elle vient du panzer du sergent-chef Garlster. Il a repéré le tank-destroyer américain et, en quelques secondes, en a fait une torche. Un *half-track,* qui a le tort de bouger non loin du tank-destroyer, entouré maintenant d'un volute de fumée noire, saute comme un jouet sous l'impact d'un obus du troisième Panthère.

Schmidt juge qu'il est encore trop loin de la Meuse pour s'aventurer dans un endroit où il ne s'attend pas à trouver un ennemi si décidé.

On extrait Werner du char avec précautions. Le malheureux perd son sang en abondance. Il a les jambes broyées. Deux infirmiers arrivent rapidement auprès de lui. Schmidt envoie Pieck faire sauter le mécanisme compliqué de la conduite de tir du Panthère, afin qu'il ne tombe pas intact entre les mains de l'ennemi :

— Comme si les Américains ne le connaissaient pas depuis longtemps ! grommelle Pieck, en se glissant à l'intérieur du char devenu une épave de 43 tonnes bonne pour la ferraille. Que de boîtes de conserves va-t-on faire de toi ! continue-t-il en ressortant de la tourelle et en envoyant une tape amicale sur le blindage, massif comme la pierre d'un dolmen.

Il saute du char au moment où une faible explosion à l'intérieur annonce que l'un des articles du règlement du tankiste au combat a été scrupuleusement observé.

Schmidt ordonne que toute la compagnie vire de 45° sur la droite et s'enfonce dans le bois pour se camoufler. Dans un énorme vrombissement, chars et autochenilles obliquent sur la droite. Les Panthères écrasent les bouleaux comme des allumettes, pendant que deux des quatre Hanomags halètent en remontant un ravin.

L'autocanon de Flak est le dernier engin à se dissimuler. On veut y déposer le caporal-chef Werner, mais il est déjà trop tard. Werner est allongé près d'un arbre.

L'un des pointeurs de l'autocanon tourne la 37 vers l'arrière et le lourd véhicule à chenilles entre à son tour dans le bois en grinçant sur ses deux chemins de roulement.

Werner meurt, la tête reposant dans le bras de l'un des deux infirmiers. Le capitaine Schmidt, qui est luthérien, sort une petite Bible écornée de la poche intérieure de sa vareuse. Son regard tombe sur ce verset de Josué :

« Choisissez aujourd'hui qui vous voulez servir ; quant à moi et aux miens, nous voulons servir le Seigneur[1]. »

Le capitaine Karl Schmidt ferme les paupières du caporal-chef Werner en murmurant, en guise de prière :

— Il a choisi de servir le Seigneur et sa patrie, mon Dieu, accueillez son âme.

L'un des infirmiers casse le bracelet d'identité du mort, pendant que son compagnon retire de dessus la tunique la plaque en bronze des combattants tankistes et de l'intérieur des poches quelques objets et papiers personnels.

On l'enterre à la lisière du bois, derrière un fourré. Le gel a rendu la terre dure. Les deux pionniers qui creusent le trou ne parviennent pas à le faire profond, et puis il faut agir vite car les Américains ne sont pas loin... On repousse les mottes de terre sur le corps et un soldat ficelle deux branches en forme de croix qu'il plante dans la neige.

Schmidt ne possède maintenant plus de char personnel. Il élit domicile dans l'Hanomag radio et ordonne aussitôt qu'on le mette en rapport avec son colonel. Il signale sa position et l'avertit qu'il n'a presque plus de carburant. A son étonnement, la réponse ne tarde pas. Il apprend que sa division, la *Panzer Lehr,* a pris Rochefort, mais qu'un régiment de Panzergrenadiers est stoppé au nord de sa position, devant Celles, à sept kilomètres de la Meuse. Quant à l'essence qu'il attend, il entend « qu'il ne doit pas en espérer de si tôt et qu'il faut qu'il fasse avec ce qu'il a ».

Pieck se tourna vers son capitaine :

— Vous croyez qu'on passera la Meuse, mon capitaine ?

— Jamais, Pieck, vous m'entendez, jamais ! On ne retournera même pas sur la ligne Siegfried ! L'offensive est stoppée ici.

---

1. Josué XXIV - 15.

Le 25 décembre.

La situation des Allemands qui se trouvent en pointe à quelques kilomètres de la Meuse n'est pas bonne, loin de là !

Le général Ernest Harmon, dont la division blindée, la 2e, est en position aux environs de Celles, s'impatiente — comme Patton, mais celui-ci est général d'armée et ami de longue date d'Eisenhower et de Bradley ; c'est la différence... Quant à Harmon, il ne peut que ronger son frein, en silence.

Aux avant-postes de la 2e DB, à l'orée d'un petit bois, le caporal Wood est sorti de son trou pour pisser sur sa mitrailleuse Browning, car il craignait que le froid, qui casserait un caillou, ne l'enraye. On le comprend d'autant mieux que les Allemands ne se trouvent qu'à trois cents mètres en contrebas, planqués eux aussi à la lisière d'un bois et faisant partie d'une division blindée qui arbore le numéro 2, comme celle d'Harmon ; elle est aux ordres du général Lauchert.

La prière du chapelain de Patton continue de répandre ses bienfaits dans le ciel depuis des jours et sous toutes les latitudes : il fait beau aussi devant la Meuse. Les avions de l'USAAF[1] sont en l'air et la Flak allemande se trouve en alerte continuellement.

Le sergent Teller, qui passe à ce moment en inspection — le dos courbé — surprend Wood en train d'arroser la boîte de culasse de son arme. Il lui fait remarquer que ce n'est pas une façon d'entretenir le matériel que l'armée des Etats-Unis se procure avec l'argent des contribuables. Après quoi, il s'en retourne, en se faufilant sous l'épaisse toison neigeuse des sapins.

Le silence retombe dans la campagne blanche et scintillante. Seul le bruit plaintif du piqué des chasseurs-bombardiers américains ou anglais, au loin, accompagné du crépitement des mitrailleuses et des explosions de plusieurs bombes, révèle qu'ils ont découvert une proie.

Harmon relève de Hodges, commandant de la Ire Armée US, lequel dépend, selon les derniers accords, du Fieldmarshal Montgomery. Harmon, lui, ne craint ni le froid ni les Allemands, mais la pusillanimité qui a envahi brusquement le grand chef anglais :

— Allons, attaquons, marmonne-t-il. Si j'étais à la place de Hodges, je ne me cacherais pas de le dire crûment à Monty : attaquons, les Krauts sont à bout !

Comme Patton, Harmon n'a pas tort. Il ne faut plus laisser un moment de répit aux Allemands. Eisenhower a raison de

1. United States Army Air Force.

maintenir la pression — il est d'ailleurs allé spécialement rencontrer Montgomery à son quartier général pour l'engager, avec toutes les précautions requises, à activer la réorganisation du front nord. Cela n'empêche pas la lente contre-attaque alliée de se développer un peu partout, en infligeant aux Allemands des pertes sévères.

Le jour de Noël, vers midi, le général Collins, commandant le 7e Corps d'armée [1], passant outre à une sorte de crainte qui l'a fait demeurer dans ses lignes, prend la décision — il en réfère à Montgomery, qui lui donne le feu vert — de passer à l'attaque pour détruire la 2e DB allemande qui se trouve en pointe vers la Meuse. Il peut se permettre d'attaquer. Il est couvert à Marche, sur la route de Liège, par onze escadrons d'artillerie qui peuvent écraser toute tentative d'attaque allemande sur son aile gauche. Collins téléphone à Harmon :

— Ernie, les salauds sont à nous — Allez-y !

Harmon, qui n'attend que cet ordre, et pas un autre, jubile. Il convoque ses officiers et leur donne ses dernières instructions. Puis il monte dans son *command-car* et file vers le 82e Bataillon de reconnaissance qui doit passer à l'action le premier.

Celui-ci, aidé de la 29e Brigade blindée britannique, rencontre le bataillon de reconnaissance de la 2e DB de Lauchert. Chasseurs américains et anglais prêtent main-forte aux blindés et le bataillon allemand est anéanti. Le commandant et quarante-sept hommes seulement sont faits prisonniers.

Le lendemain, tous les avions de la 37e Brigade de chasse et ceux de la 83e Brigade de la RAF prennent l'air. Tous les chars et les véhicules de la 2e DB décelés sont détruits. Les Allemands se trouvent pris dans une nasse au nord de Celles. La Panzer Lehr tente de dégager la 2e DB en attaquant Custines, au sud-est de Celles. Malgré la protection des Panthères par des Flakpanzers IV qui évoluent à côté d'eux, et une nombreuse artillerie légère antiaérienne fixe, les avions alliés, maîtres du ciel — c'est-à-dire du champ de bataille — les stoppent. En quelques minutes vingt-six panzers, près de Custines, restent sur le terrain. L'enfer de Normandie recommence.

Bayerlein comprend qu'il est démentiel de vouloir continuer l'offensive. Après en avoir référé à Manteuffel, qui a l'approbation de Model, lequel l'obtient d'Hitler, il ordonne, le 26 décembre, au soir, un recul général sur Rochefort, à vingt-cinq kilomètres en arrière.

---

1. Le 7e Corps d'armée rattaché à la IXe Armée de Simpson fut transféré, dès le 17 décembre, à la Ire Armée d'Hodges.

C'est l'échec de l'offensive de Manteuffel. Les carrefours de Manhay sont débloqués, après de furieux combats de chars. Bastogne se trouve maintenant protégée sur sa gauche.

Dans la soirée, Bradley téléphone à Versailles, au général Bedell Smith, chef d'état-major d'Eisenhower, et lui annonce, avant qu'il n'ait encore reçu tous les comptes rendus de la bataille, que les Allemands ont été arrêtés devant la Meuse et se sont même, en certains endroits, repliés de vingt-cinq kilomètres vers l'est. Il termine sur ces mots :

— Autant que je puisse en juger, les gars d'en face sont arrivés aujourd'hui à l'étale de haute mer.

CHAPITRE XXIII

ULTIME DEFENSE

Le 1er janvier 1945.

Hitler possédait des « indications » sur la suite des événements par son astrologue Krafft, qui pouvaient le conforter encore dans ses dernières espérances de voir son offensive *Garde au Rhin* réussir [1]. Ainsi pensait-il remédier aux défaillances du destin par ces prophéties venues d'autres cieux.

Le 1er janvier 1945, il déclenche la plus puissante attaque aérienne à laquelle la Luftwaffe ait participé depuis longtemps. Dans cet ultime effort, Goering est pour peu. Dès l'aube, mille trente-cinq avions attaquent les aérodromes de la Hollande méridionale, de la Belgique et du nord de la France. Plus de quatre cents appareils alliés sont détruits au sol et une cinquantaine en combats aériens. Cette victoire exemplaire, mais peu décisive, n'entraîne pas de graves conséquences pour les Anglo-Américains : les Allemands auraient dû renouveler plusieurs fois une pareille attaque pour neutraliser l'aviation alliée. La Luftwaffe en est arrivée à un état de faiblesse tel dans ses moyens et ses approvisionnements qu'elle ne peut même plus se permettre une

---

1. D'après une conversation avec Walter Schellenberg, ancien Gruppenführer et chef de l'AMT VI SD Ausland (Contre-espionsage du RSHA — Office supérieur de la sécurité du Reich).

seconde attaque d'envergure, — malgré de remarquables performances et des armes perfectionnées comme le Messerschmitt 262, la dernière version du chasseur Focke Wulf 190 et le bimoteur Henschel, chasseur de chars. Le matériel en tous genres et la motorisation qui a été la grande innovation, entre autres, de la Première Guerre mondiale, sont développés sur une grande échelle au cours de la Seconde. En certains domaines les Allemands possèdent sur les Anglo-Saxons et les Russes une nette avance, mais le manque d'hommes et de carburant en annihile l'efficacité. Faute de pilotes entraînés et d'essence, la plus grande partie de la production des Me 262 ne prendra jamais l'air ; pour les mêmes raisons des centaines de chars et de canons d'assaut neufs ne quitteront jamais l'usine dans les derniers mois de la guerre. Beaucoup seront dépecés pour fournir des pièces de rechange.

Dans la même journée du 1er janvier, la IIIe Armée de Patton attaque le sud du saillant, en direction du nord. Elle se heurte aux VGDS de la Ve Armée de Manteuffel qui, en dépit de leur fatigue après plus de trois semaines de combats ininterrompus, opposent une farouche résistance.

Les Alliés reprennent l'initiative dans les Ardennes. Le 3 janvier, dans une tempête de neige, la Ire Armée de Hodges passe à l'offensive, au nord. Elle attaque en direction du sud pour enfermer les forces allemandes en pointe de la Ve Armée. C'est la bataille d'Houffalize. Elle est très dure pour les deux camps et se déroule dans des conditions inhumaines : la neige, la boue, la pluie et le brouillard ; certains jours le thermomètre tombe jusqu'à moins vingt.

Le 9 janvier, Hitler prend une décision dont il est peu coutumier : il laisse von Manteuffel décrocher vers l'est. Les troupes de la Ve Armée enfermées dans la poche d'Houffalize ne peuvent regagner leur ligne qu'en abandonnant tout leur matériel.

La Ve Armée se regroupe à l'ouest de la ligne suivant la route Bastogne-Liège. Cette réorganisation du front, qui entraîne un raccourcissement, permet de créer des réserves.

Le front raccourci, la Ve Armée de Manteuffel en prend possession. Hitler, après une violente altercation avec Guderian, inspecteur général des armées blindées, a donné l'ordre de renvoyer à l'arrière le fer de lance de la VIe Armée blindée de Sepp Dietrich : la 1re DBSS *Leibstandarte Adolf Hitler*, la 2e DBSS *Das Reich*, la 9e DBSS *Hohenstauffen* et une partie importante de ce qui reste du 12e Corps d'armée blindé SS commandé par le *Gruppenführer* Willi Bittrich, dont les troupes ont attaqué au sud de Losheim, lors de la percée, le 16 décembre. Ces troupes reposées, les pertes à grand-peine remplacées, le matériel en partie reconstitué, seront ensuite envoyés en Hongrie, où le danger d'une offensive russe se précise. Mais, depuis le 23 janvier, la bataille des Ardennes est terminée. Elle a duré trente-huit jours.

Saint-Vith est abandonnée. Le lieutenant d'artillerie Behmann écrit dans son journal :

« Je reçois l'ordre d'abandonner la défense de Saint-Vith où je reviens pour la première fois depuis Noël. La ville est en ruine, mais nous la défendrons. Les anciens de l'unité parlent d'un petit Stalingrad.

« Aucun message. La bataille se rapproche de la ville. Nous voyons déjà l'infanterie (ennemie) sur les hauteurs avoisinantes. Je prépare une ultime défense. Des bruits annoncent que les Tommies ont cerné la ville. Certains y croient. Le commandement pense que nous devrons céder. Ah ! ces gens de l'arrière ! Je ne suis ni optimiste ni pessimiste et n'abandonne pas tout espoir. Quand la roulante partira, j'enverrai avec elle tous les hommes non indispensables. Dans la journée, naturellement le calme règne. L'ennemi investira-t-il la ville ? J'envoie à l'arrière tous mes biens personnels. On ne sait jamais. Je me demande ce que fait Heide ?

« Rien de nouveau pendant la nuit. A 8 heures, l'ennemi recommence son bombardement de saturation de la route en direction de Nieder Emmels... Nous nous sommes emparés de Saint-Vith il y a exactement un mois. »

Le 23 janvier seulement la 7e Division blindée du général Hasbrouck reprend la ville. Américains et Allemands l'auront bien défendue !

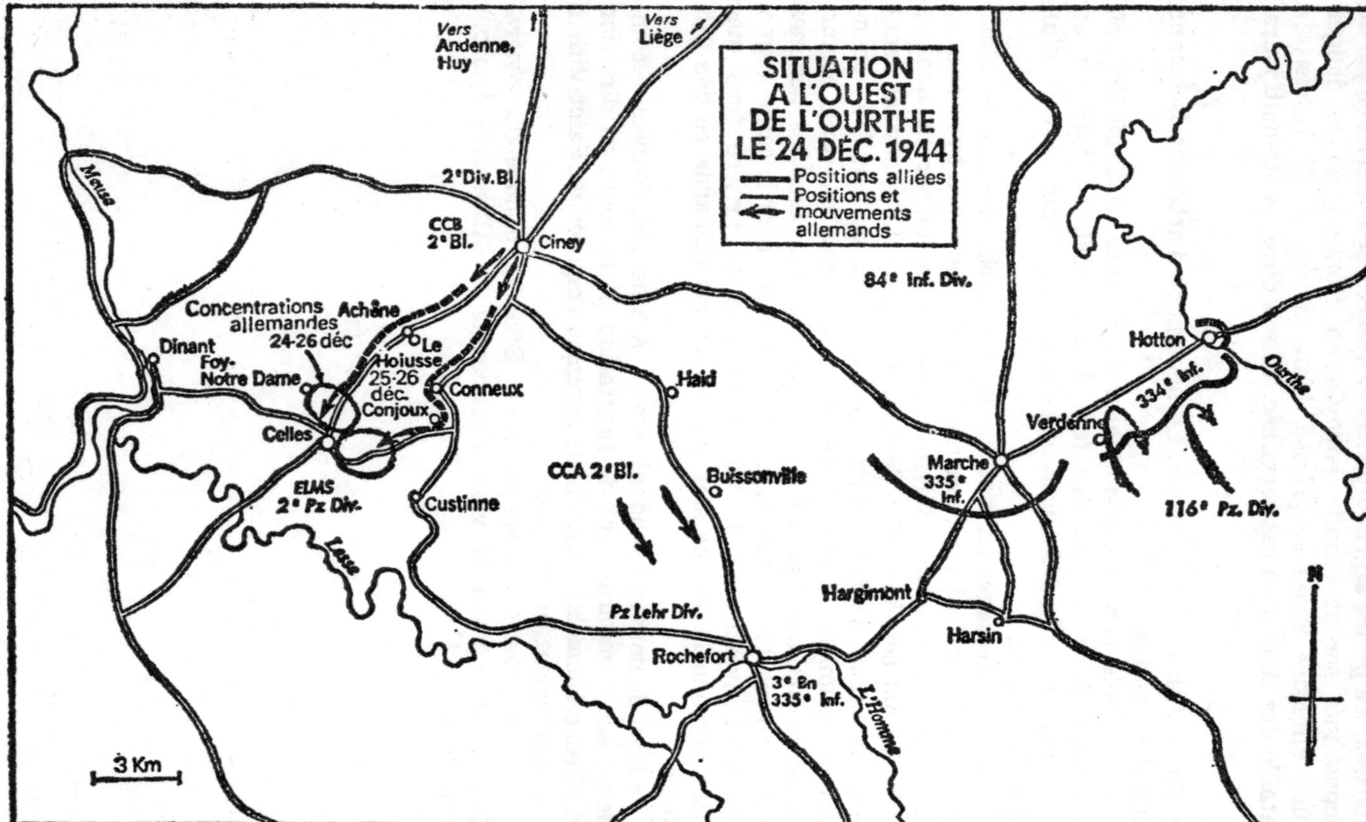
SITUATION
A L'OUEST
DE L'OURTHE
LE 24 DÉC. 1944
Positions alliées
Positions et
mouvements
allemands
Vers
Andenne,
Huy
Vers
Liège
Meuse
2° Div. Bl.
CCB
2° Bl.
Ciney
84° Inf. Div.
Concentrations
allemandes
24-26 déc
Achêne
Le
Hoiusse
25-26
déc.
Dinant
Foy-
Notre Dame
Conneux
Conjoux
Celles
ELMS
2° Pz Div.
Custinne
Lesse
Haid
CCA 2° Bl.
Buissonville
Hotton
Ourthe
334° Inf.
Verdenne
Marche
335°
Inf.
116° Pz. Div.
Hargimont
Harsin
Pz Lehr Div.
Rochefort
3° Bn
335° Inf.
L'Homme
N
3 Km

Chapitre XXIV

EISENHOWER ET MONTGOMERY

Janvier 1945.

La victoire qui se précise dans le camp allié n'apporte pas pour autant la sérénité. Il est paradoxal de constater que l'optimisme règne plutôt dans le camp allemand. Un optimisme de commande, évidemment, orchestré de main de maître par le Dr Goebbels, qui voue à son Führer une admiration et une fidélité sans borne. On espère, voilà tout. Hitler n'a-t-il pas déclaré dans son message de Noël qu'il faut s'attendre encore à de puissantes offensives de la part des panzers ? N'y a-t-il pas non plus ces armes nouvelles qui vont bientôt entrer en action — le Volksgrenadier avait bien vu ces nouveaux Messerschmitt 262 à réaction venir à son aide dans les Ardennes. C'est le premier avion à réaction au monde à combattre. Et puis le V 2 tombe maintenant régulièrement sur Londres et Anvers ; d'autres fusées antiaériennes, comme la sol-air *Wasserfall,* sont prêtes à briser les offensives aériennes des Alliés ; bientôt le fantassin sera équipé du lance-missiles d'infanterie *Fliegerfaust* qui lui donnera une puissance de feu redoutable. Et combien d'autres « armes nouvelles », que Goebbels distille dans ses discours de propagande, laissant espérer aux Allemands une issue sinon favorable, du moins honorable, qui permettrait une négociation.

Au SHAEF, par contre, c'est plutôt la crise — heureuses armées des démocraties qui peuvent s'offrir le luxe d'une crise dans le haut commandement en plein milieu d'une bataille ! Car c'est une véritable crise de confiance entre Alliés. Les Anglais suspectent les compétences des généraux américains, — même celles d'Eisenhower —, quant aux Américains, non contents de se plaindre de la lenteur avec laquelle Montgomery réorganise ses troupes, et les leurs, ils se montrent agacés des manières parfois condescendantes des troupes de Sa Gracieuse Majesté à leur endroit.

La crise qui couve au SHAEF, à Versailles et dans les popotes, apparaît bientôt au grand jour à Londres et à Washington. C'est un morceau de choix pour les journalistes en mal de copie depuis que le siège de Bastogne a été levé. La querelle entre Eisenhower et Montgomery est plus grave même que certains commentateurs — pourtant bien informés et pas tendres — la laissent paraître. Elle atteint son point culminant avec l'affrontement de Ike et de Monty au sujet des Ardennes.

Après que Ike a rendu visite à Monty à son quartier général de Maëstricht — par courtoisie, car il se serait bien passé de quitter le sien, à Versailles, pour aller jusqu'en Belgique — il élabore le plan qui doit, depuis la bataille même des Ardennes, en l'utilisant comme support d'attaque, briser les reins à la Wehrmacht et en finir une fois pour toutes dans les mois suivants avec la guerre en Europe. Les troupes alliées rejoindraient alors les armées russes, selon les protocoles secrets de la conférence de Yalta. La logique de ce plan n'en exclut pas pour autant une souplesse dans son application et est remarquablement adaptée aux circonstances de la guerre à l'ouest :

« Idée de manœuvre : détruire les forces ennemies à l'ouest du Rhin et au nord de la Moselle ; se préparer à franchir le Rhin en force en exerçant l'effort principal au nord de la Ruhr.

« Exécution : a) Réduire le saillant des Ardennes en attaquant immédiatement par le nord et par le sud, sans rien changer à l'organisation actuelle du commandement jusqu'au moment où la victoire tactique aura été remportée et où la IIIe Armée et le Corps de Collins réunis pourront agir vers le nord-est. Bradley reprendra alors le commandement de la Ire Armée américaine. (Le comportement de l'ennemi dans le saillant montre sa résolution d'engager à fond ses forces mobiles dans cette bataille. En conséquence, il nous faut tout faire pour détruire celles-ci, tout en observant un minimum de précautions.)

« b) Les Ire et IIIe Armées pousseront au nord-est sur la ligne général Prüm-Bonn, éventuellement jusqu'au Rhin.

« c) Après l'achèvement de a, le 21e Groupe d'armées, avec la IXe Armée américaine sous ses ordres, reprendra la préparation de Véritable[1].

« d) Le 12e Groupe d'armées recevra la priorité dans l'attribution du personnel, du matériel et des unités.

« e) Au sud de la Moselle, le front restera strictement défensif pour le moment.

« f) Je constituerai une réserve (dont les divisions sont en cours de réorganisation) pour pouvoir exploiter un succès.

« g) Dès que la réduction du saillant des Ardennes le permettra, le 12e Groupe d'armées déplacera son QG vers le nord pour le rapprocher de celui du 21e.

« h) A partir de maintenant, toute coordination qui deviendrait nécessaire le long de la démarcation entre les groupes d'armées sera réglée entre les commandants de ceux-ci, le pouvoir de décider revenant au 21e.

« Ce qu'il faut maintenant absolument empêcher, c'est que l'ennemi se consolide dans le saillant avec l'infanterie pour pouvoir employer les panzers à son gré en quelque partie du front. Il faut reprendre l'initiative ; vitesse et énergie sont essentielles à cet égard.

« Des changements dans l'attribution des divisions aux groupes d'armées et dans la délimitation de leurs secteurs seront annoncés à la fin de la bataille du saillant.

« Dwight D. Eisenhower. »

Eisenhower n'a pas terminé la rédaction de son plan qu'il reçoit une lettre de Montgomery dont les termes, parfois cavaliers, comme les paragraphes suivants en témoignent, irritent le généralissime américain :

« ... 3. Lorsque nous nous sommes rencontrés à Maëstricht, le 7 décembre, vous, Bradley et moi, il m'est nettement apparu que Bradley ne voulait pas entendre parler d'un contrôle opérationnel exercé par moi sur son groupe d'armées ; aussi n'ai-je pas insisté à ce sujet.

« J'estime donc qu'il va vous falloir être très ferme sur ce point, car une rédaction imprécise demeurerait sans effet.

« 4. Si ous employez simplement le mot de " coordination ", le résultat sera nul. La personne désignée par vous doit avoir le pouvoir de diriger et de contrôler opérationnellement l'opération qui suivra votre directive.

1. *Véritable* était une attaque vers le sud pour dégager, au nord, tout le territoire situé à l'ouest du Rhin.

« 5. Cette directive, j'imagine, fixera les missions, les objectifs des deux groupes d'armées, la limite de leur secteur d'action, etc.

« Les préparatifs seront faits en conséquence et la bataille s'engagera.

« C'est alors qu'un des chefs doit posséder le pouvoir de diriger et de contrôler les opérations ; vous ne pouvez le faire vous-même et devez donc désigner quelqu'un d'autre.

« 6. Je vous suggère de terminer votre directive par la phrase suivante : " Les 12e et 21e Groupes d'armées conduiront leurs opérations conformément aux instructions qui précèdent.

« A partir de maintenant, la direction complète, le contrôle et la coordination de ces opérations seront assurés par le CEC du 21e GA en se conformant aux instructions que le commandement suprême pourrait lui envoyer de temps en temps... " »

Les décisions d'Eisenhower sont toujours prises après mûres réflexions ; elles sont marquées par une lucidité exemplaire qui leur confère une valeur d'intuition et de sagesse. Il est chef et arbitre. Dans le cas de Montgomery il sait donc montrer autorité et bon sens. Il commence par la manière forte en déclarant que la collaboration entre Montgomery et lui est devenue sans objet. L'un ou l'autre doit donner sa démission. L'affaire qui les oppose est simple : la bataille qui se déroule dans les Ardennes démontre la faiblesse de l'armée américaine et de ses chefs, ce qui explique, toujours selon les journaux anglais, l'appel discret d'Eisenhower à Montgomery pour commander la partie nord du front des Ardennes. Ce raisonnement paraît un peu ambigu.

La colère de Ike et des chefs américains, Bradley en tête, est grande. Les Yankees ont supporté victorieusement le choc initial des panzers. Des divisions jetées à corps perdu, comme la 5e de Gerow, dans la bataille, ont arrêté les puissantes unités de SS de Sepp Dietrich à la lisière du massif de l'Elsenborn, la bataille de Saint-Vith a été une remarquable opération de retardement devant les divisions de Manteuffel. A Bastogne les paras de McAuliffe se sont montrés à la hauteur de leurs glorieux aînés d'Alamo et de Gettysburg et enfin les Anglais ont intérêt à se montrer plus discrets après le désastre d'Arnhem qui est encore dans toutes les mémoires.

Le général britannique Francis de Guingand, chef d'état-major du 21e Groupe d'armées, le collaborateur direct de Montgomery, demande à voir Bedell Smith, son homologue auprès d'Eisenhower. Tous les deux se rendent ensuite à l'*Hôtel Trianon* pour rencontrer Ike et tenter d'arrondir les angles.

Un aide de camp fait entrer les deux généraux dans le bureau du chef suprême des armées alliées en Europe. Le jour tombe. La pièce est mal chauffée. Une bûche brûle dans la cheminée et éclaire par intermittence le visage fermé d'Eisenhower qui va et vient en fumant cigarette sur cigarette. Deux Anglais se trouvent déjà auprès du chef suprême, le maréchal de l'Air Tedder et le colonel James Gault, adjoint et assistant militaire britannique au SHAEF. Une discussion a manifestement eu lieu avant l'arrivée des deux officiers généraux et l'atmosphère est plutot lourde quand « Freddie » de Guingand et Bedell Smith se présentent à Ike, qui attaque aussitôt l'Anglais :

— Monty se rend-il compte, dit-il, de l'effet déplorable que peuvent produire ces articles ? Comprend-il les conséquences de son insistance pour la création d'un commandement supérieur des forces terrestres ? J'en ai par-dessus la tête de toute cette affaire et suis arrivé à la conclusion qu'il appartient aux chefs d'état-major interalliés de la trancher.

Eisenhower prend une feuille sur la table. Il la tend à de Guingand :

— Voilà le message que je vais envoyer au général Marshall [1]. Il traite de la crise et fait connaître mon point de vue : l'un de nous deux, Montgomery ou moi, doit disparaître.

Bedell Smith garde le silence. Les lueurs du feu dans la cheminée projettent des ombres mouvantes sur le visage apparemment impassible de De Guingand. Mais le chef d'état-major de Montgomery se rend compte que Ike ne bluffe pas.

De Guingand est atterré. L'effet en Angleterre, aux USA et parmi les soldats serait catastrophique si l'un des deux grands chefs alliés démissionnait pendant une bataille d'une telle importance — comme celle des Ardennes —, dont les suites sont encore incertaines. De Guingand rompt le silence et s'adresse à Eisenhower :

— Mon général, je vous demande d'attendre vingt-quatre heures avant d'envoyer votre message au général Marshall.

Bedell Smith se range à l'avis du Britannique. Eisenhower réfléchit un moment, les yeux fixés sur les flammes de la cheminée et se tourne enfin vers de Guingand :

— OK. J'attendrai vingt-quatre heures.

Le lendemain, le temps est détestable, mais l'avion spécial dans lequel a pris place Francis de Guingand réussit à relier, non sans mal, Versailles à Maëstricht. De Guingand arrive au moment sacré de la journée pour un Anglais : l'heure du thé. Montgo-

1. Le chef d'état-major général de l'armée de terre des Etats-Unis.

mery le prend avec ses officiers. Il remarque l'expression empreinte de gravité de son chef d'état-major. Il se lève :

— Je monte à mon bureau, Freddie. Venez m'y rejoindre, s'il vous plaît, quand vous aurez fini votre thé.

Quelques instants plus tard, De Guingand pénètre dans le bureau du Fieldmarshal.

— J'arrive du SHAEF, dit-il. J'ai vu Ike et il se pourrait fort bien que vous disparaissiez.

Il explique alors la situation et parle à un Montgomery complètement abasourdi du télégramme qui va partir de Versailles pour Washington.

— Tout peut encore s'arranger, je crois, conclut-il, mais il faut faire vite.

Montgomery comprend rapidement que son sort se joue et que Churchill lui-même ne pourra pas venir à son secours. Les Américains, qui fournissent le plus gros effort en hommes, en argent et en matériel dans cette guerre, imposent toujours en dernier ressort leur volonté. Il pense avec une certaine appréhension qu'il sera alors remplacé par le Fieldmarshal Alexander, un des grands chefs de l'armée britannique et auquel il ne porte pas des sentiments amicaux exagérés.

— Qu'est-ce que je dois faire, Freddie ? demande le maréchal, complètement désemparé.

De Guingand lui conseille d'envoyer immédiatement à Eisenhower un message dont il a déjà rédigé le texte en avion :

« Mon cher Ike,

« Je viens de voir Freddie et je comprends que vous soyez extrêmement préoccupé par toutes sortes de considérations en ces journées difficiles. Je vous ai exposé franchement mon avis parce que, je le sais, vous aimez la franchise. Il y a, j'en suis sûr, beaucoup de facteurs d'une portée que je saisis mal. Quelle que soit votre décision, vous pouvez être certain que je la suivrai à cent pour cent et je sais que Brad fera de même. Je suis absolument navré que ma lettre ait pu vous causer autant de souci et je vous demanderai de la déchirer.

« Votre subordonné très dévoué,

« Monty. »

Montgomery convoque ensuite les quatre correspondants de guerre accrédités auprès du 21ᵉ Groupe d'armées. Il leur expose sans fard la genèse de la crise et les conséquences désastreuses qu'elle entraînerait sur la suite des événements si les journalistes anglais et américains ne l'aidaient pas à clarifier la situation. L'opinion veut connaître la vérité. Chacun sent alors vibrer au tréfonds de lui-même la corde patriotique et comme les Allemands ne sont pas encore arrivés « au bout du rouleau », on estime qu'il est prudent d'attendre la fin de la guerre pour laver son linge sale en famille. Le Fieldmarshal reconnaît qu'il a lâché des paroles malheureuses et que les Américains, qui supportaient presque tout le fardeau de la guerre, gardaient en fin de compte la décision.

Montgomery a envoyé un autre message à Bradley, confirmant au commandant du 12e Groupe d'armées, en d'autres termes et par courtoisie, celui adressé à Eisenhower.

Dans la soirée de cette mémorable journée — le 31 décembre — le premier message parvient sur le bureau de Ike, à Versailles. De Guingand téléphone pour connaître les nouvelles. Il apprend qu'Eisenhower a été « très touché » et que le télégramme qui aurait dû prendre le chemin de Washington se trouve en cendres au fond de la cheminée.

Tout le monde respire. L'affaire a été chaude. Eisenhower termine la rédaction de son plan et l'envoie à tous les généraux de groupes d'armées.

Celui qui s'adresse à Monty est accompagné d'une lettre manuscrite dans laquelle il explique les rapports particuliers qui les unissent :

« En ce qui concerne la question du commandement je n'accepte pas qu'un chef de groupe d'armées conduise sa propre bataille en donnant des ordres à un autre chef de groupe d'armées. Mon plan met toute une armée américaine sous vos ordres parce que j'y vois une nécessité militaire et cela témoigne, de la façon la plus positive, la confiance que je place en vous personnellement. Si cela n'était pas vrai, cette décision serait, en soi, fort difficile.

« Vous savez combien j'ai apprécié et suivi vos conseils francs et amicaux, mais, dans votre dernière lettre, vous m'avez troublé en prédisant un " échec " si votre opinion sur la nécessité de vous donner autorité sur Bradley n'était pas suivie exactement. Sur cette question, je vous assure, je ne puis aller plus loin...

« Je connais votre loyauté de soldat et votre conscience dans l'exécution des missions qui vous sont fixées. Pour ma part, je déplorerais que le développement entre nous de convictions inconciliables ne nous amène à les soumettre aux chefs d'état-major interalliés. La confusion et les discussions qui en résulteraient porteraient certainement atteinte à cette bonne volonté mutuelle et à ce dévouement à la cause commune qui ont fait de notre armée alliée quelque chose d'unique dans l'Histoire.

« Votre ami comme toujours,

« Ike. »

Le 6 janvier 1945, Winston Churchill fait parvenir une lettre au président Roosevelt. Elle atténue les derniers échos de la querelle entre Eisenhower et Montgomery. Elle met en lumière le style direct et précis de Churchill, l'intérêt qu'il porte à tous les champs de bataille, plus particulièrement à celui des Ardennes, aux chefs, aux hommes et même au matériel. Sa prodigieuse mémoire liée à toutes ces qualités en fait un homme de guerre compétent.

« Le chef d'état-major impérial [1] et moi, écrit Churchill, avons passé ces deux derniers jours avec Eisenhower et Montgomery ; ils considèrent la bataille comme très dure mais ont foi dans le succès. Vous savez parfaitement, je l'espère, au cas où il y aurait quelques difficultés avec la presse, que le gouvernement de Sa Majesté a pleine et entière confiance dans le général Eisenhower et ressent très vivement toutes les attaques dirigées contre lui.

« Il est très lié avec Montgomery, de même que Bradley avec Patton ; ce serait un désastre que de rompre une association qui nous a procuré en 1944 des résultats dépassant tous les rêves des militaires les plus exigeants. Montgomery me disait aujourd'hui que la percée aurait eu des conséquences beaucoup plus graves pour l'ensemble du front, sans la solidarité qui unit l'armée anglo-américaine...

« J'ai vu que des journaux américains avaient formulé des critiques, prétendant que nos troupes avaient été maintenues à l'écart de la bataille. Je saisis cette occasion pour vous assurer qu'elles sont prêtes à exécuter à tout moment les ordres reçus par le général Eisenhower. Je crois que les dispositions prises par ce dernier et par le maréchal Montgomery, sous son autorité, sont en parfait accord avec les nécessités strictement militaires, tant en ce qui concerne l'emploi des troupes dans les contre-attaques que leurs mouvements de rocade, étant donné l'enchevêtrement des lignes de communications. Je n'ai pas découvert la moindre trace de discorde aux quartiers généraux britanniques et américains. Cependant, monsieur le Président, voici le fait brutal : nous avons besoin de plus d'unités combattantes pour que les choses bougent [2]. »

1. Le Fieldmarshal Allan Brooks.
2. *Mémoires de guerre* par Winston Churchill.

Lors d'une conférence de presse donnée par Montgomery le 7 janvier, celui-ci brosse un tableau de la situation dans les Ardennes mais, volontairement ou pas, ravive le malentendu :

« Je suis absolument dévoué à Ike. Nous sommes de grands amis. L'autre jour, mon avion était en panne. « Pouvez-vous m'en prêter un autre ? » lui ai-je demandé. Il m'a aussitôt envoyé le sien.

« Je m'afflige de lire dans la presse britannique des remarques défavorables à son sujet. Je pense que c'est injuste. Mais, voyez-vous, cela n'est pas venu d'ici. C'est venu de l'extérieur. »

Cette conférence de presse fait mauvais effet. Bradley s'offusque particulièrement de ce passage :

« En attaquant, le 16 décembre, von Rundstedt réalisa la surprise tactique. Il enfonça un coin profond au centre de la Ire Armée américaine et la brèche aurait pu devenir fatale. Les Allemands frappèrent en un point faible et foncèrent vers la Meuse.

« Dès que je vis ce qui se passait, continue Montgomery, imperturbable, je pris certaines mesures pour les empêcher de franchir cette rivière s'ils l'atteignaient. J'ordonnai certains mouvements en vue de réaliser un équilibre de forces pour faire face au danger ; il ne s'agissait alors que de précautions, c'est-à-dire que je prévoyais les événements.

« La situation s'aggrava alors, mais l'équipe alliée se rallia devant la menace ; les considérations nationales furent oubliées ; le général Eisenhower me confia le commandement de tout le front nord.

« J'utilisai toutes les forces disponibles du Groupe d'armées britannique, en les engageant très progressivement pour ne pas engorger les lignes de communications américaines. Finalement elles entrèrent en action d'un seul coup et, aujourd'hui, des divisions britanniques se battent durement à droite de la Ire Armée américaine.

« Vous avez maintenant le spectacle des troupes britanniques combattant de part et d'autre de forces américaines qui ont reçu un coup sévère et c'est un spectacle réconfortant.

« La bataille présente quelque similitude avec celle qui se livra le 21 août 1942 quand Rommel fit sa dernière tentative pour prendre l'Egypte et fut « reconduit » par la VIIIe Armée.

« Avant d'engager une telle bataille, il faut arrêter la forme que vous voulez lui imprimer. Alors vous vous battez à votre manière, à l'exclusion de toute autre et vous faites danser l'ennemi à vos violons.

« Pour se battre ainsi, il faut réaliser un équilibre tel que vous n'avez plus à réagir quoi que fasse l'ennemi.

« Après un tel coup et la dislocation de l'armée américaine la zone de combat devait être très embrouillée. Aussi, la première chose que je fis quand le général Eisenhower m'enclencha dans l'affaire fut de me préoccuper d'y remettre de l'ordre. Je le fis en déblayant, en plaçant les réserves aux points qui convenaient, en rétablissant l'équilibre. Je regroupai les armées américaines et britanniques, je redressai l'ensemble des choses.

« Un de mes premiers actes consiste à disposer le corps d'armée de façon à parer ce que je croyais devoir être un grand crochet du gauche des Allemands sur la Meuse, entre Namur et Dinant. Là, il n'y avait pas grand-chose, sacrément peu de chose même.

« Je reconstituai un corps d'armée sous le commandement de ce remarquable chef qu'est le général Collins et eus à décider où il fallait le mettre. Je le plaçai en un endroit qui ne dut pas être si mal choisi, car ce corps, formé par moi, encaisse toute la force du crochet du gauche.

« Il prit un bon coup. Bon sang, me dis-je, ça ne peut pas continuer ainsi, il va être englouti dans la bataille. J'entrepris de le sortir et de le reconstituer.

« Une fois encore, la pression se fit telle qu'il commença à disparaître dans une bataille défensive. " Venez, venez ", dis-je. Je le reformai et le général Hodges le lança dans l'offensive.

« L'ennemi fut d'abord " devancé " en tous les points vitaux, puis " reconduit ". Nous sommes en train de le " rayer " ; nos actions terrestres et aériennes prélèvent un lourd tribut sur ses divisions [1]. »

Bradley et ses officiers passent de la consternation à la colère. Il en est de même de tous les officiers et soldats américains.

Les Allemands jubilent. Aussitôt ils donnent de cette conférence de presse une version qui passe à la radio, particulièrement destinée aux troupes américaines. Elle y est « remaniée » dans un sens qui doit envenimer les rapports entre les Alliés. La bataille des Ardennes se prolonge maintenant sur les ondes.

Bradley se défend et fait une sèche déclaration. Le 12 janvier, le *Daily Mail* y répond sans ménagement :

« Il serait regrettable que le " duel d'invectives " transatlantique, qui semblait se calmer, se ranimât autour du nom et des actes des chefs militaires...

« Cependant, le général Omar Bradley, commandant du

1. *Daily Miror*, 8 janvier 1945.

12e Groupe d'armées, a formulé des remarques que, à notre avis, il aurait mieux valu taire. En bonne justice envers un grand soldat britannique, on ne peut laisser passer de telles déclarations sans commentaires...

« Lorsque les Allemands crevèrent le front des Ardennes et jetèrent le désordre dans la ligne alliée, déclare-t-il, le maréchal Montgomery prit immédiatement le commandement des armées du Nord et, par une « contribution notable » à la bataille, fit beaucoup pour rétablir la situation. Mais, dit le général Bradley, ce commandement n'est que provisoire et le 12e Groupe d'armées reprendra tout le secteur sous son autorité dès que la ligne sera rétablie.

« Une seule interprétation est possible : on juge le maréchal Montgomery assez capable pour assumer des responsabilités en cas de crise, mais, le danger passé et les dommages causés par l'ennemi réparés, on n'a plus besoin de ses services que dans une position relativement subordonnée.

« Disons tout de suite que le peuple britannique ne verrait pas sans consternation la relégation de ce grand soldat dans le secteur assez maigre du front qu'il tenait avant la percée de von Rundstedt. Il ne s'agit nullement d'une question d'orgueil national et de prestige. Il s'agit tout simplement d'avoir l'homme qu'il faut à l'endroit qui convient...

« Doit-il être rejeté dans la demi-obscurité qui était son lot dans les semaines qui précédèrent l'irruption allemande dans les Ardennes ? On ne parviendra jamais à convaincre notre pays que ses services ne pourraient être mieux employés... »

Les jours passent. La bataille continue. On enterre la hache de cette petite guerre dans les sillons de la grande. Mais le mal a été fait. Eisenhower écrit dans ses Mémoires — *Croisade en Europe* — que l'incident lui cause plus de souci et de chagrin que n'importe quel autre durant toute la guerre.

Montgomery essaie d'arranger les choses et va rendre visite à Bradley, à son quartier général, à Luxembourg. Le commandant du 12e Groupe d'armées le reçoit froidement. Churchill, qui possédait « le sens de l'Histoire », déclare aux Communes, le 17 janvier :

« J'ai entendu dire que la terrible bataille, en cours depuis le 16 décembre sur le front américain, est une bataille anglo-américaine. En fait, ce sont les troupes américaines qui ont livré la presque totalité des combats et subi presque toutes les pertes, pertes égales à celles souffertes par les deux camps à la bataille de Gettysburg. Seul un corps d'armée britannique a été engagé. Tout le reste des trente divisions, ou plus, qui se battent sans arrêt depuis un mois, sont américaines. Les Américains ont engagé trente ou quarante hommes pour un engagé par nous ; ils en ont perdu soixante à quatre-vingts pour chacun de ceux perdus par nous. Voilà ce que je tiens à bien établir. En racontant notre glorieuse histoire, il faut prendre garde de ne pas réclamer pour l'armée britannique une part qui ne lui est pas due dans ce qui est incontestablement la plus grande bataille américaine de la guerre et qui sera considérée, je crois, comme une éclatante victoire américaine. » (Applaudissements.)

Le ton est noble. Courageusement Churchill remet les choses en place. La page est tournée sur l'une des crises importantes de la dernière guerre. A quelles conséquences imprévisibles n'eût-elle pas entraîné au moment crucial de la bataille des Ardennes si elle avait été réglée par un général autre qu'Eisenhower ? On imagine mal, en tout cas, semblable querelle entre généraux portée en plein jour dans le camp adverse.

CHAPITRE XXV

EISENHOWER ET DE GAULLE

L'offensive allemande *Wacht am Rhein* a déclenché une crise entre Américains et Anglais, celle de diversion *Nordwind* en crée une autre, moins grave et moins profonde, entre Français et Américains au sujet de Strasbourg. Cette fois Eisenhower affronte le général de Gaulle[1]. Aux manières finassières, et par presse interposée de Montgomery, succède le style clair, élevé et intransigeant du général.

Devant la poussée allemande — des éléments ont réussi à franchir le 1er janvier le Rhin au nord de Strasbourg — Ike envisage d'abandonner la ville afin de rétrécir le front. Devers, commandant le 6e Groupe d'armées, va prendre des décisions en ce sens. Il avertit le général de Lattre de Tassigny commandant la Ire Armée française. Celui-ci se montre hostile à ce plan. L'idée du raccourcissement du front derrière Strasbourg ne s'impose pas d'une façon si pressante pour que les troupes françaises évacuent la grande cité alsacienne. L'abandon aurait un effet désastreux sur les Français et particulièrement sur celui des soldats de la Ire Armée. Déjà l'attaque d'une division allemande, venant du sud, de la poche de Colmar, a été enrayée. Cette division, de la XIXe Armée de Wiese, fait partie du Groupe d'Armées Ober-

1. Qui était à cette époque président du gouvernement français provisoire.

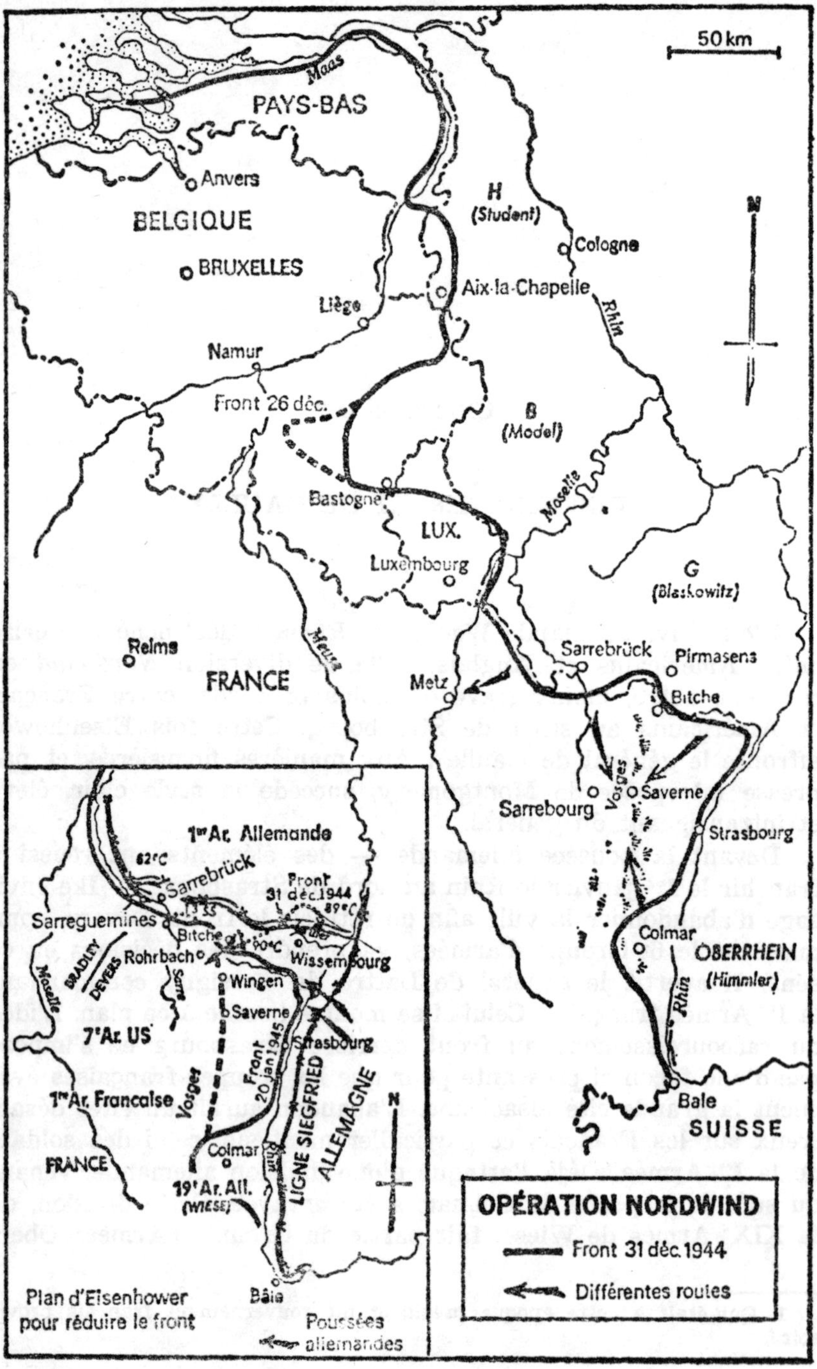
50 km
Maas
PAYS-BAS
Anvers
BELGIQUE
BRUXELLES
H
(Student)
Cologne
Aix-la-Chapelle
Rhin
Liège
Namur
Front 26 déc.
B
(Model)
Moselle
Bastogne
LUX.
Luxembourg
G
(Blaskowitz)
Reims
FRANCE
Meuse
Metz
Sarrebrück
Pirmasens
Bitche
Saverne
Sarrebourg
Vosges
Strasbourg
Colmar
OBERRHEIN
(Himmler)
Rhin
Bale
SUISSE
1re Ar. Allemande
Sarrebrück
Front
31 déc. 1944
Sarreguemines
Bitche
Rohrbach
Wissembourg
BRADLEY
DEVERS
Moselle
Wingen
Saverne
Front 20 jan 1945
Strasbourg
7e Ar. US
1re Ar. Française
Vosges
LIGNE SIEGFRIED
ALLEMAGNE
Colmar
FRANCE
19e Ar. All.
(WIESE)
Rhin
Bâle
Plan d'Eisenhower
pour réduire le front
Poussées
allemandes
OPÉRATION NORDWIND
Front 31 déc. 1944
Différentes routes

hein qui dépend du Reichsführer Himmler. Les Français peuvent donc espérer se ressaisir et même contre-attaquer dans des délais assez courts. Le chef des armées alliées ne l'entend pas ainsi. La situation dans les Ardennes ne se trouve pas encore stabilisée pour qu'il puisse se permettre une résistance, dont l'audace intempestive, selon lui, ne manquerait pas de tourner au désastre.

Eisenhower se montre en cette occurrence un grand chef militaire ayant l'intuition de l'état dans lequel se trouvent les divisions ennemies. Ainsi pense-t-il porter le poids de sa prochaine offensive au moment et dans le lieu voulus. Il peut donc laisser les troupes de Devers en place et, en premier, celles de De Lattre Il fait preuve de diplomatie — et de « sagesse ». Eisenhower, Churchill et de Gaulle ont compris sur le coup la gravité de la bataille des Ardennes. En fait, si les Allemands avaient réussi — ils ont été près de bouter les Américains de leurs positions principales — la situation des Alliés aurait été si compromise qu'il eût été nécessaire de reconsidérer la guerre en Europe, avec toutes les implications politiques que cela entraînait.

Les offensives *Wacht am Rhein* et *Norwind* sont liées. Comme les Américains ont résisté en combattant pied à pied dans les Ardennes, à Bastogne et dans l'Elsenborn par exemple, en évitant de se regrouper sur un coup de tête derrière la Meuse, de Gaulle demande, du point de vue stratégique, qu'on fasse de même en Alsace, en déconseillant à Eisenhower ce regroupement dans les Vosges. Quant au point de vue politique, il appréhende que la mesure d'évacuer Strasbourg et l'Alsace n'ait de très fâcheuses répercussions sur la nation française tout entière. La France et les autres pays qui viennent d'être libérés n'ont pas encore trouvé leur assurance matérielle et morale pour se permettre d'être à nouveau — même partiellement — envahis.

Cette bataille des Ardennes, si elle avait été perdue, aurait entraîné le front occidental et des pays comme la France, la Hollande, la Belgique et le Luxembourg au précipice. Eisenhower finit par se ranger à l'avis pressant de De Gaulle. Strasbourg n'est pas évacué.

CHAPITRE XXVI

DERNIERS COMBATS

A une pluie glaciale se mêlent des flocons de neige que des rafales rabattent sur la campagne blanche et brune. Comme les villages, comme les fermes, le matériel de guerre, les chars, les half-tracks, les jeeps, les camions Doodge, traînant les canons anti-chars, les Howitzers, les GMC, aux lourdes bâches, alignés le long des habitations ou sous les arbres, pour ne pas être repérés par un avion allemand éventuel, ressemblent à des objets abandonnés. Parfois, à quelque distance les unes des autres, des fumées s'échappent de ces convois blancs et immobiles annonçant que des soldats y vivent et doivent faire réchauffer du café ou fumer.

Le froid, rabattu par le vent, pénètre partout. Les chemins sont des cloaques. En cette matinée du 3 janvier 1945, des hommes attendent la bataille. Ce sont ceux du 380e Régiment d'infanterie, qui appuient la 3e Division blindée du général Rose, objectif, Houffalize. L'étau se referme sur le saillant allemand, c'est-à-dire ce qui reste de la dangereuse flèche pointée en direction de la Meuse qui a tant inquiété Américains et Anglais. Le 7e Corps d'armée de Collins, attaquant au nord, dont la division de Rose fait partie, et la IIIe Armée de Patton venant du sud, doivent se rejoindre.

En dépit du temps, les avions américains sont dans le ciel. La plupart sont des chasseurs Thunderbolt P. 47 armés chacun de huit rockets de 122. Tels des éperviers, ils tournoient en larges orbes sous les nuages à la recherche d'une proie. Quand ils l'ont découverte — quelques panzers en mouvement — on entend alors le bruit de sirène plaintif du piqué, le lancement des rockets, les explosions, puis le silence hivernal, traversé de sourds grondements, revient jusqu'aux prochaines attaques.

Le moral des soldats du 380e RI se trouve renforcé par la présence des avions. Seul le froid les fait pester. Malgré leurs chauds vêtements, beaucoup grelottent. Les tankistes gèlent dans leurs engins d'acier. Les fantassins, un peu plus heureux, se serrent les uns contre les autres sous la bâche dure comme du bois de leur camion. On fume. Certains fredonnent des chansons. Depuis des semaines les hommes ont appris à se défendre du froid — comme les voisins d'en face qui le connaissent depuis plus longtemps, mais qui ne possèdent pas le magnifique équipement des Yankees.

Pour se protéger du froid, les Américains ne possèdent peut-être pas la science des Allemands apprise auprès des Russes, mais ils en savent assez déjà pour faire partie de la cohorte des vieux trouffions avertis.

Ils savent que des chaussures trop grandes sont préférables aux normales, afin que la circulation du sang dans les pieds se fasse mieux ; que le papier journal est un excellent isolant sous le blouson ; que le meilleur moyen de tirer au fusil est de se réchauffer les mains sous les aisselles ; que les moteurs de jeeps gardent le plasma et les seringues des infirmiers à la bonne température et qu'il n'est pas recommandé aux tankistes de boire du cognac qui réchauffe le corps artificiellement et provoque ensuite des refroidissements souvent mortels. Ils savent aussi, depuis les massacres de Malmédy, de Stavelot, de Bande et de Trois-Ponts, que la guerre entraîne à la vengeance. Les GI's ont abandonné ce « complexe de courtoisie » vis-à-vis des Allemands et leur rendent maintenant coup pour coup. Et durement.

A 8 h 30, ce 3 janvier, sous le vent de neige et de pluie, dans la boue, tout ce qui semble pétrifié autour des maisons, dans les chemins creux, sous les sapins et les toiles camouflées, s'anime. Des moteurs ronflent. Des Shermans, des TD, des Lees blancs et verts paraissent surgir des murs des maisons, des talus. Ils se suivent bientôt à la queue leu leu comme des éléphants en quête de pâture. Ils prennent un ordre de route, sortent du village et s'éploient en plaine.

On entend des ordres, des appels. Des voix nasillardes s'élèvent des jeeps radios. Les half-tracks, bourrés de fantassins roulent derrière les chars pour occuper le terrain.

Brusquement, des geysers de terre noire soulèvent la campagne neigeuse ; l'artillerie allemande riposte. Quelques hommes se jettent sur le sol, d'autres, plus aguerris, le mégot aux lèvres, continuent de vaquer à leur besogne, réchauffant les moteurs des camions ou vérifiant les crampons fixés aux chenilles de leur véhicule.

L'attaque américaine se poursuit. Là-bas, dans la plaine, les Shermans sont déjà loin. Les fantassins du 380e ont abandonné leurs half-tracks et, en tirailleurs, se répandent entre les chars pour nettoyer le terrain. A environ deux kilomètres, plus à droite, le ciel est zébré des fusées américaines que des tubes alignés en forme d'orgue crachent du dessus des tourelles de Shermans spécialement équipés pour ce genre d'arme. Les nuages bas deviennent bleus, verts, orangés. Au départ des fusées qui ébranlent la plaine, répondent les explosions de l'artillerie allemande : un barrage d'artillerie de 150 qui semble chercher à l'aveuglette un quelconque point faible dans le dispositif américain. Une maison saute à l'orée du village. Dans la lumière glauque de cette matinée, près d'un bois, une ferme brûle.

L'attaque américaine continue. Le village est traversé maintenant par la colonne d'un escadron d'Howitzers. Puis surviennent des jeeps équipées de mitrailleuses et de potences coupe-fils devant le radiateur [1], de camions, de canons de 105, de gros dépanneurs Diamonds, d'énormes Brockways du génie, qui dépensent plus d'un litre d'essence au kilomètre, toute la théorie nécessaire à une offensive de grand style. Car c'en est une, puissante, au souffle long, qui doit disloquer le front de Manteuffel et ramener les Allemands sur leurs positions de départ. Il faut à tout prix rejoindre Patton et prendre dans la nasse, à l'ouest d'Houffalize, les panzers allemands. En somme répliquer aux Allemands de la même manière que ceux-ci avaient employée à Saint-Vith : l'attaque, toujours l'attaque.

L'idée d'Eisenhower est bonne : ne pas laisser de répit aux Allemands. Il est vital, pour la bonne marche de la contre-offensive, d'essouffler l'ennemi toujours et jusqu'à la fin.

La bataille pour Houffalize dure plus d'une semaine. Les Allemands contre-attaquent. C'est dur car l'artillerie lourde allemande est puissante dans ce secteur-là. Surtout au sud, du côté de Patton, qui avance difficilement.

---

1. En travers de la route les Allemands tendaient des fils d'acier, à hauteur d'hommes assis dans une jeep, qui les décapitaient.

Le 15 janvier, les troupes américaines du 7e Corps de Collins, aux ordres de Montgomery, ne se trouvent plus qu'à une portée de fusil d'Houffalize.

Les Allemands résistent avec acharnement. Quelquefois, les biffins américains voient passer en trombe un Me 262 à réaction : souvent un solitaire qui attaque en maraudant des blindés alliés. Il est aussitôt pris en chasse par un Mustang, le monoplace américain le plus rapide à l'époque — plus de 650 kilomètres à l'heure — et dont le rayon d'action est très élevé : 3 500 kilomètres. Sa vitesse lui donne l'illusion d'atteindre le Me 262. Malheureusement, ce dernier file avec ses deux réacteurs à plus de 800 kilomètres. Chaque fois le même scénario se renouvelle : le Me 262 retourne vers sa base, en Allemagne, et, une ou deux minutes plus tard, un Mustang fonce dans son sillage. S'il ne peut le rattraper, du moins essaie-t-il de repérer sa base pour le détruire au sol.

Les V2 qui tombent sur Anvers, les Me 262 aux performances inégalées, les Tigres royaux qui surclassent de loin les Shermans, ne peuvent pas regonfler le moral des troupes allemandes qui sont médiocres, bien que les troupes d'élite, SS, parachutistes et Panzergrenadiers, se maintiennent toujours à un degré de combativité élevé. Les réserves allemandes — ce qu'il en reste — n'arrivent plus à combler les pertes effroyables des derniers jours de décembre où la Panzer Lehr de Bayerlein et la 2e Panzers de Lauchert ont perdu les trois quarts de leurs effectifs. A cela s'ajoutent les hécatombes dans les divisions de la VIe Armée SS de Dietrich : la 1re SS *Leibstandarte Adolf Hitler,* qui a laissé sur le terrain presque tous ses canons d'assaut ; la 12e SS *Hitler Jugend,* à court de carburant, évolue difficilement ; la 2e SS *Das Reich* et la 9e SS *Hohenstauffen* clouées au sol, par les incessantes attaques aériennes alliées, ne possèdent plus le punch pour enfoncer les divisions solidement retranchées du 18e Corps aéroporté de Ridgway. L'armée allemande va en s'effilochant pendant que l'américaine, qui s'est ressaisie dès le 18 décembre, s'étoffe jour après jour de troupes fraîches jetées dans la bataille.

Le 15 janvier est une des dates mémorables de la bataille des Ardennes. Vers 11 heures, trente-trois hommes appartenant au 334e RI de la 84e Division d'infanterie du général Bolling, engagée dans la bataille d'Houffalize, franchissent l'Ourthe sur des canots pneumatiques. Ils se terrent dans un petit bois jusqu'à la nuit. A minuit, ils avancent vers une ferme. Ils sont accueillis chaleureusement par la famille qui leur sert du café chaud accompagné de pain et de beurre. Jugeant la maison bonne, ils décident d'y rester. La situation géographique de la ferme paraît répondre à leurs intentions, qui semblent assez énigmatiques au fermier. Tous les quarts d'heure, le lieutenant commandant le *team* envoie une patrouille en reconnaissance dans les environs de la ferme.

Vers 7 heures, celle-ci découvre un homme en tenue blanche, une carabine à la main. Le chef de la patrouille est pris d'un doute : aucun de ceux du commando, en dehors de la patrouille, ne devait quitter la ferme. Il met en joue le soldat avec sa Thomson et l'interpelle :

— Quelle est votre unité ?

— Troisième peloton, 41ᵉ de cavalerie. 2ᵉ Division blindée, IIIᵉ Armée, répond l'homme.

Les deux armées américaines viennent de se rejoindre. C'est le 16 janvier 1945, à 8 h 45. Les Américains ont détruit la plus grande partie de la Vᵉ Armée d'Hasso von Manteuffel.

La bataille d'Houffalize n'est pas terminée. La nasse refermée sur les Allemands ne les empêche pas de continuer la lutte avec l'énergie du désespoir : ceux qui se trouvent dans la poche essayant d'en sortir ; les autres, plus à l'est, tentant de leur ouvrir un passage pour qu'ils s'échappent. Malheureusement, les Allemands ne possèdent plus la moindre réserve pour contre-attaquer victorieusement. Une seule issue leur reste : abandonner tout le matériel qui n'est pas indispensable à un combat rapproché et percer en force vers l'est.

Ils réussissent, mais au prix de pertes élevées. Le temps redevenu très mauvais empêche l'aviation américaine d'intervenir efficacement [1].

Le samedi 23 janvier, les hommes de la 7ᵉ Division blindée du général Hasbrouck pénètrent dans les ruines de Saint-Vith, que les Allemands avaient pris un mois plus tôt. Hasbrouck fait l'honneur au général Bruce Clarke, qui défendit héroïquement Saint-Vith au début de la bataille, d'y entrer le premier.

Six jours plus tôt, le 17, Eisenhower a retiré, comme convenu, à Montgomery l'autorité sur la Iʳᵉ Armée d'Hodges, qu'il a rendue

1. D'après le rapport de Patton, du 16 janvier, les Américains ont perdu dans cette offensive et à cette date vingt-cinq mille hommes, morts, disparus, blessés, ou prisonniers ; au cours de la même période, sur des effectifs inférieurs engagés, les Allemands en perdirent cent mille.

au commandant du 12e Groupe d'armées, son vieil ami Omar Bradley.

Le 7e Corps d'armée de Collins rejoint la IIIe Armée de Patton, le 16, à Houffalize. Ike n'a pas perdu de temps pour transférer le commandement. C'est une manière rapide de couper tout laurier d'une gloire éventuelle à Montgomery dans la réussite de cette jonction, qui est incontestablement une victoire américaine. Officiellement Montgomery encaisse le coup avec *fair play,* comme la lettre qu'il envoie à Bradley, à la veille de la décision d'Eisenhower, en témoigne :

« Mon cher Brad,

« La bataille du saillant semble tirer à sa fin et quand tout aura été remis en ordre, je pense que vos armées retourneront sous votre commandement.

« Je tiens à vous dire deux choses :

« *D'abord* que ce fut pour moi un grand honneur de commander d'aussi belles troupes.

« *Ensuite* qu'elles se sont magnifiquement comportées.

« Travailler avec Hodges et Simpson m'a été un grand plaisir ; tous deux ont été excellents. Quant aux chefs de corps de la Ire Armée (Gerow, Collins, Ridgway), ils ont été magnifiques ; trouver un tel assemblage dans la même armée doit être tout à fait exceptionnel.

« Nous tous, sur le front nord du saillant, tenons à vous dire combien nous admirons les opérations effectuées sur le front sud ; si vous n'aviez pas tenu de façon aussi ferme à Bastogne, la situation aurait pu devenir difficile.

« Toutes mes amitiés, ainsi qu'à George Patton.

« Très sincèrement à vous
« B.L. Montgomery. »

Fin janvier, Bradley lance quelques attaques pour réduire ce qui reste du saillant des Ardennes — le Bulge, comme l'appelaient les Américains. Les éléments clairsemés, qui constituent la Ve Armée de Manteuffel, lui opposent dans les bois une ferme résistance. Quand les Américains arrivent devant la ligne Siegfried, le 4 février, ils butent contre une solide défense et n'insistent pas.

Eisenhower, conformément au plan qu'il a établi, déplace le centre de gravité de ses attaques vers le nord. Celles-ci reprennent sur la Roer. Le commandant suprême des armées alliées applique son plan : ne pas laisser de répit aux Allemands.

Le 10 février, le 5e Corps de Gerow enlève enfin les barrages de la Roer — offensive qui coûta cher aux Américains, en automne, et s'était trouvée arrêtée par l'attaque allemande du 16 décembre.

Le 7 mars, la 4e Division blindée de Gaffey, appartenant à la IIIe Armée, atteint la rive gauche du Rhin, à Andernach. Plus au nord, Cologne est prise et le bassin de la Ruhr encerclé.

Dans la soirée du 7 mars, Bradley téléphone à Eisenhower pour lui annoncer qu'un pont vient de tomber intact entre les mains d'un *combat command* de la 9e Division blindée. C'est le pont de Remagen. Il demande à Ike s'il peut prélever aussitôt les divisions primitivement destinées à opérer vers le nord et leur faire passer le Rhin, à Remagen.

— D'accord, Brad, répond Eisenhower. Utilisez les divisions que nous devions envoyer au-delà de Cologne. Faites-en passer cinq de l'autre côté du Rhin, et toutes les troupes et le matériel que vous jugerez nécessaires pour tenir solidement la tête de pont.

Le sort des armées allemandes est scellé.

CONCLUSION

La bataille des Ardennes a suscité d'abondantes réflexions sur l'échec de l'offensive allemande et l'étonnant redressement américain. Critiques et militaires ont donné leur point de vue. Ceux-ci furent nombreux. Tout a été dit ou presque : la folle audace d'Hitler de vouloir atteindre Anvers apparaissant comme un suicide ; la pénurie d'essence qui gêna l'avance des panzers ; les embouteillages du premier jour de l'attaque — ils furent très graves — ; les échecs du Kampfgruppe de Peiper et des commandos trop hâtivement constitués de Skorzeny ; le manque de puissantes réserves supplémentaires de la Wehrmacht ; la faiblesse de la Luftwaffe ; la configuration des lieux si impropre à faire évoluer des éléments blindés, etc. C'est apparemment logique : Hitler a voulu faire trop avec trop peu. Malgré le courage dont le soldat allemand a fait preuve en ces circonstances et la somme d'ingéniosité déployée pour la mise en œuvre de toutes les divisions blindées et autres qui devaient être engagées, ce fut une défaite.

Pourtant, Eisenhower l'a compris, l'offensive *Wacht am Rhein* avait des chances de réussir. D'abord la surprise — les services de renseignements américains ont paru intoxiqués dès l'automne —, la qualité des troupes d'assaut et du matériel engagés ; la compétence des généraux, des officiers et des corps d'élite ; la puissance de feu des divisions allemandes, qui égalaient et surclassaient parfois leurs homologues américains ; enfin, tout au moins au début de l'offensive, le mauvais temps qui fut propice. Tels étaient les atouts importants de l'adversaire.

S'ils avaient réussi les Allemands auraient-ils atteint Anvers ? C'est probable et la confusion qu'ils auraient jetée parmi les troupes alliées établies en France et en Belgique aurait entraîné des conséquences extrêmement graves pour la suite de la guerre. La fin de celle-ci se serait trouvée reportée d'au moins plusieurs mois, qui auraient été mis à profit par les Allemands pour lancer en série certaines armes nouvelles. Au désarroi militaire se seraient ajoutées les répercussions politiques et économiques. Qui sait si Staline ne se serait pas montré encore plus exigeant, à Yalta, dans le « découpage » de l'Europe après un échec de cette ampleur ? Le président Roosevelt mourra le 13 avril 1945, trois semaines avant la capitulation du Reich. Depuis plus de six mois, il n'y avait pour ainsi dire plus de directives présidentielles à Washington, la plupart étaient prises indirectement par Harry Hopkins, le conseiller du président. L'opinion américaine n'était plus mobilisée et songeait déjà à la paix. Quand Hitler déclencha son offensive dans les Ardennes ce fut l'affolement en Amérique : « Ainsi, de la confiance excessive, l'opinion américaine se trouvait-elle portée — et sans plus de mesure — vers la panique. La reprise de l'initiative par Hitler intervenait au moment même où le peuple américain se trouvait dans des dispositions d'esprit le poussant à surestimer aveuglément les possibilités du Reich [1]. » Eisenhower dut assumer, jusqu'à la fin de la guerre, non seulement d'écrasantes responsabilités militaires, mais aussi politiques.

Le redressement américain en décembre 1944, c'est presque un miracle — un miracle d'héroïsme. Comme sur la Marne, en 1914. Tout paraissait perdu dans le secteur où opérait la Ve Armée blindée de von Manteuffel. Le front américain avait été disloqué. A Losheim, la percée avait réussi. Les panzers se ruaient — aussi rapidement que le leur permettaient les étroites vallées et les petites routes des Ardennes — vers l'ouest. Par-ci, par-là, des compagnies, voire quelques régiments résistaient encore victorieusement au déferlement. Mais c'étaient des épisodes, les péripéties d'une grande bataille qui tournait mal pour les Alliés. Puis, ce furent la résistance inattendue dans les massifs de l'Elsenborn, à Bastogne et l'extermination du redoutable Kampfgruppe de Joachim Peiper. C'est la surprise, l'étonnement. Au nord, des divi-

1. *Le dernier coup de dés de Hitler* par Jacques Nobécourt. Ed. Robert Laffont.

sions des Waffen SS de la VIe Armée de Sepp Dietrich, supérieurement entraînées et armées, voient leur élan en grande partie brisé par de banales divisions d'infanterie américaines, telle la 99e DI du général Lauer, qui fait échec à la puissante Panzers SS *Hitler Jugend*. Enfin, à Bastogne où les Allemands hésitent et passent l'heure propice de prendre la petite ville. Quand ils attaquent avec des éléments importants de la célèbre Panzer Lehr commandés par l'ancien chef d'état-major de Rommel, Fritz Bayerlein, ils se trouvent rejetés par la 101e Aéroportée aux ordres d'un petit brigadier inconnu : le général McAuliffe.

Ensuite eurent lieu la fameuse giration de la IIIe Armée de Patton se jetant sur le flanc sud allemand, la retraite américaine de Saint-Vith, si chèrement payée par la Ve Armée de Manteuffel. La contre-attaque de la 2e Division blindée d'Harmon, les 23, 24 et 25 décembre, qui « liquida » la 2e Panzers de von Lauchert. Quand le ciel s'éclaircit à nouveau la bataille n'était peut-être pas encore gagnée par les Alliés, mais les Allemands avaient atteint l'extrême limite de leurs efforts. L'aviation américaine prit l'air. Ce fut le massacre des chars allemands, comme en Normandie. Dans les Ardennes, et partout ailleurs, l'aviation américaine emporta la décision.

Les officiers américains démontrèrent dans les Ardennes la justesse de l'enseignement qu'ils avaient reçu aux Etats-Unis, à West Point, en particulier, alliant méthode et discipline à l'esprit d'initiative, rappelant au monde que les descendants des héros de Fort Alamo savaient toujours se battre. Les simples soldats firent preuve de ténacité, de courage et d'imagination qui sauvèrent aux premiers jours le front américain du désastre.

ANNEXES

ANNEXE I

LES ARMEES ALLEMANDES DE LA MER DU NORD A LA FRONTIERE SUISSE

GROUPE D'ARMÉES H (secteur de l'Escaut)
Kurt Student (général de parachutistes).

GROUPE D'ARMÉES B (secteur des Ardennes)
Walther Model.

GROUPE D'ARMÉES G (secteur Luxembourg)
Hermann Balck, remplacé le 22 décemvre par von Blaskowitz.

GROUPE D'ARMÉES OBERRHEIN
(secteur compris entre Strasbourg et la frontière suisse)
Reichsführer Heinrich Himmler.

GROUPE H
XVe Armée (secteur du sud de la Ruhr à Aix-la-Chapelle).
VIe Armée Panzers : Sepp Dietrich.
Ve Armée Panzers : Hasso von Manteuffel.
VIIe Armée : Erich Brandenberger.

GROUPE G
Ire Armée : von Obstfelder (face à la Lorraine).

GROUPE OBERRHEIN
XIXe Armée : Wiese (de Strasbourg à la Suisse).

ORDRE DE BATAILLE DES TROIS ARMEES DANS LES ARDENNES

VIe ARMÉE BLINDÉE (Sepp Dietrich)

1er Corps Panzers SS (Hermann Priess).
1re PDSS *Leibstandarte Adolf Hitler* (Mohnke).
12e PDSS *Hitler Jugend*.

2e Corps Panzers SS (Willi Bittrich).
2e PDSS *Das Reich* (Lammerding).
9e PDSS *Hohenstauffen* (von Elverfelt).
12e et 36e VGD.
3e Division de parachutistes.
150e PB (Otto Skorzeny).
2e Parachutistes (Friedrich von der Heydte).
1re Brigade d'Escorte du Führer (Otto Remer).
1er Kampfgruppe (Joachim Peiper).
67e Corps d'infanterie (Otto Hitzfeld).
246e et 277e VGD. La 277e sera transférée le 26 décembre à la Ve Armée.

Ve ARMÉE BLINDÉE (Hasso vos Manteuffel)

47e Corps (von Lüttwitz).
Panzer Lehr (Fritz Bayerlein).
2e PD (von Lauchert).
26e VGD (Heins Kokott).
58e Corps (Kruger).
116e PD (von Waldenburg).
560e VGD.
66e Corps d'infanterie (Walter Lucht).
18e et 62e VGD.
Le 23 décembre, la 9e PD et la 15e Division de Panzergrenadiers sont transférées à la Ve Armée blindée. Le 60e Corps d'infanterie, le 26 décembre, est transféré de la VIe à la Ve Armée blindée.

VIIe ARMÉE (Erich Brandenberger)

2e PD.
5e Division de parachutistes (Heilmann).
276e VGD.
352e VGD.

ANNEXE II

FORCES ALLIEES DU NORD AU SUD

GROUPES D'ARMÉES

21e Groupe : Montgomery.
12e Groupe : Bradley.
6e Groupe : Devers (Alsace).

ARMÉES

Ire Armée canadienne : Crerar	21e Groupe.
IIe Armée britannique : Dempsey	21e Groupe.
IXe Armée américaine : Simpson	12e Groupe jusqu'au 19 décembre, 21e Groupe ensuite.
Ire Armée américaine : Hodges	12e Groupe jusqu'au 19 décembre, 21e Groupe ensuite.
IIIe Armée américaine : Patton	12e Groupe.
VIIe Armée américaine : Patch	6e Groupe.
Ire Armée française : De Lattre de Tassigny	

L'armée aéroportée comprend quatre divisions.

1re division britannique (Diables rouges).

17e division américaine (Miley) au repos en Angleterre. Elle arrivera en France le 31 décembre et sera affectée à la IIIe Armée où elle rejoint la 101e rattachée à la IIIe Armée depuis le 27 décembre.

82e division américaine (Gavin) au repos à Reims.

101e division américaine (McAuliffe et Taylor) au repos à Reims. (C'est celle de Bastogne.)

Ces deux divisions constituant le 18e Corps aéroporté de Ridgway sont alertées le 17 décembre. Elles seront rattachées par la suite à la Ire Armée.

IXe ARMÉE (Simpson)

16e Corps d'armée.

13e Corps d'armée.

19e Corps d'armée : Corlett.

7e Corps d'armée : Collins.

C'est ce 7e Corps d'armée incorporé à la Ire Armée qui envoie le 17 décembre la 7e DB avec Hasbrouck et Clarke à Saint-Vith.

Ire ARMÉE (Hodges)

5e Corps d'armée : Gerow ; 2e (Robinson) et 99e (Lauer) DI à partir du 17 décembre, 1re (Andrus) et 30e (Hobbes) DI venues du 7e Corps.

8e Corps d'armée : Middleton. Ce Corps d'armée est rattaché le 20 décembre à la IIIe Armée.

19e Corps d'armée : Corlett.

7e Corps d'armée : Collins venu de la IXe Armée.

Principales divisions :

Infanterie : 4e (Barton), 9e (Eddy), 84e (Bolling) arrivée le 18 décembre, 83e entrée en ligne le 9 janvier.

Blindées : 2e (Harmon), 3e (Rose), 7e (Hasbrouck).

S'ajoute le 18e Corps aéroporté de Ridgway le 17 décembre, mais le 27 décembre, la 101e (la division encerclée à Bastogne et libérée le 26) est rattachée au 3e Corps de la IIIe Armée.

IIIe ARMÉE (Patton)

6e Corps d'armée : Truscott.

12e Corps d'armée : Manton Eddy.

15e Corps d'armée : Haislip.

20e Corps d'armée : Walker.

Elle reçoit le 20 décembre le 8e Corps de Middleton et plus tard encore un nouveau Corps d'armée, le 3e de Millikin.

Le 8e Corps d'armée est celui de Bastogne.

Principales divisions :

— Infanterie : 106e (Jones), 28e (Cota).

— Blindées : 4e (Gaffey), 6e, 9e, 10e (Roberts) et 11e DB, cette dernière le 28 décembre.

Rappelons que la 101e Division aéroportée est rattachée à la IIIe Armée le 27 décembre et que la 17e Division aéroportée, arrivée en France le 31 décembre, lui est également affectée.

ANNEXE III

INSIGNES DES DIVISIONS SS
ENGAGEES DANS LA BATAILLE DES ARDENNES

INSIGNES DES PRINCIPALES DIVISIONS AMERICAINES QUI PARTICIPAIENT A LA BATAILLE DES ARDENNES

1st

2nd

4th

30th

26th

9th

35th

17th

75th

106th
'Golden Lion'

101st A/B
'Screaming Eagles'

82nd A/B
'All American'

99th
'Checkerboard'

84th
'Railsplitters'

87th
'Golden Acorn'

Toutes les divisions blindées arboraient le même insigne que celui porté par la 50e Division blindée, avec leur chiffre respectif en noir dans la partie jaune du triangle. Pour quelques divisions une devise avait été ajoutée : *Ironsides* pour la 1re Division blindée et *Hell on Whells* pour la 2e Division blindée, etc.

ANNEXE V

LE PROCES DE MALMEDY

Le « procès de Malmédy » dont les condamnations à mort ne furent suivies d'aucune exécution, devait provoquer par la suite une violente polémique, où se heurtaient de nouveau l'accusation et la défense. Plus de trente ans après ce jugement controversé, est-il possible de découvrir la vérité ?

L'historien Philippe Aziz, indéniable spécialiste des crimes nazis, a publié sur ce sujet, dans le numéro 306 de la revue *Historama,* un article particulièrement documenté que nous reproduisons intégralement.

Le 16 décembre 1944, par une après-midi brumeuse, au carrefour de Baugnez, sur la route qui mène de Malmédy à Saint-Vith dans les Ardennes, une colonne américaine est arrêtée à Géromont par un feu nourri d'armes automatiques dissimulées dans les bois environnants.

Surpris par cette attaque soudaine, les soldats américains se jettent dans les fossés qui bordent la route. C'est alors que deux tanks allemands surgissent des bois, pointant leurs canons sur les fugitifs. Peu de temps après, une autre colonne américaine, formée de chauffeurs d'ambulances, de médecins, d'infirmiers et de membres du corps du génie, est capturée à son tour par les occupants SS des deux tanks. Les cent cinquante prisonniers américains reçoivent l'ordre de se mettre en route, les mains sur la tête.

A cet instant précis — il est exactement 16 heures 10 — une voiture allemande venant de Saint-Vith rejoint le groupe des prisonniers. Un officier SS, debout dans la voiture, dégaine et tire à bout portant sur un médecin-major américain qui se trouvait au premier rang. Dirigeant ensuite son arme contre un autre prisonnier, il l'abat à son tour. C'est le signal de la tuerie générale : les mitrailleuses des deux tanks fauchent les rangs des prisonniers et bientôt il n'y a plus, dans la prairie, qu'un amoncellement de corps ensanglantés que les SS continuent à cribler de balles.

Heureusement, quelques prisonniers survivants restent couchés parmi les morts. Après le départ des deux tanks, ces survivants — à peu près une quinzaine — trompant la vigilance des SS demeurés sur place, s'enfuient dans la direction de Malmédy.

Poursuivis par des rafales de mitrailleuses, douze d'entre eux se jettent dans une maison tandis que les trois autres, continuant leur course, réussissent à trouver refuge dans les bois, s'y cachent jusqu'à la tombée de la nuit puis regagnent les lignes américaines.

Quant aux douze soldats réfugiés dans la maison, ils sont bientôt rejoints par un détachement de SS. Ces derniers mettent le feu au bâtiment, contraignant ainsi les fugitifs à quitter leur refuge. Au fur et à mesure que les Américains sortent, les SS les abattent les uns après les autres. Cette fois, il n'y aura aucun survivant.

Telle est du moins la version fournie, quelques mois après ces tragiques événements, par J. Cunningham, correspondant de guerre du journal de l'armée américaine *Yank*.

A la fin de son article, le journaliste désigne les coupables : le SS Obersturmbannführer (lieutenant-colonel) Joachim Peiper et ses SS du 1er Régiment de la Panzerdivision Leibstandarte-SS « *Adolf Hitler* ».

Ces révélations, assorties de détails particulièrement horribles, ne manquent pas de provoquer une intense émotion parmi l'opinion publique américaine. Plusieurs journaux, comme le *New York Times*, envoient à Malmédy des enquêteurs pour faire la lumière sur le massacre. Dès lors, Peiper devient l'ennemi public n° 1, le criminel de guerre par excellence, celui qu'il faut à tout prix arrêter et juger. La Commission des crimes de guerre — *War crimes commission* — lance la meilleure équipe des services secrets américains sur les traces de Peiper. Celui-ci est arrêté en Autriche, le 16 mai 1945.

Encouragés par cette capture, les policiers militaires américains multiplient les recherches et finissent par mettre la main sur la plupart des SS qui ont participé au massacre de Malmédy. Très jeunes pour beaucoup d'entre eux, ils sont emmenés à la prison de Schwäbisch-Hall.

Une commission spéciale américaine, mise sur pied sur l'ordre du Congrès et présidée par le lieutenant-colonel Ellis, est chargée d'instruire l'affaire. Les SS sont dès lors soumis à d'interminables interrogatoires qui vont durer plus de neuf mois. La consigne du Congrès est impérative : il faut, à tout prix, obtenir des SS des détails précis sur le massacre de Malmédy.

Face à ces criminels nazis qui, au mépris de la Convention de Genève, ont commis l'effroyable massacre de Malmédy, les Américains, au lieu d'observer une attitude digne et conforme à la justice, ont hélas ! adopté les pires méthodes de la Gestapo.

Logés dans le bâtiment central de la prison, les prisonniers SS subissent un régime carcéral draconien. Murés dans des cellules individuelles, isolés de leurs camarades, ils ne sortent que pour se rendre aux salles d'interrogatoire, par groupes de 5 à 10 hommes, la tête recouverte d'une grande cagoule noire.

L'une des salles aménagées pour les interrogatoires a été l'objet d'une étrange mise en scène : une longue table noire se dresse le long du mur en face de la porte avec, pour seuls ornements, un crucifix et une Bible ouverte. Deux projecteurs savamment disposés et quelques bougies donnent à ce décor un sinistre éclairage.

Il s'agit, pour les enquêteurs, d'impressionner les jeunes détenus en simulant des procès militaires.

Deux membres de la Commission, revêtus d'uniformes d'officiers, composent cet étrange tribunal et un troisième se présente comme le défenseur des accusés.

Un jeune sous-officier, le caporal Heinz Friedrichs, relate sa comparution devant le « tribunal » :

« Ils essayèrent alors d'obtenir quelque chose de moi par la gentillesse. Le lieutenant Perl se fit passer pour mon défenseur et me dit qu'il ne voulait que mon bien, que je devais seulement écrire ce que l'autre monsieur allait me dicter, car si je persistais à me taire, il refuserait de me défendre. Comme je continuais à affirmer que je n'avais abattu aucun prisonnier, il dit alors à Monsieur Thon : « Monsieur le Procureur général, je n'assure pas la défense de ce nazi entêté. »

« Monsieur Thon voulut alors se retirer, mais le lieutenant Perl le retint en lui disant : « Une minute seulement, Monsieur le Procureur général, Friedrichs est peut-être disposé à avouer malgré tout ! »

« Mais je ne me suis pas laissé faire et je n'ai rien écrit. Ils m'ont frappé salement à l'estomac et à la figure. Le lieutenant Perl m'a pris à la gorge et m'a lancé contre le mur. »

Ce n'est que le 3 décembre 1945 que le colonel Peiper est, à son tour, transféré à la prison de Schwäbisch-Hall.

Désigné comme « l'ennemi public n° 1 », il a déjà subi, depuis août 1945, plusieurs interrogatoires, d'abord au camp de Freising, puis à celui de Suffenhausen destiné aux Allemands suspectés de crimes de guerre.

Dès les premiers jours, ses interlocuteurs américains jouent cartes sur table : Peiper est considéré par la presse américaine comme l'assassin de Malmédy et il doit admettre que c'est sur son ordre que les prisonniers américains ont été fusillés.

Le capitaine Fenton, à Freising, et le lieutenant Perl, à Zuffenhausen, ne lui laisseront pas un instant de répit.

Leur tactique consiste, au cours d'interrogatoires implacables de plus de huit heures d'affilée, à lui enlever la possibilité de réfléchir.

Lorsque Peiper semble résister, on lui fait comprendre que par son silence il risque d'aggraver la situation de ses hommes détenus à Schwäbisch-Hall.

Quant aux conditions de détention qu'il doit supporter, elles sont loin de respecter les dispositions de la Convention de Genève : enfermé tantôt dans une cellule chauffée à 80°, tantôt dans une cave obscure, il est privé de nourriture et d'eau.

La résistance de l'Obersturmbannführer commence à s'émousser.

A l'issue d'une détention préventive de neuf mois on notifie aux soixante-quatorze inculpés l'unique acte d'accusation : tous, sans distinction de grade, sont accusés des mêmes crimes.

Le ministère public américain se montre satisfait des travaux de Schwäbisch-Hall et les premières audiences du procès sont fixées au 16 mai 1946, au camp de Dachau, devant la Cour du Gouvernement militaire général.

Le général-major Dalbey préside le tribunal. Quant au ministère public, il est constitué par les membres de la commission d'enquête et c'est le lieutenant-colonel Ellis qui, en tant qu'accusateur principal, assume la lourde tâche de soutenir une accusation qui va s'effriter au fil des audiences.

En effet, dès le premier jour du procès, l'audition de la plupart des inculpés se révèle dramatique pour le ministère public : cinquante et un de ceux qui avaient signé des aveux déclarent au tribunal que leurs déclarations leur ont été extorquées au cours de l'instruction, à force de chantage et de tortures.

L'accusation comprend alors qu'il faut jouer serré. Le soir même, le Premier Procureur Ellis décide de se rendre en personne chez deux des inculpés, dans la cage III, baraque 202, et tente de les persuader de déposer, le lendemain, dans le sens de leurs premières déclarations. Il obtient d'eux des promesses fermes.

Mais rien ne se passe comme prévu. En effet, au cours de la seconde audience, l'audition des deux prisonniers se révèle encore plus gênante : non seulement ils maintiennent leurs accusations, mais encore ils donnent les noms des bourreaux qui les ont maltraités, parmi lesquels le lieutenant Perl.

Appelé à comparaître à la barre, ce dernier est sommé de s'expliquer. Voici le compte rendu de sa déclaration donné par K.W. Hammerstein dans son livre *Landsberg, Henker des Rechts ?* (Landsberg, bourreau du droit ?)

« Questionné par les juges, Perl déclara sous la foi du serment qu'aucun mauvais traitement n'avait été infligé de la part des magistrats instructeurs à Schwäbisch-Hall. Tout au plus des gardiens polonais étaient-ils parvenus à faire apparaître la vérité, chez des prévenus tout à fait récalcitrants, en utilisant des “ traitements ” appropriés. »

Les avocats de la défense, dont le lieutenant-colonel Willis M. Everett — avocat à Atlanta (Georgie) — et le lieutenant-colonel Dwinell, tentent de faire basculer une accusation déjà chancelante. Ils demandent d'abord l'audition du lieutenant-colonel américain McCown qui déclare qu'en tant que prisonnier des SS à La Gleize, dans la région de Malmédy, il a été traité de manière irréprochable et qu'aucun crime de guerre ne peut être reproché au colonel Peiper et à ses hommes.

Ensuite, ils obtiennent du tribunal une brève interruption du procès afin de mener une enquête complémentaire, dans la région où les faits se sont produits.

C'est ainsi que le lieutenant-colonel Everett parvient à anéantir certaines dépositions de jeunes soldats allemands qui avaient « reconnu » l'exécution de trois groupes de vingt à trente prisonniers américains contre le mur du cimetière de La Gleize. En effet, l'officier envoyé sur place rapporte qu'il n'existe aucun mur intérieur au cimetière de La Gleize et le curé du village déclare, sous serment, qu'il n'y a jamais eu de fusillade !

Cependant, sourds aux contre-preuves rapportées par la défense, le Procureur se borne, dans son réquisitoire, à reprendre *in extenso* l'acte d'accusation.

Le Tribunal, après trois heures de délibérations, admet la force probante des dépositions de Schwäbisch-Hall et déclare coupables de crimes de guerre les soixante-quatorze accusés.

Un à un, dans l'ordre de leur matricule, ils se lèvent pour entendre le prononcé des peines.

Quarante-trois d'entre eux, dont le colonel Joachim Peiper, sont condamnés à mort par pendaison ; vingt-trois sont condamnés à la réclusion perpétuelle ; deux à vingt ans de réclusion ; un à quinze ans ; enfin, les cinq derniers sont condamnés à dix ans de réclusion.

Lorsque le tribunal de Dachau rend son verdict le 16 juillet 1946, l'affaire de Malmédy est loin d'être classée.

Révolté par les méthodes adoptées par ses compatriotes tout au long de l'instruction et du procès, le lieutenant-colonel Everett dénonce inlassablement les « irrégularités » de la procédure et introduit, devant le Congrès américain, un recours en révision.

Les magistrats de l'accusation, déclare-t-il à la presse, ont pratiqué la fraude et la tromperie... Ils sont indignes d'être appelés citoyens américains.

Washington s'émeut et une commission d'enquête du Sénat est finalement instituée pour faire toute la lumière sur l'affaire. C'est le sénateur Raymond E. Baldwin qui en est le président.

Un haut magistrat, le juge Edward Van Roden, désigné par la commission sénatoriale, dresse, à l'issue de ces investigations, un rapport accablant dont la publication, reprise et commentée par la presse, jette un jour nouveau sur l'affaire.

Le procès de Malmédy devient alors le procès de l'armée américaine : devant la commission comparaissent, en effet, les membres du parquet militaire qui avaient assuré l'instruction du procès de Dachau. Le colonel Ellis, qui occupait à l'époque un poste important dans les services juridiques du Pentagone, est durement malmené par le célèbre sénateur McCarthy.

Sa carrière, comme celle de plusieurs autres chefs militaires, en sortira gravement compromise.

Par ailleurs, toutes les peines capitales prononcées par le tribunal de Dachau sont commuées en détention perpétuelle. Aucun condamné ne sera exécuté. Quant à Joachim Peiper lui-même, il demeurera enfermé à la prison de Schwäbisch-Hall jusqu'au 22 décembre 1956.

ANNEXE VI

DATES IMPORTANTES DE LA BATAILLE DES ARDENNES [1]

16 décembre	Les Allemands attaquent à l'aube. Le 7e Division blindée américaine est envoyée vers le nord et la 10e DB vers le sud.
17 décembre	Le Kampfgruppe de Joachim Peiper perce à Losheim. Echec des parachutistes allemands commandés par von der Heydte. Eisenhower envoie la 101e Division aéroportée, qui était au repos à Reims, à Bastogne, et la 7e Division blindée à Saint-Vith.
17 au 19 décembre	Hodges ordonne au commandant du 5e Corps, Gerow, de se replier sur la crête d'Elsenborn. Le front nord résiste aux assauts de la VIe Armée SS de Sepp Dietrich ; le front sud de Bastogne au Luxembourg est en danger.
18 décembre	Les Allemands commencent leur attaque sur Bastogne. Arrivée de la 101e Aéroportée commandée par McAuliffe — le général Maxwell Taylor, commandant en titre la division, se trouvait à Washington. Arrivée de la 10e DB de Roberts. Stavelot tombe aux mains de Peiper, mais il ne peut s'emparer de Trois-Ponts. Des régiments américains encerclés au Schnee sont obligés de se rendre.
18 au 19 décembre	Les Américains résistent à Bastogne. La défense se consolide. Les Allemands ne réussissent pas à s'emparer de la ville. Peiper prend Stoumont, mais son attaque est bloquée. Conférence de Verdun. Hasbrouck et Clarke organisent la défense de Saint-Vith.
19 au 20 décembre	Massacre de Stavelot. Montgomery est nommé provisoirement à la tête des Ire et IXe Armées américaines.

1. Les Anglo-Saxons l'appellent souvent *Battle of the Bulge* : la bataille du saillant.

20 décembre	Violente attaque allemande sur Saint-Vith. La 2e Panzers s'empare de Noville. Deux corps blindés de von Manteuffel foncent vers la Meuse.
21 décembre	Saint-Vith est pris par le 2e Corps Panzers SS. Peiper se retire de Stoumont. Bastogne est complètement investie.
22 décembre	Le chef des parachutistes allemands, von der Heydte, se rend aux Alliés. McAuliffe lance sa célèbre réponse aux Allemands : « Des nèfles ! » Patton passe à la contre-attaque.
23 décembre	La VIe Armée blindée SS de Dietrich tente de s'emparer vainement de la crête d'Elsenborn. La 2e Panzers arrive à six kilomètres de la Meuse. L'aviation américaine reprend ses opérations.
23 au 24 décembre	Echec de Peiper.
24 décembre	La 82e Aéroportée de Govin abandonne Manhay. Attaque de la 2e Division blindée du général Harmon.
25 décembre	Bastogne résiste à de puissantes attaques allemandes.
26 décembre	Hasbrouck reprend Manhay. La 2e Panzers est détruite devant la Meuse. Hitler donne son accord à von Manteuffel qui replie ses avant-gardes.
28 décembre	Eisenhower se rend au Quartier Général de Montgomery.
30 décembre	Echec de l'attaque allemande au sud de Bastogne.
31 décembre	La 17e Divison aéroportée est affectée à la IIIe Armée Patton.
1er janvier 1945	La Luftwaffe déclenche sa dernière grande offensive.
3 janvier	Le 7e Corps de Collins, et la Ire Armée Hodges aux ordres de Montgomery, passe à la contre-offensive dans le secteur d'Houffalize, et rejoint la IIIe Armée Patton qui vient du sud.
7 janvier	Les Américains reprennent Barraque-de-Fraiture qu'ils abandonnent aux Allemands le lendemain.
8 janvier	Hitler décide de raccourcir le front.
9 janvier	Les premiers éléments de la VIe Armée SS se retirent des Ardennes. Attaque de Patton.
14 janvier	La VIe Armée blindée SS est dirigée vers Budapest.
16 janvier	Jonction de la Ire Armée Hodges et de la IIIe Armée Patton.
17 janvier	Montgomery abandonne son autorité sur le 7e Corps de Collins.
22 janvier	Les derniers éléments de la VIe Armée blindée SS quittent définitivement le front des Ardennes.
23 janvier	La 7e Division blindée américaine reprend Saint-Vith.

ANNEXE VII

BIBLIOGRAPHIE

Etats-Unis et Grande-Bretagne

EISENHOWER (Dwight D.), *Croisade en Europe,* Robert Laffont.
CHURCHILL (Winston), *Mémoires,* « La Victoire », Plon.
MONTGOMERY (Lord Bernard), *Mémoires,* Plon.
EISENHOWER (John S.D.), *la Bataille des Ardennes,* Presses de la Cité.
LIDDELL HART (Sir Basil H.), *Histoire de la Seconde Guerre mondiale,* préface du général Beaufre, Fayard.
MERRIAM (Robert E.), *la Bataille des Ardennes,* Stock.
BRADLEY (Omar), *A soldier's story.*
TOLAND (John), *Bastogne,* Calmann-Lévy.
TOLAND (John), *Adolf Hitler,* Pygmalion.
RYAN (Cornelius), *la Dernière Bataille,* Robert Laffont.
FOX (colonel), *Bastogne et la IIIe Armée américaine,* Revue historique de l'Armée, n° 3.1951.
« After the battle » (Coll.), *Battle of the Bulge,* Pleistow Press.
Correspondance secrète de Staline avec Roosevelt, Churchill, Truman et Attle, 1941-1945 (traduction française), Paris, 1950.
German Army, 1939-1945, M.A.P. Publicotines.

Allemagne

BENOIST-MÉCHIN (J.) (Préface de), *Hitler parle à ses généraux* (comptes rendus sténographiés du Grand Quartier général), Albin Michel.
SPEER (Albert), *Au cœur du Troisième Reich,* Fayard.
SKORZENY (Otto), *la Guerre inconnue,* Albin Michel.
SKORZENY (Otto), *Missions secrètes,* Flammarion.
SCHRAMM (P.E.), *Kriegstagebuch des Oberkommandos der Wehrmacht,* Band IV, I. Januar 1944 - 22 mai 1945. Vol. 6 t. 2. Francfort, 1961.
ROMMEL (maréchal Erwin), *la Guerre sans haine* (Carnets présentés par Sir Basil H. Liddel Hart), le Livre contemporain.
SCHELLENBERG (Walter), *le Chef du contre-espionnage nazi parle, 1933-1945,* Julliard.

GUDERIAN (général), *Souvenirs d'un soldat,* Plon.
KUROWSKI (Franz), *la Bataille des Ardennes,* préface du général Hasso von Manteuffel, La Table Ronde.
THORWALD (Jürgen),*la Débâcle allemande,* Stock.
BLUMENTRITT (général), *Von Rundstedt, the Soldier and the Man,* Londres, 1952.
TIEKE,*Tragödie um die Treue (Kampf und Untergang des III. Germanische SS Panzer Korps),* Munin Verlag, Osnabrück.
Historical Research, Unit. London.
MANTEUFFEL (général Hasso von), *Die Schlacht in den Ardennen 1944-1945,* Francfort 1960.
GALLAND (général). *Die ersten und die letzten,* Darmstadt, 1954.

France

DE GAULLE (Charles), *Mémoires de guerre, « Le Salut »,* Plon.
DE GAULLE (Charles), *le Fil de l'épée,* Berger Levrault.
NOBÉCOURT (Jacques), *le Dernier coup de dés de Hitler,* Robert Laffont.
CARTIER (Raymond), *la Seconde Guerre mondiale 1942-1945,* Presses de la Cité.
LANDEMER (Henri), *les Waffen SS,* Balland.
BERREL (Jacques), *Qui était Peiper , Historama.*
COSSÉ-BRISSAC (général de), *la Contre-Offensive allemande des Ardennes, Revue historique de l'Armée,* n° 2, 1955.
ARON (Robert), *Histoire de la Libération de la France,* Fayard.
PETIT (général E.), *Quand von Rundstedt menaçait Liège et Strasbourg, Revue France-URSS.*
Coll. « Documents », *Blindés 1939-1945,* Hachette.

Belgique et Luxembourg

BERTIN (F.), *la Ruée de von Rundstedt à travers nos Ardennes,* Bruxelles, 1945.
Les Heures rouges des Ardennes, Bruxelles, 1946.
MELCHERS (lieutenant-colonel E.T.), *les Deux Libérations du Luxembourg,* Luxembourg, 1959.
BOVY (Marcel) et LAME (G.R. de), *la Bataille de l'Amblève* (16 décembre 1944 - 28 janvier 1945), Liège.

TABLE DES MATIERES

AVANT-PROPOS 11
I. — Du nouveau à l'Ouest 15
II. — La forêt des Ardennes 21
III. — Offensive « Garde au Rhin » 25
IV. — Skorzeny 39
V. — Walther Model 43
VI. — Heinrich Himmler 49
VII. — La petite solution 55
VIII. — Objectif : Anvers 61
IX. — L'offensive se prépare 65
X. — Préparation de l'opération « Griffon » 71
XI. — Von der Heydte 77
XII. — Le front Ouest 83
XIII. — Eisenhower 89
XIV. — La percée de Peiper 95
XV. — Saint-Vith 105
XVI. — Opération « Paras » 117
XVII. — Clervaux 127
XVIII. — Opération « Griffon » 135
XIX. — Bastogne 149
XX. — Montgomery 163
XXI. — La contre-offensive 173

XXII. — Devant la Meuse 181
XXIII. — Ultime défense 189
XXIV. — Eisenhower et Montgomery 193
XXV. — Eisenhower et De Gaulle 205
XXVI. — Derniers combats 209
CONCLUSION 217

ANNEXES

I. — Organigramme des armées allemandes 223
II. — Organigramme des armées alliées 225
III. — Insignes des divisions SS engagées dans la bataille des Ardennes 226
IV. — Insignes des divisions américaines 228
V. — Le procès de Malmédy 229
VI. — Chronologie 233
BIBLIOGRAPHIE 235

TABLE DES CARTES

L'offensive *Garde au Rhin* 53
Malmédy 96
La bataille de Saint-Vith 106
La bataille de Trois-Ponts 107
Bastogne et ses environs 148
La contre-offensive alliée 180
Situation à l'ouest de l'Ourthe le 24 décembre 1944 192
L'opération *Nordwind* 206

Achevé d'imprimer le 1er août 1984 sur les presses de l'imprimerie du Vaudreuil
pour les Presses de la Cité, éditeur à Paris

Numéro d'édition : 4008 — Numéro d'imprimeur : 37
Dépôt légal : 1er trimestre 1978